Das Kapital

Karl Marx

新 版

資 本 論 10

第三巻　第三分冊

カール・マルクス

日本共産党中央委員会社会科学研究所　監修

新日本出版社

凡　例

一　本書は、カール・マルクス著『資本論』第一部―第三部の全訳である。本訳書は、一九八二年一一月から八九年九月にかけて新書版として刊行された訳書（一三分冊）を改訂したもので、一二分冊の新版『資本論』として刊行される。

二　翻訳にあたっての主たる底本には、ドイツ語エンゲルス版（第一部第四版、第二部第二版、第三部第一版）を用いた。

三　新版では、『資本論』諸草稿の刊行と研究の発展をふまえ、エンゲルスによる編集上の問題点も検討し、訳文、訳語、訳注の全体にわたる改訂を行なった。

　第一部では、マルクスが校閲した初版、第二版との異同、フランス語版にもとづく第三版、第四版の主な改訂個所を訳注で示し、「独自の資本主義的生産様式」、「全体労働者」など、マルクス独自の重要概念について、訳語を統一した（第一―第四分冊）。

　第二部では、初版と第二版との異同、エンゲルスによる文章の追加、加筆個所、および編集上の問題点を訳注で示し、必要な場合には、マルクスの草稿を訳出した。第三篇第二一章については、訳注で独自の節区分を示し、拡大再生産の表式化に到達するまでのマルクスの研究の経過をつかめるようにした。また、マルクスが第二部第三篇の最後の部分を恐慌理論の解明に充てていたことを考慮し、第二部第一草稿（一八六五年）に書きこまれた新しい恐慌論の全文を訳注として収録した（第五―第七分冊）。

第三部の草稿は、『資本論』諸草稿のなかでもっとも早い時期に準備されたもので、執筆時期の異なる二つの部分（第一篇—第三篇、第四篇—第七篇）からなっている。さらに、研究の進展のなかでマルクスの到達点が前進し、第三篇の論点には、利潤率低下法則の意義づけ、およびそのもとでの資本主義的生産の必然的没落の展望など、マルクスにとって克服ずみの見解であることの指摘を要する部分も生まれた。第三部では、こうした点に留意し、マルクスの研究の発展とその到達点、エンゲルス版の編集上の弱点、草稿との異同、エンゲルスによる文章の混入個所を訳注で示した。とくに第五篇では、本来『資本論』の草稿ではなかった諸章の混入個所を指摘した。また、必要な場合には、マルクスの草稿を訳出した。第七篇第四八章では、エンゲルスによる原稿配列をマルクスの草稿の順序に組み替えた（第八—第一二分冊）。

全三部を通して、マルクス自身の研究の発展史と歴史的事項にかんする訳注を大幅に拡充した。

改訂にあたっては、新『マルクス・エンゲルス全集』（新メガ Marx-Engels-Gesamtausgabe）の諸巻を参照した。

四　注については、マルクス、エンゲルスによる原注は（　）に漢数字を用いてそれを示し、各段落のあとに訳出した。訳文中や、＊印によって訳文のあとに、〔　〕を用いて挿入されたものは、すべて訳者、監修者による注ないし補足である。

五　訳注のなかで、〔邦訳『全集』第○巻、○○ページ〕とあるのは、ディーツ社（現カール・ディーツ社、ベルリン）発行の『マルクス・エンゲルス著作集《ヴェルケ》』を底本とした邦訳『マルクス・エンゲルス全集』（大月書店）の巻数とページ数を指している。

六　『資本論』のドイツ語原文にあたろうとする読者の便宜のために、ヴェルケ版『資本論』の原書ページ数を、訳文の欄外上に（　）で算用数字を用いて付記した。ただし、ヴェルケ版では、マルクスが引用した著作などについて、本来一つの段落文中に含まれているものを改行し、その引用文のみを独立した段落にしているため、本訳書とは改行の位置に相違がある。

七　訳文中の〝〟でくくられた語、句、文は、すべて、マルクス（またはエンゲルス）によってドイツ語以外の言語（ラテン語などを含む）が単独で使用されている個所である。専門用語の場合、〝〟でくくらず、必要に応じて、綴りないしルビによって示したものもある。なお、それらドイツ語以外の言語による語、句、文が、同じ意味のドイツ語と併記されていて、相互の言い換えとして使用されている場合には、それらにニュアンスの相違がある場合をのぞき、訳出や明示を省略した。

八　訳文で、傍点を付した部分は原文の隔字体またはイタリック体の部分を表わしている。

九　マルクス（またはエンゲルス）が引用した文章について、必要な場合、原文との異同を訳注で示した。また、固有名詞、数値などの明白な誤記、誤植はとくに注記せずに訂正した。

一〇　引用文献のうち邦訳のあるものは、入手の便宜なども考慮し、邦訳書を掲げた。これは、新書版での記載を改訂し、新たに追加したものである。

一一　第一二分冊の巻末に、人名索引を付した。

一二　新版『資本論』の改訂作業は、日本共産党中央委員会社会科学研究所によって行なわれた。研究所からは、不破哲三、山口富男、卜部学、小島良一が、監修と改訂の作業にあたった。本訳書のもとになった新書版の刊行にあたっては、研究所の委嘱により翻訳のための委員会が組織され、多くの研究者の参加と協力を得た。新書版および一九九七年一二月に刊行された上製版（五分冊）の訳出・編集体制については、それぞれの版の「凡例」を参照いただきたい。

目　次

第三巻分冊目次

第一分冊

第二分冊

第三分冊

第四分冊

第五分冊

第三部　資本主義的生産の総過程（第一部《タイル》*）

＊〔第三巻（第三部）の部《タイル》については、本訳書、第三巻、四六ページの訳注＊参照。なお、第二部《タイル》の原注の番号はふたたび（一）からになっている〕

（481）

第五篇　利子と企業者利得とへの利潤の分裂。利子生み資本（続き）

第二九章　銀行資本の構成諸部分*

＊〔この章は、「5)信用。架空資本」の草稿（四）のうち「Ⅱ)」の部分から編集された（本訳書、第三巻、六九三―六九四ページ、訳注＊参照）。表題はエンゲルスによる。エンゲルスは、この章の編集について、「序言」のなかで、「ほとんどまったく草稿からつくることができた」と書いている（同前、一四ページ）〕

次に、銀行資本*がなにから構成されているかを、もっと立ち入って見てみる必要がある。

＊〔草稿では「銀行業者資本」となっている〕

われわれがいま見てきたように、フラートンその他は、流通手段としての貨幣と、支払手段としての（また、金の流出が考慮される限りでは世界貨幣としての）貨幣との区別を、流通手段（〝通貨〟）と資本との区別に転化させる。

資本がここで演じる特異な役割からどうしても、啓蒙経済学が貨幣は資本ではないと入念に教え込もうとしたのと同じ入念さで、この銀行業者経済学は、実は貨幣は〝真の意味での〟資本であると教え込もうとする。

われわれがのちの研究で示すように、この場合にはしかし、貨幣資本《ゲルトカピタル》は、利子生み資本の意味でのmaneyed capital〔貨幣資本〕と混同されているのであり、前者の意味では、*貨幣資本《ゲルトカピタル》はつねに、商品資本および生産資本という資本の他の諸形態と区別されたものとしての、資本の通過形態の一つでしかない。

＊〔草稿では、ここから文末までは次のようになっている。「資本はつねに、『商品資本』および『生産資本』としての資本自身の形態とは区別されたものとしての『貨幣資本《ゲルトカピタル》』なのである」〕

銀行資本*は、（一）現金すなわち金または銀行券と、（二）有価証券とから構成されている。後者は、さらに二つの部分に分けることができる。すなわち、一つは商業証券である手形で、これは短期のもので、次々に満期になり、銀行業者本来の業務はそれを割り引くことである。もう一つは、国債証券、国庫証券のような公的有価証券、あらゆる種類の株式、要するに、手形とは本質的に区別される利子生み証券である。抵当証書もこれに含めることができる。これらの物的構成諸部分から構成される資本はまた、銀行業者自身の投下資本と、彼の〝銀行業資本《バンキング・キャピタル》〟または借入資本をなす預金とに分かれる。
(482) 発券銀行の場合には、さらに銀行券がこれにつけ加わる。さしあたり、預金と銀行券は、度外視する。銀行業者資本の現実の構成諸部分――貨幣、手形、保管証券――は、これらさまざまな要素が銀行業者自身の資本を表わしているか、それとも他人の資本である預金を表わしているかということによっては、少しも変わらないことだけは明らかである。銀行業者が自己資本だけで営業しようと、自分に預託された資本だけで営業しようと、区分に変わりはない。

＊〔草稿では「銀行業者資本」となっている〕

利子生み資本の形態にともなって、確定した規則的な貨幣収入はいずれも、それが資本から生じるものであろうとなかろうと、資本の利子として現われることになる。まず貨幣所得が利子に転化され、次にこの利子があることにともなって、それの源泉である資本がまたみつけ出される。同様に、利子生み資本があることにともなって、あらゆる価値額は、それが収入として支出されなければすぐに、資本として現われる。すなわち、その価値額が生み出すことのできる可能的または現実的な利子に対立して、元本として現われるのである。

ことがらは簡単である。平均利子率は年五％であるとしよう。したがって五〇〇ポンドという金額は、それが利子生み資本に転化されれば、年々二五ポンドをもたらすことになる。そこから、二五ポンドの確定的年所得はすべて五〇〇ポンドという資本の利子とみなされる。しかしながらこうしたことは、二五ポンドの源泉が単なる所有権証書もしくは債権であろうと、またはたとえば地所のような現実の生産要素であろうと、この源泉が直接に譲渡可能であるか、または譲渡可能となる形態を受け取る場合をのぞけば、純粋に幻想的な観念であり、またそういう観念にとどまる。例として、国債と労賃とをとってみよう。

国家は、その債権者に、年々、借入資本にたいする一定分量の利子を支払わなければならない。債権者は、この場合、自己の債務者に回収を通告することはできず、ただ債権を、すなわちそれにたいする自己の所有権証書を売ることができるだけである。この資本そのものは、国家によって食い尽くされ、支出されている。それは、もはや存在しない。国家の債権者が所持しているものは、（一）たとえば、一〇〇ポンドという国家の債務証書である。この債務証書は、債権者にたいし、年々の国家収入すなわち年々租税が生み出すものにたいする、たとえば五ポンドまたは五％という一定額の請求権を与える。（二）債権者は、この一〇〇ポンドの債務証書を任意に他の人々に売ることができる。利子率が五％で、それにたいする国家の保証が前提されていれば、所持者Ａは、その債務証書を通例一〇〇ポンドでＢに売ることができる。というのは、Ｂにとっては彼が一〇〇ポンドを年々五％で貸し出しても、または彼が一〇〇ポンドを支払って国家から五ポンドという額の年々の貢ぎ物を確保しても、同じことだからである。しかしこれらすべての場合には、資本――国家による支払い（483）がそれの生みの子（利子）とみなされる資本――は、幻想的なもの、架空資本にとどまる。国家に貸し付けられた金額がもはやまったく存在しないというだけではない。もともとその金額は、決して資本として支出され、投下されるよう予定されてはいなかったのであり、その金額は、それが資本として投下されることによってのみ、自己を維持する価値に転化されえたはずのものだからである。最初の債権者Ａにとっては、年々の租税のうち彼の手にはいる部分は、彼の資本の利子を表わしており、それは、ちょうど高利貸しにとって浪費家の資産のうち彼の手にはいる部分が彼の資本の利子を表わしているのと同じである。といっても、どちらの場合にも、貸し付けられた貨幣額は、資本として支出されたのではないのであるが。国家の債務証書を売る可能性は、Aにとっては、元金の還流*の可能性を表わしている。Bにかんして言えば、彼の個人的見地からすれば、彼の資本は、利子生み資本として投下されている。実際は、彼はAに取って代わっただけで、国家にたいするAの債権を購入しただけである。これらの取り引きは、さらになお何度も繰り返されるかもしれないが、国債という資本は、依然として純粋に架空なものであり、債務証書が売却不可能となるその瞬間から、この資本という外観はなくなるであろう。それにもかかわらず、われわれがすぐ見るであろうように、この架空資本は、それ独自の運動をもつのである。

＊〔草稿では「還流または返済」となっている〕

国債という資本では、マイナス〔国家の債務〕が資本として現われる――ちょうど利子生み資本一般があらゆる錯乱した形態の母であり、その結果、たとえば債務が銀行業者の観念においては商品として現われることができるように――が、このような資本に対比して、次には労働力*を考察することにしよう。労賃は、ここでは利子であると解され、したがって労働力は、この利子を生む資本であると解される。たとえば、一年間の労賃＝五〇ポンドで、利子率が五％であるとすれば、一年間の労働力は、一〇〇〇ポンドの資本に等しいものとみなされる。資本家的な考え方の錯乱は、ここでその頂点に達する。それは、労働力の搾取から資本の価値増殖を説明する代わりに、逆に、労働力そのものがこの神秘的な物、利子生み資本であるということから、労働力の生産性が説明されることによってである。一七世紀の後半には（たとえばペティにおいて）、これはお気に入りの観念であったが、それ

（484）

はこんにちでも大真面目に、一部は俗流経済学者たちによって、一部は、また主としてドイツの統計学者たちによって用いられている。(一) ここには残念ながら、この無思想な観念を不愉快にくつがえす二つの事情が現われる。第一に、労働者は、この利子〔労賃〕を手に入れるためには、労働しなければならないということ、第二に、労働者は、自己の労働力の資本価値を譲渡によって換金することができないということ、である。むしろ、彼の労働力の年価値は、彼の年平均賃銀に等しいのであり、また彼が自己の労働によって労働力の買い手に補填しなければならないものは、労働力の価値自体、プラス、その価値増殖分である剰余価値、なのである。奴隷制のもとでは、労働者は資本価値、すなわち彼の購買価格をもっている。そして彼が、賃貸しされる場合には、借り手はまず購買価格の利子を支払わなければならず、なおそのうえに、この資本の年々の損耗分を補填しなければならない。

(一)「労働者は、その年々のかせぎの貨幣価値を利子収益とみなすことによって算出される資本価値をもっている。……もし……一日の平均賃銀率を四％で資本還元すれば、男性農業労働者一人の平均価値は、オーストリア（ドイツ系）では一五〇〇ターレル、プロイセンでは一五〇〇ターレル、イングランドでは三七五〇ターレル、フランスでは二〇〇〇ターレル、ロシア本土では七五〇ターレルとなる」（フォン・レーデン『比較文化統計』、ベルリン、一八四八年、一三四〔正しくは四三四〕ページ）。

＊〔このパラグラフの「労働力」は、草稿では、すべて「労働能力」となっている〕

架空資本の形成は、資本還元と呼ばれる。規則的に反復される所得は、いずれも、平均利子率に従って計算することによって、すなわち、この利子率で貸し出された資本がもたらすであろう収益として計算することによって、資本に還元される。たとえば、年々の所得＝一〇〇ポンド、利子率＝五％であるとすれば、一〇〇ポンドは二〇〇〇ポンドの年利子であることになり、この二〇〇〇ポンドが今度は、この年々の一〇〇ポンドにたいする法律上の所有権証書の資本価値とみなされる。その場合、この所有権証書を買う人にとっては、この年々の一〇〇ポンドの所得は、実際に、彼の投下資本にたいする五％の利払いを表わす。こうして、資本の現実の価値増殖過程とのいっさいの連関は最後の痕跡にいたるまで消えうせて、資本とは自己自身で自己を増殖する自動装置であるという観念が固定する。

また、債務証書――有価証券――が、国債の場合のように純粋に幻想的な資本を表わすのではない場合であっても、この証券の資本価値は、純粋に幻想的なものである。信用制度がいかに結合資本〔株式資本〕を生み出すかは、前に見た*。有価証券は、この資本を表わす所有権証書とみなされる。鉄道、鉱山、水運などの会社の株式は、現実資本を表わしている。すなわち、これらの企業に投下されて機能している資本、または、このような企業で資本として支出されるために株主たちによって前貸しされている貨幣額を表わしている。といっても、それらの株式が単なるいかさまを表わしていることもないわけでは決してない。しかし、この資本は、一度は所有権証書すなわち株式の資本価値として、もう一度は前記の諸企業に現実に投下されているか、または投下されるべき資本として、二重に存在するのではない。それは後者の形態でのみ存在するのであり、株式は、この資本によって実現されるべき剰余価値にたいする〝比例的な〟所有権証書以外のなにものでもない。Ａは、この権利証書

(485)

式資本に期待されるべき剰余価値にたいする単なる所有権証書に転化したのである。

ない。この場合、ＡまたはＢは自分の権利証書を資本に転化したのであるが、Ｃは自分の資本を、株

をＢに、ＢはそれをＣに売却するかもしれない。これらの取り引きは、ことがらの性質をなにも変え

＊〔本訳書、第三巻、七七〇―七七二ページ参照〕

これら所有権証書――国庫債券だけでなく、株式も――の価値の自立的運動は、おそらくは資本ま*たは請求権にたいする権原をなしているこれら所有権証書が、そうした資本または請求権とならんで、現実資本を形成するかのような外観を確かなものとする。つまり、それらの所有権証書は、それらの価格が独特な運動と決まり方をする商品となる。それらの市場価値は、現実資本の価値に変化がなくても（価値増殖の変化はあるにしても）、その名目価値とは異なる規定を受ける。一方では、それらの市場価値は、それら所有権証書が取得権原を与える収益の高さおよび確実さとともに変動する。ある株式の名目価値、すなわち、その株式が本来代表している払い込み金額が一〇〇ポンドで、その企業が五％でなく、一〇％の収益をあげるとすれば、その市場価値は、他の事情が不変で、かつ利子率が五％の場合には、二〇〇ポンドに騰貴する。というのは、五％で資本還元されれば、それはいまでは二〇〇ポンドの架空資本を表わすからである。この株式を二〇〇ポンドで買う人は、この資本投下から五％の収入を受け取る。企業の収益が減少する場合は、逆になる。これらの証券の市場価値は、一部は投機的である。というのは、この市場価値は現実の所得によって規定されるだけでなく、予期され、まえもって計算された所得によっても規定されるからである。しかし、現実資本の価値増殖を

（486）

不変と前提するか、または、国債の場合のようにどんな資本も存在しない場合には、年収益が法律によって固定されており、しかも十分に確実であると前提すれば、これらの有価証券の価格は、利子率とは逆向きに騰落する。利子率が五％から一〇％に騰貴すれば、五ポンドの収益を保証する有価証券は、いまでは五〇ポンドの資本しか表わさない。利子率が二$\frac{1}{2}$％に下がれば、この同じ有価証券は二〇〇ポンドの資本を表わす。その価値は、つねに資本還元された収益にすぎない。すなわち、幻想的な資本について現行の利子率に従って計算された収益にすぎない。したがって、貨幣市場の逼迫《ひっぱく》時には、これらの有価証券の価格は、二重に低下するであろう。なぜなら、第一には、利子率が上がるからであり、第二には、これらの証券が、換金のために大量に市場に投げ出されるからである。この価格低下は、これらの証券がその所有者に保証する収益が、国庫債券の場合のように不変であろうとなかろうと、または、これらの証券が代表している現実資本の価値増殖が、産業的企業の場合のようにもしかすると再生産過程の撹乱によって影響されることがあろうとなかろうと、それにはかかわりなく起こる。後者の場合には、前述の価値減少にさらにもう一つの価値減少がつけ加わるだけである。嵐が過ぎ去ってしまえば、これらの証券は、それらが失敗した企業またはいかさま企業を表わすものでない限り、ふたたびもとの水準に騰貴する。恐慌時におけるその価値減少は、貨幣財産の集中の強力な手段として作用する[二]。

（二）〔二月革命の直後に、パリで商品と有価証券とが極度に価値減少して、まったく売れなくなっていたとき、リヴァプール在住のスイス人商人R・ツヴィルヘンバルト氏（彼がこのことを、私の父に語ったのであるが）

は、換えることのできるすべてのものを貨幣に換え、現金を持ってパリにおもむき、ロトシルドを訪ねて、共同事業を行なうことを提案した。ロトシルドは、彼をじっと見つめていたが、急に近づいてきて、彼の両肩をつかまえた。「〝金《かね》はお持ちですか？〟」――「〝はい、男爵閣下〟」――「〝そうなら、あなたは願ったりかなったりのお人です！〟」――そして彼らは、二人とも大儲けをした。――F・エンゲルス〕

＊〔草稿には「おそらくは」はない〕

これらの証券の価値減少または価値増大が、それらが代表する現実資本の価値運動にかかわりのないものである限り、一国の富の大きさは、価値減少または価値増大の前も後もまったく同じである。「一八四七年一〇月二三日には、公債ならびに運河株および鉄道株は、すでに一億一四七五万二二二五ポンドも価値減少していました」[*1]（イングランド銀行総裁モリスの、〔下院〕『商業の窮境にかんする報告書』、一八四七―四八年、における証言〔第三八〇〇号〕）。これらの証券の価値減少が、生産ならびに鉄道および運河交通の現実の停止、もしくは着手されている企業の中止、または明らかに無価値な企業での資本の浪費を表現したものでない限り、国民は、名目的貨幣資本《ゲルトカピタル》のこれらのシャボン玉の破裂[*2]によっては、びた一文も貧しくはならなかった。

＊1〔このモリスの証言の数値については、本訳書、第三巻、七一五ページの本文および訳注＊2を参照〕

＊2〔草稿では「これらの名目的貨幣資本の破裂」となっている〕

これらすべての証券は、実際には、将来の生産にたいする蓄積された請求権・権原[*]以外のなにものをも表わしていないのであって、それら請求権・権原の貨幣価値または資本価値は、国債の場合のようにまったくなんの資本をも代表していないか、あるいはそれが表わしている現実資本の価値とは無関係に規制されるかのどちらかである。

＊〔草稿では「将来の生産」以下は、英語で「生産にたいする蓄積された請求権」となっている〕

すべての資本主義的生産諸国には、膨大な量のいわゆる利子生み資本または“貨幣資本《マニイド・キャピタル》”が、こうした形態で存在する。そして貨幣資本《ゲルトカピタル》の蓄積は、大部分が、生産にたいするこれらの請求権の蓄積、これらの請求権の幻想的な資本価値である市場価格の蓄積以外のなにものでもないと解される。

(487)

ところで、銀行業者資本の一部は、これらのいわゆる利子生み証券に投下されている。これ自体は、現実の銀行業務では機能しない準備資本の一部分である。その最大の部分は、手形、すなわち産業資本家たちまたは商人たちの支払約束証書から構成されている。貨幣の貸し手にとっては、これらの手形は、利子生み証券である。すなわち、彼が手形を買うさいには、なお流通しうる期間の利子を差し引く。これが割引と呼ばれるものである。したがって、手形が表わしている金額からの差し引きがどれだけの大きさになるかは、そのときどきの利子率に依存する。――

最後に、銀行業者の資本の最後の部分をなすものは、金または銀行券から構成される彼の貨幣準備である。預金は、契約によって比較的長期の預金として約定されていなければ、預金者がいつでも自由に処分できるものである。それは、つねに変動している。しかし、ある人によって引き出されると、他の人によって補充されるので、正常な取引期間中の一般的平均額はほとんど変動しない。

資本主義的生産の発展した国々では、銀行の準備金は、平均的にはつねに、蓄蔵貨幣として現存する貨幣の大きさを表現しているのであり、この蓄蔵貨幣の一部は、それ自体また、紙券、すなわち金にたいする単なる指図諸証券——それらは決して自己の価値をもたない——からなっている。だから、銀行業者資本の最大の部分は、純粋に架空なものであり、債権（手形）、国債証券（過去の資本を代表するもの）、および株式（将来の収益にたいする指図証券）からなっている。この場合に忘れてならないのは、銀行業者の鋼鉄製の金庫のなかにあるこれらの証券が表わしている資本の貨幣価値は、それらが確定的収益にたいする指図証券（国債証券の場合のように）もしくは現実資本の所有権証書（株式の場合のように）である場合でさえ、まったく架空なものであって、それらが少なくとも部分的に表わしている現実資本の価値とは背離して規制されるということであり、または、それらの証券が収益への単なる請求権を表わすだけで、資本を表わさない場合には、同一の収益への請求権がつねに変動する架空な貨幣資本《ゲルトカピタル》で表現されるということである。そのうえさらに、この架空な銀行業者資本の大部分は、彼の資本を表わすのではなく、利子つきであれ、無利子であれ、彼のもとに預託されている公衆の資本を表わすということがつけ加わる。

　預金は、いつも貨幣で——すなわち金または銀行券で、あるいは、それらにたいする指図証券で
——[*1]なされる。現実の流通の必要に応じて収縮または膨張する準備金をのぞけば、これらの預金は、
(488) 現実にはつねに、一方では、産業資本家たちと商人たちとの手中にあって、彼らの手形はこの預金で
割引を受け、彼らへの前貸しもこの預金でなされる。他方では、これらの預金は、有価証券取引業者
（取引所仲買人）の手中に、あるいは自分の有価証券を売った私人の手中に、または政府（国庫証券

および新規公債の場合）の手中にある。預金そのものは、二重の役割を演じる。一方では、それらは、いま述べたように、利子生み資本として貸し出され、したがって銀行の金庫には存在せず、預金者の貸方勘定として彼らの帳簿のなかに姿を現わすだけである。他方では、預金は、預金者の[*2]相互の貸方勘定が彼らの預金引き当ての小切手によって相殺されて互いに帳消しにされる限りでは、このような単なる帳簿上の記帳額として機能する。その場合、それらの預金が同じ銀行業者の手もとにあり、そのためこの銀行業者が別々の口座を相互に差し引きするか、それともこのことが別々の銀行によって行なわれ、彼らの小切手を相互に交換して差額だけが支払われるかは、まったくどうでもよい。

*1〔草稿では「貨幣で」以下は「貨幣（金または銀行券）で」となっている〕

*2〔草稿では「商人たち相互間の（総じて預金の所有者たちの）」となっている〕

利子生み資本と信用制度[*]との発展につれて、同じ資本が、または同じ債権にすぎないものまでが、さまざまな人の手もとで、さまざまな形態をとって現われるその様式の相違によって、すべての資本が、二倍になるように見え、また場合によっては三倍にもなるように見える。（三）この「貨幣資本《ゲルトカピタル》」の大（489）部分は、純粋に架空なものである。準備金を別にすれば、すべての預金は、銀行業者にたいする貸方勘定にほかならないのであり、預託現金としては決して存在しない。それらが振替取引に用いられる限りで、それらは、銀行業者たちがこれを貸し出してしまったあとで、銀行業者たちにとって資本として機能する。彼らは、これらの貸方勘定を互いに清算することによって、〔銀行に〕存在しない諸預金にたいする相互の指図証券を互いに支払い合うのである。

（三）〔このような資本の二倍化、三倍化は、近年さらにいちじるしく発展した――たとえば、ロンドン取引所報のなかですでに特別な欄を占めているもろもろの金融トラストを通じて。ある部類の利子生み証券、たとえば外国の国債証券、イギリスの市債またはアメリカの公債、鉄道株などを買い入れるための会社が設立される。たとえば二〇〇万ポンドの資本が、株式募集によって調達される。重役会は、これらの有価証券を買い入れ、または多かれ少なかれ積極的にこれらの証券で投機を行ない、年々の利子収益から費用を差し引いた残りを配当として株主たちに分配する。――さらに、いくつかの株式会社においては、普通株を二つの部類に、すなわち〝優先株《プリファアード》〟と〝後配株《ディファアード》〟とに分ける習慣が生じてきた。〝優先株〟は、総利潤がそれを許すという前提のもとに、ある固定した利払い――たとえば五％――を受け取る。そのうえでなお残りがあれば、〝後配株〟がそれを受け取る。こういうやり方で、〝優先株〟での「堅実な」投資が、本来の投機――〝後配株〟での――から多かれ少なかれ分離される。ところが、いくつかの大企業は、この新しい様式に従うことを欲しないので、これらの大企業の株式に一〇〇万または数百万ポンドを投資し、それにもとづいて、これらの〔購入〕株式の名目価値分だけ新株――ただし半分は〝優先株〟、あとの半分は〝後配株〟――を発行する会社が設立されるということが見られるようになった。こうした場合には、もとの株式は、それが新株発行の基礎に役立てられるのだから、二倍化される。――Ｆ・エンゲルス〕

＊〔草稿では Creditwesen となっている。エンゲルスはこれを Kreditsystem に書き換えている〕

Ａ・スミスは、資本が貨幣貸し付け＊において演じる役割にかんして、次のように言う――「しかしながら、金融界においてさえ、貨幣は、その所有者にとって用途のない諸資本をある人の手から他の人の手に移転する、いわば指図証券〔原文は「譲渡証書」〕にほかならないものである。これらの資本は、それら資本の移転の道具として用いられる貨幣額よりも、ほとんど比較にならないほど大きいものでありうる。同じ貨幣諸片が、多くの異なった購買に用いられるのと同じように、次々と多くの異なった貸し付けに用いられる。たとえば、AがWに一〇〇〇ポンドを貸し付け、Wはすぐにそれで Bから一〇〇〇ポンド分の諸商品を買う。B自身にはこの貨幣の使いみちがないので、同一の貨幣諸片をXに貸し付け、Xはただちにそれで Cからまた一〇〇〇ポンド分の諸商品を買う。同じ仕方で、また同じ理由から、Cは貨幣をYに貸し、Yもまたそれで Dから諸商品を買う。このようにして、同じ金貨ないし紙券が、数日のうちに、そのそれぞれが価値の点ではこれらの貨幣片の総額に等しい三つの異なる貸し付けおよび三つの異なる購買を媒介するために役立てられうる。三人の金持ちたちA、B、Cが、三人の借り手W、X、Yに譲渡したものは、これらの購買を行なう力である。この力にこそ、これらの貸し付けの価値ならびに効用があるのである。この三人の金持ちたちが貸し付けた資本〔資財《ストック》〕は、その資本で買うことのできる諸商品の価値に等しく、これらの購買をするのに用いられる貨幣の価値の三倍の大きさである。それにもかかわらず、これらの貸し付けは、すべてまったく保証されたものでありうる。というのは、異なる債務者たちがそれで買った諸商品は、やがて等価値の金貨または紙券を、利潤と一緒にもち帰るように使用されているからである。そして同じ貨幣諸片が、その三倍の、または〔……〕三〇倍もの価値の別々の貸し付けの媒介に用いることができるのと同様に、それらは返済の手段としてもまたつぎつぎに用いることができるのである」（〔『諸国民の富』〕第二篇第四章〔大内兵衛・松川七郎訳、岩波文庫、㈡、一九六〇年、三七七―三七八ページ〕）。

（490）

同一の貨幣片がその流通速度に応じていくつもの購買を遂行しうるのだから、それはまたいくつもの貸し付けを行なうこともできる。というのは、購買は、貨幣をある人の手から他の人の手に移すものであり、貸し付けは、購買によって媒介されない、ある人の手から他の人の手への移転にほかならないからである。販売者の各人にとっては、貨幣は、彼の商品の転化形態を表わす。あらゆる価値が資本価値として表わされるこんにちでは、貨幣は、いくつもの貸し付けにおいて次々にいくつもの資本を表わしていくが、これは、貨幣はいくつもの商品価値を次々に実現していくことができるという、以前の命題の別の表現でしかない。同時に、貨幣は、物的諸資本をある人の手から他の人の手に移すための流通手段として用いられる。貸し付けにおいて、貨幣がある人の手から他の人の手に移行するのは流通手段としてではない。貨幣が貸し手の手中にとどまる限り、貨幣は彼の手中では流通手段ではなく、彼の資本の価値定在である。*そして貸し付けにおいて彼が貨幣を第三者に移転するのは、この形態でなのである。ＡがＢに、ＢがそれをＣに、購買の媒介なしに貸し付けたとすれば、この同一の貨幣は三つの資本を表わすのではなく、ただ一つの資本、ただ一、つ、の資本価値を表わすだけであろう。それがいくつの資本を現実に表わすかは、それがさまざまな商品資本の価値形態として何回機能するかによって決まる。

＊〔草稿では「資本が貨幣貸し付け」は「貨幣が資本貸し付け」となっている〕

＊〔草稿では、「流通手段としてではなく」以下は「流通手段としてではなく、彼の資本の価値定在としてある」となっている〕

Ａ・スミスが貸し付け一般について述べていることは、預金についても妥当するのであり、預金とは、まさに、公衆が銀行業者にたいして行なう貸し付けの特殊な名称にほかならない。同一の貨幣諸片が、任意の数の預金のための用具として役立つことができる。

「ある人がきょうＡに預ける一〇〇〇ポンドが、あすはふたたび払い出されてＢへの預金となるということは、あらそう余地なく真実である。その翌日には、それがＢによって〔原文は「Ｂから」〕払い出されて、Ｃへの預金となる〔……〕等々、こうしたことが無限に続きうる。だから、同じ一〇〇〇ポンドの貨幣が、一連の移転によって、絶対に確定できない何倍もの預金額になりうる。だから、連合王国における全預金の $\frac{9}{10}$ が、銀行業者たちの帳簿に記録された、それぞれが清算しなければならない記帳額以外にはなんら存在しないということは、ありうることである。……こうして、たとえばスコットランドでは、貨幣通流〔原文は「通貨」〕は、三〇〇万ポンドを超えたことが決してなかったが、預金は二七〇〇万ポンドである〔と見積もられている〕。〔……〕ところで、銀行にたいする一般的な預金取り付けが生じなければ、同じ一〇〇〇ポンドがその道を逆にたどって、同様に確定できない金額を同じ容易さでまた決済することができるであろう。きょうある人がある小売業者にたいする債務を決済するのに用いるその同じ一〇〇〇ポンドが、あすは商人にたいするこの小売業者の債務を決済し、その翌日は銀行にたいするこの商人の債務を決済する等々、こうしたことが果てしなく続きうるのである。こうして、同じ一〇〇〇ポンドが手から手に、また銀行から銀行に流れていって、およそ考えられるどんな預金額をも決済することができるのである」*（『通貨理論の吟味』〔エディンバラ、一八四五年〕、一六二一、一六二三〔正しくは六二一、六二三〕ページ）。

＊〔この引用文は、すでに第三部第二五章（本訳書、第三巻、七〇九ページ）に見られる。それとの文章の相違は、英語原文のドイツ語訳の相違のためである〕

この信用制度においてはすべてのものが、二倍にも三倍にもなり、単なる幻影の産物に転化するのと同様に、ようやく確からしいものがつかめると信じられている「準備金」についても、同じことが言える。

ふたたび、イングランド銀行総裁モリス氏の言うことを聞いてみよう——「個人諸銀行〔原文は「個人銀行業者たち」。以下の「諸銀行」も「銀行業者たち」〕の準備金は、預金の形態でイングランド銀行の手中にあります。〔……〕金の流出〔原文は「輸出」〕の第一の影響は、イングランド銀行にだけおよぶように見えます。しかしそれは、他の諸銀行の準備金にも同じく影響をおよぼすでしょう。というのは、それは、諸銀行がイングランド銀行にもっている準備金の一部分の流出〔原文は「引き出し」〕だか
(491) らです。まったく同様に、金の流出は、〔ロンドンの銀行業者はもちろん——原文による〕すべての地方銀行の準備金に影響するでしょう」（〔下院〕『商業の窮境』、一八四七—四八年〔第三六三九号、第三六四二号。末尾は副総裁プレスコットの証言〕）。したがって、結局、これらの準備金は、現実には、イングランド銀行の準備金ということになる。[四] しかし、この準備金もまた二重に存在している。〝銀行部〟〔イングランド銀行の〕の準備金は、同行が発行する権限を与えられている銀行券のうち、流通している銀行券を超える超過分に等しい。発行されうる銀行券の法定最高限度は、一四〇〇万（これにたいしては

金属準備は不要であり、これは同行にたいする国家の債務額にほぼ等しい)、プラス、同行の貴金属保有額、である。したがって、もしこの貴金属保有額が一四〇〇万ポンドであれば、同行は、二八〇〇万ポンドの銀行券を発行しうるのであり、そのうちの二〇〇〇万が流通しているとすれば、〝銀行部〟の準備金は八〇〇万である。この場合には、この八〇〇万の銀行券は、法律上、同行が自由に処分しうる銀行業者資本であり、同時に同行の預金にたいする準備金でもある。そこで、金の流出が生じ、金属保有が六〇〇万だけ減少すれば——そうなれば同額の銀行券が廃棄されなければならない——、〝銀行部〟の準備金は、八〇〇万から二〇〇万に低下するであろう。一方では、イングランド銀行は、その利子率を大幅に引き上げるであろう。他方では、同行に預金している諸銀行とその他の預金者たちとは、同行にある彼ら自身の貸方勘定にたいする準備金が非常に減少していることを知るであろう。一八五七年に、ロンドンの最大の株式銀行四行は、イングランド銀行が一八四四年銀行法を停止する「政府書簡」をかちとらなければ、(五)彼らの預金を引きあげるとおどかしたが、もしそれをされたら、〝銀行部〟は破産したことであろう。こうして、〝銀行部〟は、一八四七年のように、[*1]流通銀行券の兌換性の保証として〝発券部〟に何百万(たとえば一八四七年には八〇〇万)もあるのに、支払い不能におちいりうるのである。しかしこれ〔兌換性の保証〕もまた、幻想なのである。

(492)

(四)〔このことがその後さらにどんなにいちじるしく進んでいるかは、一八九二年一二月一五日付の『デイリー・ニューズ』からとった、一八九二年一一月におけるロンドンの一五の最大銀行の銀行準備金にかんする次の公式の表が、証明している——

この約二八〇〇万の準備金のうち、どんなに少なく見積もっても、二五〇〇万はイングランド銀行に預金されており、せいぜい三〇〇万が現金で一五の銀行自身の金庫のなかにあるだけである。ところが、イングランド銀行の銀行部の現金準備は、同じ一八九二年一一月に一六〇〇万にも満たなかったのである！——F・エンゲルス〕

(五)〔一八四四年銀行法の停止[*2]は、イングランド銀行に、自己の手もとにある金準備による保証を顧慮せずに任意の量の銀行券を発行できるようにする。つまり、任意の量の紙製の架空な貨幣資本を創造し、これで諸銀行と手形仲買人〔ビル・ブローカー〕たちとに、また彼らを通して商業に前貸しできるようにする。〔——

銀　行　名	負　債 (ポンド)	現金準備 (ポンド)	%
シティ	9,317,629	746,551	8.01
キャピタル・アンド・カウンティズ	11,392,744	1,307,483	11.47
インペリアル	3,987,400	447,157	11.22
ロイズ	23,800,937	2,966,806	12.46
ロンドン・アンド・ウェストミンスター	24,671,559	3,818,885	15.50
ロンドン・アンド・サウス・ウェスタン	5,570,268	812,353	14.58
ロンドン・ジョイント・ストック	12,127,993	1,288,977	10.62
ロンドン・アンド・ミドランド	8,814,499	1,127,280	12.79
ロンドン・アンド・カウンティ	37,111,035	3,600,374	9.70
ナショナル	11,163,829	1,426,225	12.77
ナショナル・プロヴィンシャル	41,907,384	4,614,780	11.01
パーズ・アンド・ジ・アライアンス	12,794,489	1,532,707	11.98
プレスコット・アンド・カンパニー	4,041,058	538,517	13.07
ユニオン・オブ・ロンドン	15,502,618	2,300,084	14.84
ウィリアムズ・ディーコン・アンド・マンチェスター・アンド・カンパニー	10,452,381	1,317,628	12.60
合　　計	232,655,823	27,845,807	11.97

〔「%」の数字の一部は、原資料によりアドラツキー版で訂正された〕

F・エンゲルス〕｝

＊1〔本訳書、第三巻、七一二―七一四ページ、七三〇―七三一ページ参照〕

＊2〔一八四四年に制定された銀行法は、貨幣恐慌が起こるごとに、イギリス政府によってくり返し停止された。マルクスは、一八五七―五八年、『ニューヨーク・デイリー・トリビューン』紙上の一連の論説で、この問題の分析を行なった。「〔一八四四年の銀行法とイギリスの貨幣恐慌〕」（一八五七年一一月）、「イギリスの商業事情の急激な悪化」（同前）、「〔一八四四年のイギリス銀行法〕」（一八五八年八月）、「〔イギリスの商業恐慌と貨幣流通〕」（同前）、「イギリスの商業と金融」（同年一〇月）参照（邦訳『全集』第一二巻、所収）〕

「銀行業者たち自身が直接に需要するものではない預金の大部分はビル・ブローカー」（文字通りには手形仲買人、実際はなかば銀行業者）「たちの手にはいり、その代わりに彼らは、銀行業者にたいし、銀行業者の前貸しにたいする担保として、自分たちがすでにロンドンや地方の人々のために割引きした商業手形を与える。ビル・ブローカーは、銀行業者にたいしこのマネー・アト・コール」｛要求ありしだい即時返済される貨幣〔コールマネーともいう〕｝「を返済する義務を負う。そしてこれらの取り引きがたいへんな規模に達していることは、同行」｛イングランド銀行｝「現総裁のニーヴ氏が、その供述のなかで次のように述べているほどである――『われわれは、あるブローカーが五〇〇万もっていたことを知っていますし、またもう一人のブローカーが八〇〇万ないし一〇〇〇万もっていたと推定する根拠をもっています。ある人は四〇〇万、もう一人の人は三五〇万、第三の人は八〇〇万以上もっていました。私が言っているのは、ブローカーたちの手もとに回っている預金のことです』」（『銀行法委員会報告書』、一八五七—五八年〔一八五八年印刷〕、ｖページ、第八項）。

「ロンドンのビル・ブローカーたちは……なんの現金準備もなしで、巨額の取り引きを行なった。彼らは、次々に満期になる自分たちの手形からの入金をあてにするか、または危急のさいには自分たちが割り引いた手形を担保にイングランド銀行から前貸しを受けるみずからの力をあてにしていた」（同前、viiiページ、第一七項）。——「ロンドンの二つのビル・ブローカー商会が、一八四七年に支払いを停止した。両商会とも、のちに業務を再開した。一八五七年に彼らは再度支払いを停止した。一八四七年には一方の商会の負債は、一八万ポンドの資本にたいして、概算で二六八万三〇〇〇ポンドであった。同じ商会の一八五七年の負債は、五三〇万ポンドであったが、その資本のほうはおそらく一八四七年当時の額のせいぜい四分の一であったと思われる。他方の商会の負債は、二度とも〔原文は「支払い停止のそれぞれの時期に」〕三〇〇万ないし四〇〇万で、資本は四万五〇〇〇ポンドを超えなかった」（同前、xxiページ、第五二項）。

（493）

第三〇章　貨幣資本と現実資本　I＊

＊〔第三〇章、第三一章、第三二章の三つの章は、草稿（四）のうちⅢ）の部分から編集された（本訳書、第三巻、六九三―六九四ページの訳注＊参照）。表題はエンゲルスによる。エンゲルスは、Ⅲ）を三章に分割したが、この分割は、マルクスの考察の区切りには対応していない。エンゲルスは、それぞれの章について、「序言」のなかで、「第三〇章は、並び替えや削除……によってでき上がった」、「第三一章は、ふたたびいっそう脈絡あるものに仕上げられていた」、第三二章に取り入れた部分は「かなり整理されて続いている」と書いている（本訳書、第三巻、一四、一五ページ）〕

信用制度に関連してわれわれがいま取り組もうとする＊比類なく困難な諸問題は、次のようなことである――

＊〔草稿では、文頭からここまでは「これから取り組もうとしている、この信用の件全体のなかでも」となっている〕

第一に――本来の貨幣資本《ゲルトカピタル》の蓄積。これは、どの程度まで現実の資本の蓄積の、すなわち拡大された規模での再生産の指標であり、どの程度までそうでないのか？　資本のいわゆる過多《プレトーラ》、いつでもただ利子生み資本＊1すなわち貨幣資本だけに用いられるこの表現は、ただ産業上の過剰生産の特殊な表現法にすぎないのか、それとも、それとならぶ一つの特殊な現象なのか？　この過多すなわち＊2貨幣資本の過剰供給は、停滞する大量の貨幣（地金、金貨、銀行券）[*3]の現存と同時に生じるのか、したがって、現実の貨幣のこの過剰は、貸付資本のあの過多の表現であり現象形態であるのか？[*4]

*1〔「利子生み資本すなわち」はエンゲルスによる〕
*2〔「この過多すなわち」はエンゲルスによる〕
*3〔草稿では「（鋳貨／地金または銀行券）」となっている〕
*4〔草稿では「現実の貨幣の」以下は「貨幣資本の過剰供給は、貨幣の量の増大で表現されるのか」となっている〕

また第二に――貨幣逼迫すなわち貸付資本の欠乏[*1]は、現実資本（商品資本と生産資本）[*2]の欠乏をどの程度まで表現しているのか？　他方では、それは、貨幣そのものの欠乏、流通手段[*3]の欠乏とどの程度まで同時に生じるのか？

*1〔草稿には「すなわち貸付資本の欠乏」はない〕
*2〔草稿では「現実資本（商品資本と生産資本）」は「実物資本」となっている〕
*3〔草稿では「支払手段」となっている〕

われわれがこれまで貨幣資本および貨幣財産[*1]一般の蓄積の独自な形態を考察してきた限りでは、この形態は、労働にたいする所有の請求権の蓄積に帰着した。国債という資本の蓄積は、すでに明らかにしたように、租税額のうちからある金額を自分のために先取りする権利を与えられている、国家の
(494) 債権者たちという一階級の増大以外のなにものも意味しない[六]。　債務の蓄積でさえ資本の蓄積として現

われうるというこれらの事実には、信用制度のなかで起こる歪曲の完成が見られる。はじめに借り入れられてずっと前に支出されてしまった資本と引き換えに交付されているこれらの債務証書、すなわち消滅した資本のこれらの紙製の複写は、それらが販売可能な商品であり、したがってまた資本に再転化されうる限りで、その所有者にとっては、資本として機能する。

(六)「公債〔国債証券〕は、年々の歳入のうち債務の支払いにあてられる部分を表わす想像上の資本以外のなにものでもない。それと同額の資本は消費されてしまっている。この資本は、借り入れにたいする分母として役立つが、公債が表わしているものはそれではない。というのは、その資本はもはやどこにも存在しないからである。しかしながら、労働と勤労から*2は新しい富が生まれてくるはずである。この富の年々の一部分は、すでに消滅している富を貸し付けた人々にまえもって割り当てられている。この部分は、それを生産する人々にたいする租税によって取り上げられ、国家の債権者たちに与えられる。そしてその国の慣習的な資本と利子との比率に従って、債権者たちが受け取るはずの年々の金利を生み出すことのできる資本と同額の、一つの想像上の資本が想定されるのである」(シスモンディ『経済学新原理』〔第二版、パリ、一八二七年〕、第二巻、二二九、二三〇ページ〔菅間正朔訳、世界古典文庫、下、日本評論社、一九五〇年、一七三、一七四ページ〕)。

＊1〔草稿には「貨幣資本および」はない〕

＊2〔初版では「勤労の労働から」となっていた。草稿および原文により訂正〕

会社事業、鉄道、鉱山等々の所有権証書は、やはりすでに見たように、確かに実際に現実資本の権利証書である。けれどもこれらの所有権証書は、この〔現実〕資本を自由に処分する権限を与えるものではない。現実資本は引きあげることはできない。これらの所有権証書は、現実資本によって獲得されるはずの剰余価値の一部分にたいする法律上の請求権を与えるにすぎない。しかし、これらの権利証書は、ちょうど船荷証券が船荷とは別に、かつ船荷と同時に一つの価値を受け取るように、現実資本の紙製の複写になるのである。それらは、存在しない資本の名目的な代表物となる。というのは、現実資本はそれらとは別に存在しており、これらの複写が持ち手を換えることによって、現実資本が持ち手を換えることは決してないからである。それらは、利子生み資本の諸形態となる。なぜなら、それらは、一定の収益を保証するからであるだけでなく、売却によって資本価値としてのその返済を受けることもできるからである。これらの証券の蓄積が鉄道、鉱山、汽船などの蓄積を表現する限りでは、この蓄積は、現実の再生産過程の拡大を表現するのであり、それは、たとえば動産所有にたいする課税表の拡大がこの動産の膨脹を示すのとまったく同じである。しかし、それ自身商品として取り引き可能であり、したがってそれ自身資本価値として流通する複写としては、これらの証券は幻想的なものであり、そしてそれらの価値額は、それら証券が権原となっている現実資本の価値運動とはまったくかかわりなく騰落しうる。それらの価値額、すなわち取引所でのそれらの相場は、利子率の低下につれて——この低下が貨幣資本の固有の運動とかかわりなく、利潤率の傾向的低下の単なる結果である限り——、必然的に騰貴する傾向があるのであり、したがって、この想像上の富は、その価(495)値表現から見れば、すでに右の理由からも、この富のもともとの一定の名目価値の各可除部分ごとに資本主義的[*1]生産の発展のなかで膨脹していくのである(七)。

(七)　蓄積された貸付可能な[*2]貨幣資本の一部分は、事実、産業[*3]資本の単なる表現である。たとえば、一八五七年ごろイギリスがアメリカの鉄道その他の企業に八〇〇〇万ポンドを投資していたとき、この投資は、ほとんどまったくイギリス商品の輸出によって媒介されていて〔草稿では「支払われていて」〕、アメリカ人たちは少しもその代金を払う必要はなかった。イギリスの輸出業者は、これらの商品にたいしてアメリカあての手形を振り出し、その手形がイギリスの株式応募者たちによって買い集められて、株式払い込みのためにアメリカに送られたのである。

*1〔草稿では「資本主義的生産様式」となっている〕
*2〔草稿には「貸付可能な」はない〕
*3〔草稿では「生産的資本」となっている〕

これらの所有権証書の価格変動による利得と損失、ならびに、鉄道王などの手中におけるそれらの集中は*、ことがらの性質上ますます賭博の結果となるのであり、その賭博こそが資本所有を獲得する本来の方法として労働に代わって現われ、そして直接的暴力にも代わって登場するのである。この種の想像上の貨幣財産は、個人の貨幣財産の非常に大きな部分をなすばかりでなく、すでに述べたように、銀行業者資本の非常に大きな部分をもなしている。

*〔草稿では、文頭からここまでは「この所有権原の獲得、喪失ならびに集積は」となっている〕

急いでかたづけるために*1言及するにとどめるが、貨幣資本《ゲルトカピタル》の蓄積とは、一方の私的貨幣資本家たち*2と、他方の国家、地方自治体、および再生産を行なう借り手たちとのあいだの媒介者としての銀行業者たち（職業的な貨幣の貸し手）の手中における富の蓄積であると解することもできるであろう。というのは、信用制度の大規模な拡大の全体が、一般に信用全体が、銀行業者たちによって彼らの私的資本として利用され尽くすからである。この連中は、資本および所得をいつでも貨幣形態で、または貨幣にたいする直接的請求権の形でもっている。この階級の財産の蓄積は、現実の蓄積とは非常に異なる方向で起こりうるが、しかしいずれにしても、この階級が現実の蓄積のかなりの部分を横取りしていることを証明する。

当面の問題を狭い限界に引きもどせば、国庫債券ならびに株式その他のすべての種類の有価証券は、貸付可能な資本、すなわち利子を生むものになるよう予定されている資本にとっての投下部面である。これらの有価証券は、この資本を貸し出す形態である。しかし、これらの証券自体は、これらの証券に投下される貸付資本ではない。他方、信用が再生産過程で直接的役割を演じる限りでは、産業家または商人が手形を割り引いてもらおうとしたり、貸し付けを受けようとしたりする場合に必要とするものは、株式でも国債証券でもない。彼が必要とするものは、貨幣である。したがって、彼が貨幣をほかの方法で調達できなければ、彼は、それらの有価証券を担保に入れるか、売却するしかない。ここでわれわれが取り扱わなければならないのは、この貸付資本の蓄積であり[*1]、しかもとくに貸付可能な貨幣資本の蓄積なのである。ここでは、家屋、機械、その他の固定資本の貸し付けは問題ではない。(496) 産業家たちと商人たちとが、諸商品で[*2]、また再生産過程の循環の内部で、相互に行ない合う前貸しも、問題ではない――といっても、この点をもまえもってもっと詳しく研究しなければならないのである

＊1〔草稿では「われわれの考察から除外するために」となっている〕

＊2〔草稿では「私的貸し手たち」となっている〕

が。ここでは、媒介者としての銀行業者たちによって産業家たちと商人たちとにたいしてなされる貨幣貸し付けがもっぱら問題なのである。[*3]

＊1〔草稿では「この貸付可能な資本」となっている〕
＊2〔草稿には「諸商品で」はない〕
＊3〔草稿では、このあと、本訳書、第三巻、八六〇ページの「貸付可能な貨幣資本の増加が」で始まるパラグラフから八六五ページの区分線まで、および、九三一ページ本文一行目から九三五ページの区分線までの部分が続いていた。後者の冒頭には「通貨の速度の調節器としての信用」の表題が書かれていた〕

したがってわれわれは、まず商業信用、すなわち、再生産に従事する資本家たちが相互に与え合う信用を分析しよう。それは、信用制度の土台をなす。[*] それを代表するものは、手形、すなわち一定の支払期日をもつ債務証書、ドキュメント・オブ・ディファード・ペイメント〔延払《のべばらい》証書〕である。だれもが、一方の手で信用を与え、他方の手で信用を受ける。これとまったく別の、本質的に異なる契機をなす銀行業者信用は、さしあたりまったく度外視しよう。これらの手形が、商人たち自身のあいだで、ある人の他の人にたいする裏書きによって――しかしここではその間に割引は行なわれない――ふたたび支払手段として流通する限りでは、これは、AからBへの債権の移転にほかならず、少しも〔全体としての〕連関を変えない。それは、ある人を他の人に取り替えるだけである。そしてこの

場合においてさえ、決済は貨幣の介入なしに行なわれうる。たとえば紡績業者Aが綿花仲買人Bに、Bは輸入業者Cに、手形を支払わなければならないとする。ところで、もしCが――かなりしばしば起こることであるが――綿糸の輸出もしているとすれば、Cは綿糸をAから手形で購入し、紡績業者Aは仲買人Bに、Cからの支払いで受け取ったB自身の手形で支払うことができるのであり、そのさい貨幣で支払われなければならないのは、せいぜい差額だけである。その場合には、取引全体は、綿花と綿糸との交換を媒介するだけである。輸出業者は紡績業者だけを代表し、綿花仲買人は綿花栽培者を代表する。

＊〔草稿では、「したがってわれわれは」以下ここまでは「商業信用｛すなわち再生産に従事する資本家たちが相互に与え合う信用｝は、信用制度の土台をなす」となっている〕

さて、この純粋な商業信用の循環の場合には、二つのことが注意されなければならない。

第一に――この相互の債務の決済は、資本の還流に、すなわち、延期されているだけのW―Gに依存する。紡績業者が綿布製造業者から手形を受け取ったとすれば、綿布製造業者は、彼が市場に出している綿布がそのあいだに売れてしまっているなら、支払うことができる。穀物投機業者が彼の
(497) 委託販売業者《ファクトル》＊あてに手形を振り出したとすれば、委託販売業者は、そのあいだに穀物が予期した価格で売れてしまっているなら、貨幣を支払うことができる。したがってこれらの支払いは、再生産――すなわち生産過程および消費過程――の円滑な流れに依存する。しかし信用は相互的であるから、各人の支払能力は同時に他人の支払能力に依存する。というのは、各人は、自分の手形を振り出すにあ

たっては、自分自身の事業における資本の還流をあてにしたか、またはそのあいだに彼に手形の支払いをしなければならない第三者の事業における還流をあてにしたか、そのどちらかでありうるからである。還流の見込みを別にすれば、支払いはもっぱら、還流の遅滞が生じたさいに手形振出人が自己の債務を履行するために自由にしうる準備資本によってのみ可能になりうる。

＊〔委託または引き渡された商品を、委託人のために、通常は自己の名をもって販売し、手数料を得るコミッション・マーチャントであり、自己または委託人の名で売買する権限をもつ点で、単なる媒介業者である仲買人または卸売業者をさす問屋とは異なる。一九世紀前半のイギリス、アメリカで活躍〕

第二に――この信用制度は、現金支払いの必要性をなくすものではない。まず支出の大きな部分、労賃、租税などは、いつでも現金で支払われなければならない。しかし、それだけでなく、たとえばCから即金払いの代わりに手形を受け取ったBは、この手形が満期になるまえに、自分自身がDあての満期手形の支払いをしなければならず、そのために彼は現金をもっていなければならない。先に、綿花栽培者から綿紡績業者まで、また逆に綿紡績業者から綿花栽培者まで前提されたような、再生産の完全な循環は、例外でしかありえず、つねに多くの個所で断ち切られざるをえない。[*1] われわれが、再生産過程（第二部第三篇[*2]）で見たように、不変資本の生産者たちは、不変資本の一部分を相互に交換し合う。この場合には、手形は、多かれ少なかれ相殺されうる。生産の上昇線において、綿花仲買人が紡績業者あてに、紡績業者が綿布製造業者あてに、綿布製造業者が輸出業者あてに、輸出業者が輸入業者あてに（おそらくまた綿花の輸入業者あてに）手形を振り出さなければならない場合にも、同様である。しかし、取り引きの循環が、したがって請求権系列の逆進が同時に現われるわけではない。たとえば、織布業者にたいする紡績業者の請求権は、機械製造業者にたいする石炭供給業者の請求権によっては、決済されない。紡績業者は、その事業において、機械製造業者にたいする反対請求権をもつことは、決してない。なぜなら、彼の生産物である綿糸は、機械製造業者の再生産過程に要素としてはいり込むことは、決してないからである。だから、このような請求権は、貨幣によって決済されなければならない。[*3]

＊1〔草稿では、この一文は「さらに、手形の相殺は、再生産のこうした循環では（とくに本来の生産者たちのそれでは）いたるところで断ち切られざるをえない」となっている〕

＊2〔本訳書、第二巻、六七七―六八二ページ参照〕

＊3〔草稿では「同時に」は「いたるところで」となっている〕

(498)
この商業信用にとっての限界は、それだけで考察してみれば、（一）産業家たちおよび商人たちの富、すなわち還流遅滞の場合に彼らが自由に使用できる準備資本、（二）この還流そのもの、である。この還流が時間的に遅滞したり、または商品価格がその間に低下したり、または市場の停滞のために商品が一時的に売れなくなったりすることがありうる。手形が長期であればあるほど、まず第一に準備資本がそれだけ大きくなければならず、また、価格低下または市場の供給過剰による還流の減少または遅延の可能性がそれだけ大きくなる。またさらに、当初の取り引きが商品価格の騰落をあて込んだ投機によってなされたものであればあるほど、還流は、それだけいっそう不確実になる。しかし労働の生産力の発展、したがってまた大規模生産の発展とともに、（一）市場が広がって生産地から遠くなり、（二）したがって信用はいっそう長期化せざるをえなくなり、したがってまた（三）投機的要素がますます諸取り引きを支配するに違いないことは、明らかである。大規模かつ遠隔市場向けの生産は、生産物全部を商業の手中に投じる。しかし、一国の資本が倍増して、その結果商業がそれだけで自分の資本で国内の生産物全部を買い占めて、ふたたびそれを販売することができるようになるといったことは、不可能である。したがってここでは、信用が不可欠である――大きさから見れば生産の価値の大きさの増大につれて増大し、時間的に見れば市場の距離の増大につれて長くなる信用が。ここでは相互作用が生じる。生産過程の発展が信用を拡大し、信用が産業的および商業的諸取り引きの拡張をもたらす。

この信用を銀行業者信用から切り離して考察すれば、それが産業資本自体[*1]の大きさとともに増大することは明らかである。貸付資本と産業資本とは[*2]、ここでは同じものである。貸し付けられた資本は、最終的な個人的消費に向けられた商品資本であるか、そうでなければ生産資本の不変的要素の補塡に予定された商品資本である。したがって、ここで貸し付けられた資本として現われるものは、つねに資本――再生産過程の一定の局面にあるが、売買によってある人の手から他の人の手に移り、他方、その等価は、のちに約定期日になってはじめて買い手に支払われる[*3]資本[*4]である。たとえば、綿花は、手形と引き換えに紡績業者の手に移り、綿糸は、手形と引き換えに綿布製造業者の手に移り、綿布は、手形と引き換えに商人の手に移り、商人の手から手形と引き換えに輸出業者の手に移り、輸出業者の

（499）

手から手形と引き換えにインドの商人の手に移り、インドのこの商人は、それを売ってその代わりにインディゴ〔藍染料〕を買う、等々。ある人から他の人へのこの移行中に、綿花は綿布への転化をなしとげ、綿布は最後にはインドに向けて輸送されてインディゴと交換され、このインディゴはヨーロッパに向けて船積みされて、その地でふたたび再生産にはいり込む。再生産過程のさまざまな局面が、ここでは信用によって媒介されており、紡績業者は綿花の、綿布製造業者は綿糸の、商人は綿布の支払いをしていない、等々である。この経過の最初の諸行為では、綿花という商品は、そのさまざまな生産局面を通過するのであり、この移行が信用によって媒介される。しかし、この綿花が、生産において商品としてのその最後の形態を受け取ってしまえば、この同じ商品資本は、あとはさまざまな商人の手を通過するだけであり、これらの商人は、遠隔の市場への輸送を媒介し、最後の商人が最終的に消費者たちにこれを売って、その代わりに他の商品を買い入れ、この商品が消費か再生産過程のいずれかにはいり込むのである。したがってここでは、二つの部分が区分されなければならない。第一の部分では、信用は、同じ物品の生産における現実の連続的諸局面を媒介する。第二の部分では、信用は、輸送を含む、ある商人の手から他の商人の手への移行、すなわちW—Gという行為を媒介するだけである。しかしここ〔第二の部分〕でも、商品は、少なくともつねに流通行為のなかに、したがって再生産過程の一局面にあるのである。

＊1〔草稿では「生産的資本」となっている〕

＊2〔草稿では「貸付可能な資本と再生産的資本とは」となっている〕

＊3 〔「買い手に」は「買い手によって」または「売り手に」の誤植であろう〕

＊4 〔草稿では、「売買によって」以下は「最終的な売買によって媒介されることなく、ある人の手から他の人の手に移る」となっている〕

だから、ここで貸し付けられるものは、決して遊休資本ではなく、その所有者の手中でその形態を変えなければならない資本であり、その所有者にとっては単なる商品資本であるような形態で存在する資本、すなわち再転化されなければならない、それも少なくともまずは貨幣に転換されなければならない資本である。したがって、ここで信用によって媒介されるのは、諸商品の変態である。つまり、W—Gだけでなく、G—W および現実の生産過程もまた媒介されるのである。再生産の循環の内部に信用——銀行業者信用は度外視する——が多いということは、貸し付けのために提供されて有利な投資口を求めている遊休資本が多いということではなく、再生産過程において資本が大量に運用されているということを意味する。したがって、信用がここで媒介するのは、（一）産業資本家[＊1]たちを考察する限りでは、ある局面から他の局面への産業資本[＊2]の移行、相互にかかわり合い、互いにかみ合っている生産諸部面の連関であり、（二）商人たちを考察する限りでは、諸商品が貨幣と引き換えに最終的に売られるか、または他のある商品と交換されるかするまでの、ある人の手から他の人の手へのそれらの商品の輸送と移行とである。[＊3]

＊1 〔草稿では「生産的資本家」となっている〕

＊2 〔草稿では「生産的資本」となっている〕

＊３〔草稿では、ここで改行して次の文章が挿入されている。「{以前に見たように、生産に使用されるが消費されない固定資本を別にすると、消費者たちは、けっして生産に投下された資本全体を補填する必要はない。というのは、不変資本の一部分は現物で補填され、他の一部分は不変資本の生産者たちのあいだの交換によって補填されるからである。しかし、彼らの収入と彼らの可変資本とを表わす部分が、彼らの資本の生産的消費者たち――この生産的消費者たち自身の取り引きが消費者たちへの販売に依存している――への販売によってもはや補填されなくなるやいなや、もちろんこの過程は彼ら自身のあいだで行き詰まる}」〕

信用[*1]の最大限度は、この場合には、産業資本[*2]の目一杯の充用、すなわち、消費の諸限界を顧慮しない、資本の再生産力の極度の緊張[*3]に等しい。消費のこの諸限界は、再生産過程そのものの緊張によって拡大される。〔というのは――草稿による〕この緊張は、一方では、労働者たちと資本家たちによる収入の消費を増加させ、他方では、それは生産的消費の緊張と同じこと〔だから〕である。

＊１〔草稿では、このパラグラフ全体が角括弧でくくられている〕
＊２〔草稿では「生産的資本」となっている〕
＊３〔草稿では「資本の再生産力の極度の緊張」は「潜在的再生産力の極度の使用」となっている〕

(500) 再生産過程が円滑に流れ、したがって〔資本の〕還流が確保され続ける限り、この信用は持続し膨脹するのであり、そしてその膨脹は、再生産過程そのものの拡張にもとづいている。還流の遅滞、市場の供給過剰、価格の低下の結果、停滞が生じると、産業資本[*1]の過剰が――ただし、産業資本[*2]が自己の諸機能を果たすことができない形態で――存在する。大量の商品資本があっても、それは売れない。

大量の固定資本があっても、再生産の停滞によって大部分[*3]が遊休している。信用は収縮する。なぜなら、(一)この資本が遊休しているから、すなわち、この資本がその変態を遂行することができないために、その再生産諸局面の一つで停滞しているからである。(二)再生産過程の円滑な流れにたいする信頼が打ち壊されているからである。(三)この商業信用にたいする需要が減少するからである。自己の生産を制限し、大量の売れない綿糸の在庫をかかえている紡績業者は、綿花を信用で買う必要がない。商人は、諸商品を信用で買う必要がない。なぜなら、彼は、それらをすでにあり余るほど持っているからである。

＊1・2〔草稿では「生産的資本」となっている〕
＊3〔草稿では「一部分」となっている〕

したがって、再生産過程のこの拡張に攪乱が生じるか、またはその正常な緊張に攪乱が生じるだけでも、それとともに信用不足も生じる。諸商品を信用で手に入れることがいっそう困難になる。とりわけ、現金払いの要求と信用売りにたいする警戒とは、産業循環のなかの、崩落[*1]の次にくる局面にとって、特徴的である。恐慌のさなかには、だれもが売るべきものを持っていながら売ることができず、しかも支払いをするためには売らなければならないから、資本の総量――遊休していて投下を求めている資本の総量[*2]ではなく、自己の再生産過程のなかでせき止められている資本の総量[*3]――は、まさに信用不足もまた最大であるとき(したがってまた、銀行業者信用では割引率が最高であるとき)にこそ、最大なのである。そのときには、すでに投下されている資本も、実際には、大量に遊休している。

なぜなら、再生産過程が停滞しているからである。工場は休止し、原材料は山積みされ、完成生産物は商品として市場に満ちあふれている。したがって、このような状態を、生産的資本の不足のせいにすること以上にまちがったことはない。まさにこのときにこそ、生産的資本の過剰が現存する――一部は、正常ではあるが、しかし一時的に[*4]収縮した再生産の規模に照らしての過剰であり、一部は、麻痺した消費に照らしての過剰である。

＊1〔草稿では「パニック」となっている〕
＊2〔草稿では「もまた」は「が」となっている〕
＊3〔「銀行業者信用では」はエンゲルスによる〕
＊4〔草稿では「正常ではあるが、しかし一時的に」は「現実の、この場合には」となっている〕

(501)

[*1]社会全体が、産業資本家[*2]と賃労働者だけで構成されていると想定してみよう。さらに、次のような価格変動を度外視することにしよう。すなわち、総資本の大きな部分がその平均的な割合で補填されることをさまたげるような、また、ことに信用に[*3]よって発展する再生産過程全体の一般的連関のもとでは絶えず一時的な一般的停滞を引き起こさざるをえないような、価格変動は度外視しよう。同じく、信用制度によって助長される空《から》取引と投機的取引も度外視しよう。そうすれば、恐慌は、ただ、さまざまな部門における生産の不均衡からと、資本家たち自身の消費と彼らの蓄積とのあいだの不均衡からしか、説明がつかないことになるであろう。しかし、実際のところは、生産に投じられた諸資本の補填の大部分は、生産的でない諸階級の消費能力に依存している。他方で、労働者たちの消費能力は、

一部は、労賃の諸法則によって制限され、一部は、労働者たちは、彼らが資本家階級のために利潤をもたらすように使用されうる限りでしか使用されないということによって制限されている。すべての現実の恐慌の究極の根拠は、依然としてつねに、社会の絶対的消費能力だけがその限界をなしているかのように生産諸力を発展させようとする、資本主義的生産の衝動と対比しての、大衆の貧困と消費制限である。＊4

＊1〔草稿ではこのパラグラフ全体が角括弧でくくられている〕
＊2〔草稿では「生産的資本家」となっている〕
＊3〔草稿では「信用制度」となっている〕
＊4〔草稿では「社会の絶対的消費能力だけが……消費制限である」は、「一方では大衆の貧困であり、他方では、社会の絶対的消費能力がその限界をなしているかのように生産諸力を発展させようとする、資本主義的生産様式の衝動である」となっている〕

生産的資本の現実の不足ということが言えるのは、少なくとも資本主義的に発展した諸国の場合には、一般的不作――主要な食糧のであれ、もっとも重要な工業原料のであれ――の場合だけである。

ところがいまや、この商業信用に、本来の貨幣信用が加わる。産業家たちおよび商人たちの相互の前貸しに、銀行業者たちおよび貨幣貸付業者たちの側からの彼らへの貨幣の前貸しが混ぜ合わされる。手形割引の場合には、前貸しは名目的なものでしかない。ある工場主が、自己の生産物を手形と引き換えに売って、この手形をあるビル・ブローカー〔手形仲買人〕の所で割り引く。実際には、このビル・ブローカーは、自己の〔取引〕銀行業者の信用を前貸しするだけであり、この銀行業者は、ふたたびビル・ブローカーに自己の預金者たち――この預金者たちは、産業家たちと商人たち自身から成っているが、しかしまた労働者たちからも（貯蓄銀行を通して）、地代収得者たちとその他の不生産的諸階級からも、成っている――の貨幣資本《ゲルトカピタル》を前貸しするのである。こうして、個々の各工場主または商人にとっては、多額の準備資本の必要も、現実の還流への依存も、避けられる。しかし、他方では、一部は単なる融通手形の使用によって、また一部は単なる手形づくりを目的とする商品取引によって、全過程が非常に複雑なものになるので、そのため、実際にはすでにずっと前から還流は、一部はあざむかれた貨幣貸付業者たちの、一部はあざむかれた生産者たちの犠牲のうえに行なわれているだけであるにもかかわらず、非常に堅実な取り引きと順調な還流という外観がなお平穏に存続できるほどである。だから、事業は、つねに、まさに崩落の直前にこそ、ほとんど過度であるように健全に見えるのである。その最良の証拠を提供するのは、たとえば、一八五七年および一八五八年の『銀行法にかんする報告書』であり、そこではすべての銀行重役、商人たち、要するにオウヴァストン卿を先頭とするすべての喚問された専門家が、互いに事業の繁盛と健全さとを祝福し合ったのである――(502)それは、一八五七年八月に恐慌が勃発したちょうど一ヵ月前のことであった。そして、奇妙なことに、トゥックは、彼の『物価史』のなかで、各恐慌の歴史記述者としてもう一度この幻想におちいっている。〔彼にとっては〕突然崩壊が起こるまでは、事業はいつもいたって健全であり、繁忙はこのうえなく好調に続けられるのである。*

＊〔草稿では、このあとに次の二つのパラグラフが続いている。

「貸付可能な貨幣資本――有利な投下を探し求めている遊休貨幣資本――の総量が最大になるのは、恐慌のあと、再生産過程が縮小し、したがって再生産的資本が部分的に減少し（それが大量の商品在庫である限りで）、また固定資本の一部は完全には使用されていない等々、のときである。通常は商業割引にあてられる貨幣が諸貨幣センターにたまる。価格は低下し、労働者の雇用は悪化する。だから、流通媒介物の量は減少する。低い価格と企業精神の欠如とが輸入を麻痺させるので、外国からの還流も、しだいに一部は地金の形態ではいるようになる。したがって、この場合、資本が過剰だから利子が低いと言うことはだれもできない。それは、生産的資本の縮小と、貨幣形態にある資本の生産的資本に比べての、一部は相対的な、一部は絶対的な拡大とである。

労賃の支払いで、一般には収入の支出で〔それはいまやイギリスで五〇〇〇万ポンドになる〕機能した貨幣の大部分でさえ、貸付可能な資本に転化される。地金の還流のうち、通常は西方諸国の貨幣蓄蔵に決してはいり込まず、アジアの諸生産物との交換において、つねに産源地から西方工業諸国を通過して東方に向かう旅の途上だけにある部分も同様である。さらに、そうでなくても縮小している事業が慎重に、また短期の手形で営まれるから、通常の事業還流はよどみなく入ってきて、割引と貸し付けの機会は非常に少ない。」〕

ここで、貨幣資本の蓄積に立ち返ろう。＊

＊〔草稿には、この一文はない。次の段落から八六五ページの区分線までは、草稿では、本訳書、第三巻、八

四七ページの「もっぱら問題なのである」で終わるパラグラフにつづけて書かれている。同ページ訳注＊3参照〕

貸付可能な貨幣資本の増加が、すべて、現実の資本蓄積または再生産過程の拡大を示すわけではない。この増加がもっとも明瞭に現われるのは、恐慌切り抜け直後の、貸付資本が大量に遊休している産業循環の局面においてである。[*1] このような諸時期――生産過程が縮小されており（イギリスの工業地域では、生産は、一八四七年の恐慌のあと三分の一だけ減少した）、諸商品の価格がその最低点に達し、企業精神が麻痺している諸時期――には、低い水準の利子率が支配的であり、この低い水準がここで示しているものは、まさに産業資本[*2]の収縮と麻痺とによる貸付可能な資本の増加にほかならない。商品諸価格の低下、売り上げの減少、および労賃に投下される資本の収縮につれて、流通手段の必要が少なくなること、他方では、対外債務が、一部は金流出によって、一部は破産によって清算されてしまえば、世界貨幣として機能するための追加貨幣は必要でなくなること、最後に、手形割引業務の大きさがこれらの手形そのものの枚数および金額の減少につれて、減少すること――これらすべてのことは、一目瞭然である。こうして、貸付可能な[*3]貨幣資本にたいする需要は、流通手段のためのものであれ、支払手段のためのものであれ（新規投資はまだ問題にならない）、減少し、そのため貨幣資本は、相対的に豊富になる。[*4] しかし貸付可能[*5]な貨幣資本の供給も、こうした事情のもとでは確実に増加するのであり、そのことは、のちに見るとおりである。

＊1〔草稿では、「この増加がもっとも明瞭に現われるのは」以下の一文は、「再生産過程のどの撹乱も〔恐慌

の崩落が過ぎ去るやいなや〕、貨幣資本《マニイド・キャピタル》への需要を減少させ、こうしてそれを相対的に過剰にするだけでなく、同時にそれの供給を、したがってまたそれの絶対的な大きさを増大させる」となっている〕

＊2〔草稿では「生産的資本」となっている〕

＊3・5〔草稿には「貸付可能な」はない〕

＊4〔草稿では、このあとの「このようにして」以下の二段落は、ここにつけられた脚注になっている〕

(503)

このようにして、一八四七年恐慌ののちには、「取り引きの制限と貨幣の莫大な過剰」が支配した〔〔下院〕『商業の窮境』、一八四七―四八年、証言第一六六四号〕。利子率は「商業のほとんど完全な破[*1]壊と貨幣を投下する機会のほとんどまったくの欠如」のため、非常に低かった〔同前、四五ページ〔第二三一号〕。ロイヤル・バンク・オブ・リヴァプールの重役ホジスンの供述〕。これらの諸氏（しかも、ホジスンはそのうちのまだもっともましな一人である）が、このことを説明するのに、どんなでたらめをでっちあげるかは、次の空文句から知ることができる――「この〔貨幣〕逼迫」（一八四七年）「は、国内の貨幣資本の現実の減少から生じたもので、その減少は、一部は世界各地からの輸入を金《きん》で支払う必要によって、また一部は流動資本（floating capital）の固定資本への転化〔原文は「吸収」〕によって、引き起こされたものでした」〔同前、第四六六号〕。流動資本の固定資本への転化がどうしてその国の貨幣資本を減少させることになるのか、わけがわからない。というのは、たとえば、当時主として資本が固定されていた鉄道の場合には、陸橋とレールに金や紙幣が使われるわけではなく、また鉄道株のための貨幣も、それが単に払い込みのために預託された限りでは、銀行に預託されている他のすべての貨幣とまったく同じように機能したのであり、すでに上述したように、[*2]一時的には、貸付可能な貨幣資本をふやしさえしたからである。しかしその貨幣が実際に建設に支出された限りでは、[*3]それは国内で購買手段および支払手段として流通したのである。固定資本は輸出可能な物品ではなく、したがって、輸出の不可能性とともに、輸出された物品の代金還流によって調達されるところの、自由に利用可能な資本もなくなり、したがってまた現金や地金での還流もなくなるという限りでのみ、その限りでのみ貨幣資本が〔流動資本の固定資本への転化によって〕影響されることもありうるで[*4]あろう。しかし当時は、イギリスの輸出品も大量に売れ残って外国の諸市場に滞積されていた。自己の標準的な営業資本の一部を鉄道株に固定させ、だから自己の事業の運営のためには借入資本に依存していたマンチェスターなどの商人たちと工場主たちにとっては、実際、彼らの〝流動資本〟は固定されていたのであり、彼らはその結果の責任を負わなければならなかった。しかし、かりに彼らが自分の事業に属する資本を引きあげて、それを鉄道にではなく、たとえば鉱山業に、すなわち鉄、石炭、銅などというその生産物自体がまた〝流動資本〟である鉱山業に投下したとしても、同じことであったであろう。——不作、すなわち穀物輸入と金輸出による、自由に利用可能な貨幣資本の現実の減少[*5]は、もちろん、鉄道思惑とはなんの関係もない出来事であった。「ほとんどすべての商会が、貨幣を鉄道に投下するために自分たちの事業を多かれ少なかれ飢えさせはじめていました」〔同前、第一七七号〕。——「これらの商会が鉄道にたいして行なった前貸しが非常に大きかったために、彼らは、手形割引によってあまりにも多額のものを〔株式および個人〕銀行にたよるようになり、またそうすることによって、商業取引を続けるようになりました」〔同じホジスン、同前、六七ページ〔第五二六号〕〕。[*6]「マンチェスターでは、鉄道投機によって莫大な損失が生じました」〔第一部、第一三章、第三節c〔本訳書、第一巻、七二一ページ〕やその他多くの個所で引用したR・ガードナー、供述第四八八四号、同前〕。

＊1〔大英図書館のとじ込み本にインクで記入されたページ番号。本訳書、第三巻、七一八―七一九ページの訳注＊参照。以下同じ〕

＊2〔本訳書、第三巻、七一九―七二〇ページ参照〕

＊3〔草稿には「貸付可能な」はない〕

＊4〔草稿では「現金や地金での」は「地金での」となっている〕

＊5〔草稿では「自由に利用可能な貨幣資本」は「流動している資本」となっている〕

＊6〔本訳書、第三巻、七一九ページ既出の右の二証言との文章の違いは、エンゲルスのドイツ語訳文の違いによる〕

（504）

一八四七年の恐慌の主要な原因の一つは、市場の膨大な供給過剰と東インド商品取引での際限のないぺてんとであった。しかし、他の事情によっても、この部門の非常に富裕な諸商会が倒れた[*1]――「彼らは豊富な資産をもっていましたが、それは現金化することはできませんでした。彼らの全資本は、モーリシャスでの地所に、または、インディゴ工場および砂糖工場に固定されていました。その後、彼らが五〇万ないし六〇万ポンドの負債を負うようになったとき、彼らは、自分たちの手形を支払うために現金化できる資産をまったくもちあわせていませんでした。そして、結局のところ、自分たちの手形を支払うために、彼らは、まったく自分たちの信用をあてにせざるをえないことがわかりました」（リヴァプールの対東インド大商人Ch・ターナー、第七三〇号、同前）[*2]。さらに、ガードナー（第四八七二号、同前）は言う――「中国との条約[*3]の直後には、わが国にとって、中国との貿易の大拡張の見込みがたいへん大きくなったので、おもに中国市場でよく売れる綿織物を製造するために多くの大工場がわざわざこの事業のために建設されたほどで、それらがわが国のいっさいの既存の工場につけ加えられました」。――（第四八七四号）「その事業は、どういう結果になりましたか?――ほとんど言葉で表わすことができないほどひどく破滅的でした。一八四四年および一八四五年の中国向けの積荷全体のうち、これまでに回収された金額が $2/3$ を超えているとは思われません。茶が主要な見返り輸出品〔原文は「返済品」〕であるので、またわれわれに大きな期待が生まれていたので、われわれ製造業者は、確信をもって茶の関税の大幅引き下げをあて込んでいました」。そこで、いまや、イギリスの製造業者たちの特徴的な信条を素朴に表現した言葉がくる――「外国市場とのわれわれの取り引きは、その商品を購買する外国市場の能力によって制限されているのではなく、国内で、われわれがわれわれの工業生産物の見返り品として受け取る生産物を消費するわれわれの能力によって制限されています」。（イギリスが取り引きをする比較的貧しい国々は、もちろん、イギリスの工業製品にどんな代価を支払ってでも消費することができるだけであるが、残念ながら、富めるイギリスは輸出の見返りの生産物を消化することができない。）（第四八七六号）「私は最初いくつかの商品を送り出し、それらは約一五％の損をして売られたのですが、それは、私の代理店がその値段で茶を買うことができたなら、この国でそれを転売すれば〔「それを転売すれば」は原文にはない〕この損失を埋め合わせるのに十分なほどの利潤が得られるであろうと信じ切っていたからです。ところが、利潤をあげる代わりに、私は、ときには二五％から五〇％の損をしました」。――（第四八七七号）「製造業者たちは、自分の責任で輸出したのですか？――たいていはそうでした。商人たちはすぐに、これではなんにもならないとわかったらしく、彼らは製造業者たちに、自分みずから手を出すよりも、むしろ委託販売にするようにすすめました」。――これとは反対に一八五七年には、損失と破産がとりわけ商人(505)たちに襲いかかった。というのは、こんどは、製造業者たちが、商人たちに「自分の責任で」外国市場への過剰供給を自由にやらせたからである。

＊1〔草稿では、このパラグラフの冒頭からここまでは、「その他の、東インド取り引きにおける膨大なぺてんと過剰取引（同時の）とを別としても、東インドで非常に富裕な諸商会さえも倒産した」となっている〕

＊2〔本訳書、第三巻、七三二ページ既出のターナーの供述との文章の違いは、エンゲルスのドイツ語訳文の違いによる〕

＊3〔アヘン戦争の結果、一八四二年八月、イギリスと中国とのあいだに結ばれた南京条約。中国のその後の半植民地化に道を開いた〕

＊1銀行制度の普及の結果（あとで述べるイプスウィッチ〔イングランド東部サフォーク州の都市〕の例を

見よ。[*2] そこでは、一八五七年の直前の数年のあいだに借地農場経営者の預金は四倍になった）、以前は私的蓄蔵貨幣または鋳貨準備金であったものが、一定の期間は貸付可能な資本にいつも転化することから貨幣資本の膨脹が生じるが、こうした貨幣資本の膨脹が、生産的資本の増大を表現するものでないことは、ちょうどロンドンの株式諸銀行が預金に利子を支払いはじめたあとのこれらの銀行における預金の増大が、生産的資本の増大を表現するものでないのと同じである。生産規模が同一のままである限り、この膨脹は、生産的資本に比べての貸付可能な貨幣資本の豊富さ[*3]をもたらすだけである。それだからこそ、利子率が低いのである。

＊1〔草稿では、このパラグラフから章末までは、本訳書、第三巻、八五九ページの訳注＊で指摘した省略された二段落に続いている〕

＊2〔本訳書、第三巻、八八二―八八三ページ参照〕

＊3〔草稿では「過剰」となっている〕

再生産過程が過度緊張の状態に先立つ繁栄状態にふたたび達したならば、商業信用は非常に大きく拡張するが、その場合、この拡張には、実際にふたたび、容易に流れ込む還流と拡張された生産という「健全な」土台がある。この状態においては、利子率は、その最低限よりは高くなるとはいえ、依然として低い。[*1] 実際、この時期こそ、低い利子率、したがってまた貸付可能な資本の相対的な豊富さが、産業資本の現実の拡張と一致すると言える唯一の時点である。[*2] 商業信用の拡張と結びついた還流の容易さと規則正しさとは、需要の増大にもかかわらず貸付資本の供給を確実にし、利子率の水準が上昇するのをさまたげる。他方では、ようやく、準備資本なしで、またはおよそ資本なしで仕事をする、したがってまったく貨幣信用だけにたよって取り引きする騎士〔投機師〕たちが目立つようになってくる。いまやまた、あらゆる形態での固定資本の大拡張と、影響力の広範な新企業の大量の開設とがつけ加わる。利子は、いまや平均の高さに上昇する。利子がふたたびその最高限度に達するのは、新たな恐慌が襲いかかり、信用が突然停止し、支払いが停滞し、再生産過程が麻痺させられ、前述の例外はあるにせよ、貸付資本のほとんど絶対的な欠乏とならんで、遊休産業資本の過剰が生じるときである。[*3]

＊1〔草稿では「生産的資本」となっている〕
＊2〔草稿では「貸付可能な資本」となっている〕
＊3〔草稿では「達するのは」からあとは、「再生産過程が麻痺させられ、前述の例外はあるにせよ、遊休している生産的資本の過剰が生じるときである」となっている〕

（506）

つまり、全体として、貸付資本の運動は、それが利子率に表現されるように、産業資本[*1]の運動と反対の方向に進むのである。低いとはいえ、最低限度よりも高い利子率が恐慌後の「好転」ならびに信頼の増大と同時的に出現する局面、および、とくに利子率がその平均的な高さ——すなわちその最低限度と最高限度とから等距離にある中位点——に達する局面、この二つの時期のみが[*2]、豊富な貸付資本[*3]と産業資本[*4]の大膨脹との同時的出現を表現する。しかし、産業循環の始めには低い利子率が産業資本[*5]の収縮と同時的に出現し、循環の終わりには高い利子率が産業資本[*6]の過剰と同時的に出現する。

「好転」にともなう低い利子率は、商業信用がまだ自立しているので、わずかの程度しか銀行信用[*7]を必要としないことを表現している。

＊1・4・5・6〔草稿では「生産的資本」となっている〕
＊2〔草稿では、「低いとはいえ」以下ここまでは、「利子率の平均的高さ、すなわちその最低限度と最高限度とから等距離にある中位点への到達は」となっている〕
＊3〔草稿では「貸付可能な資本」となっている〕
＊7〔草稿では「貨幣信用」となっている〕

(507)　この産業循環は、ひとたび最初の衝撃が与えられたあとでは、同じ循環[*1]が周期的に再生産されざるをえないという事情にある。(八)弛緩状態においては、生産は、それが以前の循環において到達した規模、そしていまではそのための技術的基盤[*2]ができている規模以下に低落する。繁栄期――中位期――においては、生産は、この基盤の上でさらに発展する。過剰生産と思惑の時期[*3]には、生産は、生産諸力を最高度に緊張させ、ついには生産過程の資本主義的諸制限を超えさせるまでになる。

(八)〔私がすでに他の個所で述べたように[*4]、この点では最近の大きな一般的恐慌以来、一つの転換が生じた。従来の一〇年の循環をもった周期的過程の急性的形態は、相対的に短くて弱い景況好転と、相対的に長くて決着をみない不況との、いっそう慢性的な、いっそう長引いた、異なる工業諸国に別々の時期に生じる交替に席を譲ったように見える。しかし、たぶん、ただ循環の期間が長くなったということだけが問題なのであろう。世界貿易の幼年期の一八一五―一八四七年には、ほぼ五年ごとの恐慌を指摘することができる。一八四七年から一八六七年までは、はっきり一〇年である。われわれは、前代未聞の激しさをもつ新たな世界的崩落の準備期にいるのであろうか？　いろいろなことが、それを暗示しているように思われる。一八六七年の最近の一般的恐慌以来、大きな変化が現われている。交通通信諸手段の巨大な拡張――大洋汽船、鉄道、電信、スエズ運河――は、世界市場をはじめて現実につくりだした。それまで工業を独占していたイギリスとならんで、一連の競争する工業諸国が現われた。ヨーロッパの過剰資本の投下には、どの大陸においても無限により大きくより多様な領域が開かれているので、この資本ははるかに広く分散され、局地的な過度の投機はより容易に克服される。これらすべてのことによって、旧来の恐慌の根源と恐慌形成の機会とは、たいていはのぞかれているか、またはおおいに弱められている。それとともに、国内市場での競争は、カルテルとトラストに直面して退却し、他方、外国市場での競争は、イギリス以外のすべての大工業諸国が自己のまわりにはりめぐらしている保護関税によって制限される。しかし、この保護関税そのものが、世界市場での支配権を決定すべき最後の一般的産業戦のための戦闘準備にほかならない。こうして、旧来の恐慌の繰り返しをさまたげようとする諸要素のどれもが、はるかに激烈な将来の恐慌の萌芽を宿しているのである。――F・エンゲルス〕

＊1〔草稿では「循環」は「経過《ゲシヒテ》」となっている〕

＊2〔草稿では「技術的基盤」は「現実的基盤」となっている〕

＊3〔草稿では「過剰生産と思惑」は「過剰取引《オウヴアトレイド》」となっている〕

＊4〔本訳書、第一巻、四九ページ参照〕

恐慌期には支払手段が不足するということは、自明である。手形の換金可能性が商品そのものの変態に取って代わってしまっているのであり、まさにこのような時期には、商会の一部が信用だけにたよって活動することが多ければ多いほど、ますますそうなる。一八四四―四五年のそれのような無知でばかげた銀行立法が[*]、こうした貨幣恐慌をはなはだしくすることはありうる。しかし、どんな種類の銀行立法も恐慌をなくすことはできない。

*〔一八四四年の銀行法はイングランド銀行にたいするもので、これについては、本訳書、第三巻、七一四ページの訳注*2参照のこと。一八四五年には、スコットランドおよびアイルランドについて同様な銀行法が成立した。なお、草稿では「無知でばかげた」は「恣意的な」となっている〕

再生産過程の全関連が信用に立脚しているような生産制度においては、信用が突然停止し、現金払いしか通用しなくなれば、明らかに恐慌が、支払手段を求める猛烈な殺到が、起こらざるをえない。[*1]だから、一見したところでは、全恐慌が信用恐慌および貨幣恐慌としてのみ現われる。そして実際に問題になるのは、手形の貨幣への転換可能性だけである。[*2]しかしこれらの手形の大部分は現実の売買を表わしており、社会的必要をはるかに超えたそれの膨脹が結局は全恐慌の基礎になっている。しかしまた、それとならんで、これらの手形のきわめて大量のものは単なるいかさま取り引きを、さらに、他人の資本で行なわれたが失敗に終わった投機を、最後に価値減少したり全然売れなくなっている商品資本、または、もはや決してはいってくるはずのない還流を表わしており、それらがいまや明るみに出て破裂するのである。再生産過程を強行的に拡張しようとするこの人為的制度の全体は、いま、ある銀行、たとえばイングランド銀行が、その紙券をもってあらゆるいかさま師に不足な資本を提供し、価値減少した全商品をそのもとの名目価値で買い取るというようなことによっては、もちろん治療できるものではない。それはともかく、ここではすべてが歪曲されて現われる。というのは、この紙券の世界ではどこにも実在の価格とその実在の諸契機とは現われず、ただ地金、硬貨、銀行券、手形、有価証券[*3]が現われるだけだからである。とくに、ロンドンのようなその国の貨幣取引の全部が集合している中心地では、このような転倒が現われ、全過程は理解できないものになる。[*4] 生産の中心地では、さほどではないが。

*1 〔草稿では、「明らかに恐慌が……起こらざるをえない。」は「信用恐慌と支払手段の欠乏とが生じることは自明であり、」となっている〕

*2 〔草稿では、この一文は「しかし実際に問題になるのは、手形の貨幣への『転換可能性』だけではない」となっている。次におかれた「しかしこれらの手形」から「全恐慌の基礎になっている。しかしまた、それとならんで」までは、エンゲルスの挿入〕

*3 〔草稿では「地金、銀行券、手形（〔貨幣への〕転換可能性）、有価証券」となっている〕

*4 〔草稿には「全過程は理解できないものになる」はない〕

(508) なお、恐慌のなかで明るみに出てくる産業資本[*1]の過剰にかんしては、次のことが述べられなければならない——商品資本は、即自的には同時に貨幣資本《ゲルトカピタル》であり、すなわち、商品の価格で表現された一定の価値額である。使用価値としては、商品資本は、一定の使用対象の一定の分量であり、それ〔後者〕が恐慌の時期には過剰に現存するのである。しかし、即自的貨幣資本《ゲルトカピタル》としては、潜勢的貨幣資本としては、[*2]それは恒常的な膨張と収縮とにさらされている。恐慌の前夜および恐慌中には、商品資本は、潜勢的貨幣資本《ゲルトカピタル》としてのその属性においては縮小[*3]している。それは、その所有者およびその債権者にとっては（また手形と貸し付けとの担保としても）、それが購入されたときや、またそれにもとづいた割引および担保貸付の取り決めがなされたときに比べて、より少ない貨幣資本《ゲルトカピタル》を表わしている。もしこうしたことが、一国の貨幣資本《ゲルトカピタル》は逼迫期には減少しているという主張の意味であるとすれば、これは、諸商品の価格が低下したということと同じことである。ともあれ、このような価格の崩壊は、以前の価格の膨脹を差し引きするだけである。

＊１〔草稿では「生産的資本」となっている〕
＊２〔草稿では「即自的貨幣資本としては、潜勢的貨幣資本としては」は「貨幣資本《ゲルトカピタル》としては」となっている〕
＊３〔草稿では、「潜勢的貨幣資本としてのその属性においては」は「貨幣資本としては」となっている〕

不生産的諸階級[＊1]および固定所得で生活する諸階級の収入は、過剰生産および過剰投機[＊2]と手をたずさえて進む価格膨脹のあいだにも、その大部分が不変のままである。それだから、彼らの消費能力は相対的に減少し、それとともに、総再生産物のうち正常であれば彼らの消費にはいり込むであろうはずの部分を補填する彼らの能力も相対的に減少する。彼らの需要が名目的には同じままである場合にさえ、現実にはそれは減少する。

＊１〔草稿では、角括弧ではじまるが、パラグラフの文末には対応する角括弧が欠けている〕
＊２〔草稿では「過剰取引」となっている〕

輸出入にかんして述べるべきことは、すべての国が順々に恐慌に巻き込まれるということ、またその場合には、少数の例外をのぞき、すべての国が多く輸出しすぎ、そして輸入しすぎており、したがって支払差額はすべての国にとって逆であり、したがって問題は実際には支払差額にあるのではないということが明らかになるということである。たとえば、イギリスが金流出に悩んでいるとする。イギリスは、輸入しすぎたのである。ところが、同時に他のどの国も、イギリスの商品をかかえ込みすぎている。したがってまた、それらの諸国は、輸入しすぎたか、または輸入させられすぎているのである。（確かに、信用で輸出する国と、信用では輸出しないか、またはわずかしか輸出しない国々とのあいだには、区別が生じる。しかしその場合、後者の国々は、信用で輸入する。そうでないのは、商品がそれらの国に委託販売で送られてくる場合だけである。）恐慌は、まずイギリスで、すなわち、信用をもっとも多く与え、もっとも少なく受けるこの国で勃発するかもしれない。なぜなら、一般的な貿易差額はイギリスにとって順であっても、支払差額、すなわち、すぐに清算されなければならない満期になっている諸支払いの差額は、イギリスにとって逆だからである。一般的な貿易差額がイギリスにとって順であるというそのことは、一部は、イギリスによって与えられている信用から説明がつき、一部は、外国に大量の資本が貸し出されており、その結果、本来の貿易見返り品以外の商品での大量の還流がイギリスに流れ込んでくることから説明がつく。（509）（しかし、恐慌がときにはまずアメリカで、すなわち、イギリスから貿易信用と資本信用とをもっとも多く受けているこの国で勃発したこともある。）金流出で始まり、また金流出をともなうイギリスでの崩落は、一部はイギリスの輸入業者の破産（これについては後述する）によって、一部はイギリスの商品資本の一部分を安い価格で外国に投げ売りすることによって、一部は外国有価証券の売却、イギリス有価証券の購入などによって、イギリスの支払差額を決済する。そこでこんどは、別のある国の番になる。支払差額は、一時はその国にとって順であった。しかし、正常の時期には通用している支払差額と貿易差額とのあいだの期限の差が、いまでは恐慌によってなくなっているか、または、なくならないにしても短縮されている。すべての支払いが一時に決着をつけられなければならない。同じことが、こんどはここイギリスで繰り返される。いまではイギリスには金が還流し、他方の国からは金が流出する。一方の国で過剰輸入として現われるものが、他方の国では過剰輸出として現われ、また逆に、一方の国で過剰輸出として現われるものが、他方の国では過剰輸入として現われる。ところが、すべての国で過剰輸入と過剰輸出とが起こったのである（ここでわれわれが述べているのは、不作などについてではなく、一般的恐慌についてである）。すなわち、信用とそれにともなう一般的な価格膨張とによって促進された過剰生産が起こったのである。

一八五七年に合衆国で恐慌が勃発した。イギリスからアメリカへの金流出が起こった。しかし、アメリカでの価格膨張がパンクすると、イギリスで恐慌が起こり、アメリカからイギリスへの金流出が起こった。イギリスと大陸とのあいだでも同じことが起こった。支払差額は、一般的恐慌の時期にはどの国にとっても、少なくとも商業の発展しているどの国にとっても逆である――ただし、各伍発射[*1]の場合のように、支払いの順番が回ってくるのに応じて、つねに各国が次々に逆になるのである。そしてひとたび、たとえばイギリスにおいて勃発した恐慌は、これらの次々の支払期限をまったくの短期間に圧縮する。そのときには、これらすべての国が、過剰輸出（したがって過剰生産）したと同時に過剰輸入（したがって過剰取引）したということ、すべての国で物価が騰貴し、信用が膨脹しすぎたということが明らかになる。そして、すべての国で同じ崩壊が起こる。そこで、金流出の現象がすべての国に順々に現われるのであり、それがまさにその一般性によって示すのは、（一）金流出は恐慌の単なる現象にすぎず、その原因ではないということ、（二）金流出がさまざまな国で生じる順序は、神に年貢を納める順番[*2]がいつそれらの国に回ってきたか、恐慌の期日がいつそれらの国にやってきたか、そして恐慌の潜在的諸要素がそれらの国でいつ爆発するか、を告示するだけであるということ、である。

＊1〔隊列を組む兵が各列交替で順を追って発射する、前装銃による列伍兵の射撃法〕

＊2〔シラー『ヴィルヘルム・テル』、第四幕第三場はじめのテルの独白より（桜井政隆・桜井国隆訳、岩波文庫、一九五七年、一六五ページ参照）。ここでは「総決算をする」という意〕

（510）

イギリスの経済学の著述家たち——そして一八三〇年以来、言及に値する経済学の文献は、主として〝通貨〟、信用[*1]、恐慌にかんする文献に帰着するのであるが——にとって特徴的なことは、彼らが、為替相場の転換にもかかわらず恐慌時に生じる貴金属の輸出を[*2]、単にイギリスの立場だけから、純粋に一国的現象として考察し、もし彼らの銀行〔イングランド銀行〕が恐慌時に利子率を引き上げれば、他のすべてのヨーロッパの銀行も同じことをするという事実には、また、もしきょうイギリスで金流出にたいして助けを求める悲鳴があがれば、あすはアメリカで、明後日はドイツとフランスでもそれが響き渡るという事実には、断固としてその目を閉じるということである。

＊１〔草稿では「信用制度」となっている〕
＊２〔草稿では「恐慌時における地金等々の輸出、要するに為替の転換を」となっている〕

一八四七年には、「イギリスが負っている諸債務」｛非常に大きな部分は、穀物のための債務｝「が履行されなければなりませんでした。不幸にも、その大部分は破産によって履行されました」。｛富めるイギリスが大陸およびアメリカ〔の債務〕にたいして破産によって息をついた。｝「しかしその債務が破産によって決済されなかった限りでは、貴金属〔原文は「地金」〕の輸出によって履行されました」（『銀行法にかんする委員会報告書』、一八五七年〔第一二二八号〕）。したがって、イギリスの恐慌が銀行立法によって激化される限りでは、この立法は、飢饉の時期に穀物輸出諸国からまずその穀物をだまし取り、次にその穀物の代金をだまし取るための手段なのである。したがって、自分自身が多かれ少なかれ物価騰貴に苦しんでいる諸国にとっては、このような時期の穀物輸出の禁止は、穀物輸入のための「債務を破産によって履行する」というイングランド銀行のこのような計画に対抗するための、非常に合理的な手段である。その場合、穀物生産者たちと投機業者たちとが、彼らの利潤の一部分を自国の利益のために失うことは、彼らの資本をイギリスの利益のために失うことよりもはるかにましなのである。

以上述べたことからわかるように、恐慌時そして一般に事業停滞時には、商品資本は、潜勢的な貨幣資本《ゲルトカピタル》を表わしているというその属性をいちじるしく失う＊のである。架空資本である利子生み証券についても、それら自身が貨幣資本《ゲルトカピタル》として証券取引所で流通している限りでは、同じことが言える。

利子の上昇につれて、これらの証券の価格は低下する。この価格は、さらに、一般的な信用不足――そのために、これらの証券の所有者たちは、貨幣を調達するためにこれらの証券を市場で大量にたたき売ることを余儀なくされる――によって、低下する。最後に、株式の場合には、その価格は、一部は、株式がそれにたいする支払指図証券となっている収入の減少によって、また一部は、その株式が実にしばしば代表している企業のいかさま的性質によって、低下する。この架空な貨幣資本《ゲルトカピタル》は、恐慌時には非常に減少しており、それとともに、その持ち主たちがそれを担保にして市場で貨幣を調達する力も非常に減少している。とはいえ、これらの有価証券の相場の下落は、それらが表わしている現実資本とはなんの関係もないが、それに反してその持ち主たちの支払い能力にはおおいに関係があるのである。

＊〔草稿では、「商品資本は」以下は「貨幣資本としての商品資本は減少している」となっている〕

（511）

第三一章　貨幣資本と現実資本　Ⅱ（続き）

貸付可能な貨幣資本の形態での資本の蓄積が、どの程度まで現実の蓄積、すなわち再生産過程の拡大と同時に生じるのかという問題については、われわれは、まだ結末に達していない。*

＊〔草稿では、この一文は次のようになっている。「しかし、ここでの問題はそもそも、どの程度まで貨幣資本の過剰が、あるいはもっと適切に言えば、どの程度まで貸付可能な貨幣資本の形態での資本の蓄積が、現実の蓄積と同時に生じるか、ということである」〕

貨幣の貸付可能な貨幣資本への転化は、貨幣の生産資本への転化よりもはるかに簡単なことである。しかしここでは、二つのことを区別しなければならない。

（一）　貨幣の貸付資本への単なる転化。*

（二）　資本または収入の、貸付資本に転化される貨幣への転化。

＊〔草稿では「貨幣資本《マニイド・キャピタル》」となっている〕

産業資本*の現実の蓄積と結びついている積極的な貸付資本の蓄積を含むことができるのは、後者だけである。

＊〔草稿では「生産的資本」となっている〕

第一節　貨幣の貸付資本への転化[*]

＊〔草稿では「（一）について」となっている〕

（512）

すでに見たように、生産的蓄積とは反比例するという限りでのみ生産的蓄積と連関するにすぎない貸付資本の堆積、過剰が生じることがありうる。これは、産業循環の二つの局面で生じる。すなわち、第一には、産業資本が生産資本および商品資本の双方の形態で収縮している時期、したがって恐慌後の循環の開始期であり、第二には、好転が始まってはいるが、商業信用が銀行信用[*1]をまだわずかしか要求しない時期である。第一の場合には、以前には生産と商業とに使用されていた貨幣資本《ゲルトカピタル》が遊休貸付資本として現われる。第二の場合には、貨幣資本はしだいに多く使用されるように見えるが、しかしそれは非常に低い利子率で使用される。なぜなら、いまや産業および商業資本家[*2]が、貨幣資本家に〔自己の〕諸条件を指定するからである。貸付資本の過剰は、第一の場合には産業資本[*3]の停滞を表現し、第二の場合には、還流の円滑さ、信用期限の短さ、および自己資本による営業の優勢にもとづく、商業信用の銀行信用[*4]からの相対的独立を表現している。他人の信用資本をあてにする投機業者たちは、まだ出動していない。自己資本で事業を営む人々は、純粋に近い信用操作からはまだ遠く離れている。第一の局面では、貸付資本の過剰は、現実の蓄積の表現とは正反対のものである。第二の局面では、この過剰は、再生産過程の新たな膨張と同時に生じ、それにともなうものであるが、それの原因ではない。貸付資本の過剰は、すでに減少しており、いまでは需要に比べて相対的に過剰であるにすぎない。どちらの場合にも、これ〔貸付資本の過剰〕によって現実の蓄積過程の拡張が促進されるが、それは、第一の場合には低い物価と同時に生じ、第二の場合にはゆっくり騰貴する物価と同時に生じる低い利子が、利潤のうち企業者利得に転化する部分を増加させるからである。こうしたことは、繁栄期の高揚中に利子がその平均水準へと高騰する場合に――この場合には利子は確かに高騰するが、しかし利潤に比例してではない――いっそう多く生じる。

＊１・４〔草稿では「貨幣信用」となっている〕
＊２〔草稿では「産業および商業資本家」は「生産的資本家」となっている〕
＊３〔草稿では「生産的資本」となっている〕

他方では、すでに見たように、貸付資本の蓄積は、少しも現実の蓄積なしに、単に技術的な諸手段、[＊1]たとえば銀行制度の拡張と集中、[＊2]流通〔草稿は「通貨」〕準備金の節約または個々人の支払手段の準備金の節約――これらの準備金は、こうしていつでも短期間、貸付資本に転化される[＊3]――によって行なわれうる。この貸付資本、[＊4]それだからまた浮動資本（floating capital）とも呼ばれるものは、いつもただ短期間だけ貸付資本の形態を保持する[＊5]（同じく割引もまた短期間にだけ行なわれなければならない）とはいえ、それはつねに流入し、また流出する。ある人がそれをもち去ると、他の人がそれをもってくる。こうして、貸付可能な貨幣資本の分量は（われわれがここで述べるのは、何年にもわたる貸し付けのことでは決してなく、手形と保管証券引き当ての短期の貸し付けのことだけである）、[＊6]実際に現実の蓄積とはかかわりなく増大する。

＊1〔草稿では「少しも現実の蓄積なしに」は「現実の蓄積に少しもかまわずに」となっている〕
＊2〔草稿では「単に技術的な」以下は「単なる銀行制度の拡張」となっている〕
＊3・4〔草稿では「貸付可能な資本」となっている〕
＊5〔草稿では「貸付資本の形態を保持する」は「貸し付けられる」となっている〕
＊6〔草稿では「手形と保管証券引き当ての短期の貸し付け」は「預金と有価証券との形で投下される貸し付け」となっている〕

『銀行委員会』、一八五七年。〔質問第五〇一号〕「あなたが〝浮動資本〟と言われるのはなにをさすのですか?」｛イングランド銀行総裁ウェゲリン氏〔の答え〕｝「それは、短期の貨幣貸し付けに使用することができる資本です。……〔第五〇二号〕イングランド銀行券……地方銀行券および国内にある貨幣〔原文は「鋳貨」〕の額です」。――｛質問｝〔第五〇三号〕「あなたの言われる〝浮動資本〟が現流通高」｛すなわちイングランド銀行券の｝「のことだとすると、委員会に提出されている報告書から
(513)
見て、この現流通高にはある非常に大きな変動があるとは思われないのですが?」｛しかしだれによって現流通高が前貸しされているのか、すなわち貨幣貸付業者によってであるか、それとも再生産的資本家自身によってであるかによって、非常に大きな違いがある。――ウェゲリンの答え｝「私は、〝浮動資本〟のなかに銀行業者たちの準備金を含めますが、それにはいちじるしい変動があります」。つまり、このことは次のことを意味する。すなわち、預金のうち銀行業者たちがふたたび貸し出さないで、彼らの準備金として、といっても大部分はその準備金が預託されているイングランド銀行の準

備金としても現われる部分に、[*1]いちじるしい変動が起こるということである。最後に、同氏は言う――〝浮動資本〟とはブリオンすなわち地金および硬貨[*2]である、と（第五〇三号）。貨幣市場についてのこのわかりにくい信用論議では、経済学のすべてのカテゴリーがどんなに別の意味と別の形態を受け取っているかは、まったくおどろくべきものである。そこでは、〝浮動資本〟は流動資本《サーキュレイティング・キャピタル》――これはもちろんまったく別ものである――を表わす言葉であり、また貨幣《マニー》は資本《キャピタル》であり、地金《ブリオン》も資本《キャピタル》であり、銀行券は流通手段《サーキュレイション》であり、資本は一つの商品《ア・コモディティ》であり、諸債務は諸商品《コモディティズ》であり、そして固定資本《フィックスド・キャピタル》は販売困難な証券に投下されている貨幣なのである！

＊1 〔草稿では、「彼らの準備金として」以下は「大部分はイングランド銀行のものである準備金として」となっている〕

＊2 〔草稿では「ブリオンすなわち地金および硬貨」は「地金」となっている〕

「ロンドンの株式銀行は……その預金を一八四七年の八八五万七七四ポンドから一八五七年の四三一〇万七二二四ポンドにふやした。本委員会に提供された証言および供述によって推論されうることは、この膨大な金額のうちの一大部分はこれまでこの目的に利用することができなかった諸源泉から引き出されており、[*]また銀行業者のもとに口座を開いてそこに貨幣を預託する習慣が、以前には自分たちの資本（！）をこういう方法では使用しなかった多数の階級に広まった、ということである。地方個人銀行」〔株式銀行と区別される〕「協会の会長で、本委員会で証言するために同協会から派遣されたロドウェル氏は、次のように述べている。すなわち、イプスウィッチ〔イングランド東部のサフォーク

（514）

州の都市〕地方では、こうした習慣は最近この地域の借地農場経営者たちと小売商人たちとのあいだで四倍にも増加したし、またほとんどすべての借地農場経営者が、年に五〇ポンドの借地料しか払わない者までが、いまでは銀行に預金をもっている、と。これらの大量の預金は、もちろん事業にその用途を見いだすのであって、とくに商業活動の中心地であるロンドンに引き寄せられ、そこでまず第一に手形の割引、および〔原文は「または」〕ロンドンの銀行業者の顧客にたいするその他の前貸しに使用される。しかしながら、銀行業者たち自身がただちに必要としない大きな部分はビル・ブローカーたちの手に渡り、彼らはその代わり〔銀行業者によって与えられる前貸金にたいする担保として〕、ロンドンや地方の人々のために自分たちがすでに一度割り引いた商業手形を銀行業者に渡す」（『銀行委員会』、一八五八年、八ページ〔正しくはvページ、第八項〕）。

＊〔初版では、この次に、英語原文にはない重複した数行がはいっている。誤植とみられ、訳出しなかった〕

銀行業者は、ビル・ブローカーによってすでに一度割り引かれた手形を担保にこのビル・ブローカーに前貸しするのであるから、銀行業者はその手形を事実上もう一度再割引するのである。しかし実際には、これらの手形の非常に多くがビル・ブローカーによってすでに再割引されているのであり、銀行業者がビル・ブローカーの諸手形を再割引するその同じ貨幣で、ビル・ブローカーは新たな手形を再割引するのである。このことから、以下のような結果になる――「膨脹した架空な信用が、融通手形と無担保信用〔原文では「オープン・クレディット」〕によって創出されたのであり、そのようなことが非常に容易になったのは、地方の株式諸銀行がこのような手形を割引し、次にそれらをロンドン市場でビル・ブローカーたちに――しかもただ銀行の信用だけで、手形のその他の質のよしあしを考慮せずに――再割引させるというやり方が行なわれたからである」（同前〔xxiページ、第五四項〕）。

この再割引については、また貸付可能な貨幣資本の単に技術的なこの増加がもたらす信用詐欺の促進については、『エコノミスト』のなかの次の個所が興味深い――「この国の若干の地域では、多年にわたって資本」〔すなわち貸付可能な貨幣資本[*1]〕「が、それが使用されうるよりもより急速に蓄積されたが、他の諸地域では、資本そのものよりも資本投下の諸手段のほうが、より急速に増加した。こうして〔純粋〕農業地域の銀行業者たちには、自分の預金を自分自身の地方で有利かつ確実に投下する機会がなかったのにたいして、工業地域や商業都市の銀行業者たちには、彼らの手で供給できるよりもより大きな資本需要があった。このような地域の違いによる立地の違いの結果として、近年、資本の分配を業とする新たな部類の商会の設立とその急激な拡大が生じた。これらの商会は、普通はビル・ブローカーと呼ばれているが、実際には最大規模の銀行業者である。これらの商会の業務は、約定された期間、約定された利子〔原文は「利子率」〕で、運用先のない諸地域の銀行の余剰資本を、同じくまた株式会社〔原文は「パブリック・カンパニーズ」〕および大商会の一時的に遊休している資金〔原文は「貨幣」〕を借り受けて、この貨幣をより高い利子率で、資本需要がより大きい地域の諸銀行に前貸しすることであり、通例は、これらの銀行の顧客の手形を再割引することによって、それは行なわれる。……こうしてロンバード街〔ロンドンの金融市場の中心地〕は、遊休資本を有利に利用できない地方から、それにたいする需要のある他の地方への、遊休資本の移転が行なわれる大きな中心地になった。そしてこれは、さまざまな地方についても、[*2]同じような事情におかれている諸個人についても、言えることである。最初は、これらの業務は、ほとんどもっぱら銀行向きの担保を引き当てとする借り入れと貸し付けに限定されていた。しかしこの国の資本が急速に増大し〔原文は「蓄積され」〕、また銀行の設立によってますますそれが節約されるにつれて、これらの割引商会が自由に利用できる資金もおおいに増大してきたので、これらの商会は、まず商品のドック・ワラント」（ドックにある諸商品を担保とする倉庫証券）「を担保にした前貸しを行ない、そして次にはまだまったく〔この国に〕到（515）着していない生産物を代表する船荷証券——通例ではないが、ときにはすでにそれを引き当てとする手形が商品仲買人あてに振り出されていたこともあった〔原文は「商人が彼の仲買人あてに振り出した手形によって保証されていることもあった」〕——を担保にした前貸しを行なうまでになった。この慣行は、ただちにイギリスの取り引きの全性格を変えた。こうしてロンバード街で提供された便宜は、ミンシング通り[*3]の商品仲買人たちに非常に強固な地位〔原文は「広大な力」〕を与え、仲買人たちは仲買人たちで〔……〕輸入商人にあらゆる便益を与えた。この後者は、これをおおいに利用したのであり、二五年前であれば商人がその船荷証券を担保にして、またはそのドック・ワラントを担保にしてでも信用〔原文は「前貸し」〕を受けることは、彼の信用を破滅させることになったであろうが、近年にはこの慣行がまさに一般的になって、それが通例とみなされうるようになり、二五年前のようにはやめずらしい例外とみなされることはなくなった。それどころか、この制度は非常に拡張されているので、遠隔の植民地でまだ成育中の作物を引き当てに振り出された手形によって、ロンバード街で大きな金額が調達されているほどである。〔原文は「このようにして輸入商人たちに与えられている」〕このような便宜の結果は、輸入商人たちが彼らの対外取引を拡大し、従来は自分たちの事業の運営に充てていた浮動(floating) 資本を、すべての投資のうちもっとも好ましくないもの――彼らの管理がほとんどまたはまったくおよばなかった植民地プランテーション[*4]〔原文は「海外のプランテーション」〕――に投下し固定したことである。こうして、われわれは、諸信用が直接の連鎖をなしているのを見る。〔すなわち、この連鎖を通じて〕この国の資本はわが農業地域で集められ、少額ずつ地方銀行に預金として預けられ、そして運用のためにロンバード街に集中される。この資本は、第一に、わが国の鉱工業諸地方の銀行あての手形の再割引によって、これらの地域の事業を拡張するのに利用されうるようになり、次に、ドック・ワラントと船荷証券とを担保とする前貸しによって外国生産物の輸入業者たち〔原文は「輸入」〕にいっそう大きな便宜を与えるのにも利用されうるようになり、これによって対外取引および植民地取引に従事する諸商会の『正統な』商人資本が遊離され、こうして海外プランテーションへのもっとも好ましくない種類の投資にそれが使用されうるようになったのである」(『エコノミスト』一八四七年〔一一月二〇日号〕、一三三四ページ)。これこそ、諸信用の「美しい」[*5]からみ合いである。地方の預金者は、ただ自分の〔取引〕銀行業者に預金しているのだと思い込んでおり、さらにまた、この銀行業者が貸し出す場合にはこの銀行業者の知り合いの私人たちに貸し出すものと思い込んでいる。彼は、この銀行業者が自分の預金を、ロンドンのビル・ブローカー――このブローカーの諸取り引きには自分と銀行業者とのどちらの管理もまったくおよばない――の自由な処分にゆだねているなどとは、夢にも思っていないのである。

＊1〔草稿には「貸付可能な」はない〕

＊2〔原文には「さまざまな地方についても」はない〕

＊3〔ロンドンのシティ内東南部の街路。一九世紀後半には、砂糖、コーヒー、ココア、植物油、ゴムなど、植民地物産の取り引きの中心地になった〕

＊4〔熱帯または亜熱帯地方の植民地で、奴隷的労働によって営まれる綿花、ゴム、コーヒーなどの栽培大農場〕

＊5〔ゲーテ『ヴィルヘルム・マイスター』の第六部「美しい魂の告白」などにみられる、軽い皮肉を込めて用いられる言い方〕

大規模な公共諸企業、たとえば鉄道建設が、どのようにして一時的に貸付資本[*1]を増加させることができるか――それは、払込金額は、それが現実に使用されるようになるまでは、いつでもある期間は銀行の手中にあって自由に使用できるものであり続けるからである――は、すでに見たところ[*2]である。[*3]

＊1〔草稿では「貸付可能な資本」となっている〕

＊2〔本訳書、第三巻、七一九―七二〇ページに引用された下院『商業の窮境』報告書、証言第二〇七号、およびガーニーの証言第一七五四、一七五五号参照〕

＊3〔草稿では、このあとに、流通する貨幣量についての考察（本訳書、第三巻、九三五ページの区分線のあとから九三七ページ八行目の「銀行委員会に提出されたものである」まで）を挿入するように指示されている〕

ところで*、貸付資本の総量は、通貨の量とはまったく異なる。ここで通貨の量とは、一国にあるすべての流通している銀行券と、貴金属の地金を含むすべての硬貨との総額のことである。この量の一部は、その大きさが絶えず変動する諸銀行の準備金をなしている。

＊〔マルクスは、ここで、以下の文章を書き、次の課題に移る前に考察しておくべき二つの問題を提起した。「さて、（二）〔「資本または収入の、貸付資本に転化される貨幣への転化」、本訳書、第三巻、八七八ページ参照〕に移る前に、さらに二つのことを示しておきたい。それは、（a）貸付可能な資本の総量は通貨の量とはまったく異なること｛この量の一部は銀行業者の準備金であり、それは変動する。ここで通貨の量とは、すべての銀行券と地金などのことである｝、（b）どの恐慌期のあとなどでも、その前の産業循環で達成された最高水準が次の産業循環における土台または比較的低位の水準になること、である。」
これに続く実際の考察は、（b）〔本訳書、第三巻、八九二ページ〕から（a）へという順序で行なわれた。エンゲルスは、この文章を書き換えて、このあとの考察が（a）から（b）の順序で行なわれたように編集しなおしている〕

(516) 「*一八五七年一一月一二日」｛一八四四年の銀行法が停止された日｝「には、イングランド銀行の〔ロンドンおよびその〕全支店を含めた準備金総額は、五八万七五一ポンドにすぎなかった。同じときに預金の総額は二二五〇万ポンドで、そのうち約六五〇万がロンドンの銀行業者たちのものであった」（『銀行法』、一八五八年、lvii ページ〔第八項〕）。

＊〔草稿では、この前に「（a）について」と書かれている〕

利子率の変動（比較的長期にわたって生じる変動、または異なる国々の利子率の相違は度外視する。前者は一般的利潤率の変動によって制約されており、後者は利潤率の差異および信用[＊1]の発展の差異によって制約されている）は、（他のすべての事情、信頼の状態などに変わりがなければ）貸付資本の供給に[＊2]、すなわち産業資本[＊3]として商品形態[＊4]で商業信用を媒介にして再生産的当事者たち自身のあいだで貸し付けられる資本とは区別されて、貨幣、硬貨および銀行券の形態で貸し付けられる資本の供給に、依存する。

＊1〔草稿では「信用制度」となっている〕

＊2〔草稿では「貸付資本の供給に」は「貨幣資本の量の状況に」となっている〕

＊3〔草稿では「生産的資本」となっている〕

＊4〔草稿には「商品形態で」の語はない〕

しかし、それでも、この貸付可能な[＊1]貨幣資本の総量は、流通している貨幣[＊2]の総量とは相違し、それとはかかわりのないものである。

＊1〔草稿には「貸付可能な」はない〕

＊2〔草稿では「流通している貨幣」は「通貨」となっている〕

たとえば二〇ポンドが一日に五回貸し付けられるとすれば、一〇〇ポンドの一貨幣資本が貸し付けられることになり、そしてこのことは同時に、この二〇ポンドがさらに少なくとも四回は購買手段または支払手段として機能したということを含んでいるであろう。というのは、もし購買および支払いの媒介がなく、その結果少なくとも四回、資本の転化形態（商品、それには労働力も含まれる）を表わすことがなかったとすれば、それは、一〇〇ポンドの一資本を構成するのではなく、ただ各二〇ポンドにたいする五つの債権を構成するだけであろうからである。

信用[*1]が発展している諸国では、貸し付けのために自由に使用することのできる貨幣資本は、すべて、銀行および貨幣貸付業者のもとに預金の形態で存在するものと仮定することができる。少なくともこのことは、事業全体にあてはまる。そのうえ、本来の投機が動き出すまえの好況期には、信用が容易で信頼が増大しているので、流通機能の大部分が、金属貨幣または紙券貨幣[*2]の介入なしに、単純な信用振替によって果たされる。

＊1〔草稿では「信用制度」となっている〕
＊2〔草稿では「金属貨幣または紙券貨幣」は「銀行券」となっている〕

流通手段の分量が相対的に少ないのに、預金額が大きいことの可能性だけであれば、それはひとえに次のことにかかっている――

（一）　同じ貨幣片によって行なわれる購買と支払いとの回数。

（二）　同じ貨幣片が諸銀行に預金として復帰し、その結果、同じ貨幣片がまた新たに預金に転化することに媒介されて、購買手段および支払い手段としてのその機能が反復されるという、同じ貨幣片の回帰運動の回数。たとえば、ある小売商人が毎週一〇〇ポンドを貨幣で銀行業者に預金するとしよ

(517)

う。銀行業者は、この貨幣で製造業者の預金の一部を払い出す。製造業者はこれを労働者たちに支払う。労働者たちは、それで小売商人に支払い、小売商人はそれをあらためて銀行に預金する。このように、小売商人が預金した一〇〇ポンドは、第一には製造業者の預金を払い出すために、第二には労働者たちに支払うために、第三には小売商人自身に支払うために、第四には同じ小売商人の貨幣資本の新たな部分を預金するために役立った。この場合、二〇週間の終わりには、この小売商人は、もしこの貨幣を引き当てに手形を振り出す必要が彼自身になかったとすれば、同じ一〇〇ポンドで二〇〇〇ポンドを銀行業者に預金したことになるであろう。

この貨幣資本がどの程度まで遊休しているかは、ただ諸銀行の準備金の流出入に示されるだけである。だから、一八五七年当時のイングランド銀行総裁ウェゲリン氏は、イングランド銀行の金が「唯一の」準備資本である、と結論する――(第一二五八号)「私の見解では、割引率は、実際には、国内に現存する遊休資本の額によって決定されます。遊休資本の額は、実際には金〔原文は「地金」〕準備であるイングランド銀行の準備金によって代表されます。したがって、もし金〔地金〕が流出すれば、それは国内の遊休資本の額を減少させ、したがって、まだ残っている部分の価値を高めます」。――(第一三六四号)〔ニューマーチ〕「イングランド銀行の金〔地金〕準備は、実は、この国の全取引がそれを基礎として行なわれる中央準備金または地金蓄蔵です。……この蓄蔵貨幣、またはこの貯水池にこそ、いつも外国為替相場の影響がのしかかってくるのです」(『銀行法にかんする報告書』、一八五七年)。

＊現実資本、すなわち生産資本および商品資本の蓄積については、輸出入統計が一つの基準を与える。そして、そこでつねに明らかになることは、一〇年の循環を描いて運動するイギリス産業の発展期（一八一五—一八七〇年）については、そのたびごとに、恐慌のまえの最後の繁栄期の最高限が、次に来る繁栄期の最低限として再現し、次いではるかに高い新たな最高限に上がっていくということである。

＊〔ここから（b）の考察が始まる。本訳書、第三巻、八八八ページの訳注＊参照〕

繁栄の年である一八二四年における大ブリテンおよびアイルランドの輸出生産物の現実価値または申告価値は、四〇三九万六三〇〇ポンドであった。そのあと、一八二五年の恐慌とともに輸出額はこの額よりも下がり、年々三五〇〇万と三九〇〇万とのあいだを変動している。一八三四年の繁栄回復とともに、この額は以前の最高水準を超えて四一六四万九一九一ポンドに増加し、一八三六年には新たな最高限の五三三六万八五七一ポンドに達している。一八三七年になると、それはふたたび四二〇（518）〇万に下がり、その結果、この新たな最低限がすでに以前の最高限よりも高くなっており、その後は五〇〇〇万と五三〇〇万とのあいだを変動している。繁栄の回復は、一八四四年の輸出額を五八五〇〇万に高め、これは一八三六年の最高限をすでにはるかにしのいでいる。一八四五年には、それは六〇一一万一〇八二ポンドに達している。それから、一八四六年には五七〇〇万余に下がり、一八四七年にはほぼ五九〇〇万、一八四八年にはほぼ五三〇〇万であるが、一八四九年には六三五〇万に上昇し、一八五三年にはほぼ九九〇〇万に、一八五四年には九七〇〇万、一八五五年には九四五〇万、*一八五六年にはほぼ一億一六〇〇万、そして一八五七年には一億二二〇〇万という最高限に達している。一八五八年にはこの額は一億一六〇〇万に下がるが、すでに一八五九年には一億三〇〇〇万に上がり、一八六〇年にはほぼ一億三六〇〇万で、一八六一年には一億二五〇〇万でしかないが（ここでもまた新たな最低限が以前の最高限よりも高い）、一八六三年は一億四六五〇万である。

＊〔草稿では、「九五五〇万」となっている〕

市場の拡大を示す輸入についても、もちろん同じことが指摘できるであろう。〔ただし〕ここでは、われわれは、生産の規模だけを問題にする。〔このことが、事実上の工業独占の時代についてのみ、イギリスにあてはまることは、自明である。しかし、それは、世界市場がなお膨脹しているあいだは、近代的大工業をもつ諸国全体にも一般にあてはまる。――F・エンゲルス〕

第二節　資本または収入の、貸付資本に転化される貨幣への転化*

＊〔草稿では「(二)について」となっている〕

われわれがここで貨幣資本の蓄積を考察するのは、それが商業信用の流れにおける停滞の表現でもなく、といって節約――現実に通流している手段*1の節約であれ、再生産にたずさわっている当事者たちの準備資本の節約であれ[*2]――の表現でもない限りにおいてである。

＊1〔草稿では「現実に通流している手段」は「通貨」となっている〕

＊2〔草稿では「準備貨幣資本《ゲルトカピタル》」となっている〕

この二つの場合以外に、貨幣資本の蓄積が起こりうるのは、一八五二年および一八五三年にオーストラリアおよびカリフォルニアの新金鉱〔の発見〕の結果生じたような、異常な金の流入によってである。こうした金は、イングランド銀行に預託された。[*1]預託者たちは、その代わりに銀行券を受け取ったが、彼らはそれをふたたびすぐに銀行業者に預けることはしなかった。そのために、流通手段が異常に増加した（ウェゲリンの供述、『銀行委員会報告書』、一八五七年、第一三二九号）。イングランド銀行は、割引率を二％に引き下げることによって、[*2]これらの預託物を利用しようとした。同行に堆積された金総量は、〔一八五二年および〕一八五三年〔はじめ〕の六ヵ月のあいだ二二〇〇万ないし二三〇〇万に達していた〔ニューマーチの供述、同前、第一三五二、一三五三号〕。

＊1〔原文では「彼らは金をイングランド銀行に売却した」となっている〕

＊2〔割引率の二％への引き下げは、一八五二年四月二二日〕

(519)

貨幣を貸し付けるすべての資本家の蓄積[*1]は、言うまでもなくいつでも直接に貨幣形態で行なわれるが、他方、われわれがすでに見たように、産業資本家たちの現実の蓄積[*2]は、通例、再生産資本そのものの諸要素の増加[*3]によって行なわれる。したがって、信用制度の発展と、大銀行の手中における貨幣貸付業務の途方もない集中とは、それ自体ですでに、貸付可能な資本[*4]の蓄積を、現実の蓄積とは異なる形態として促進せざるをえない。だから、貸付資本のこのような急速な発展は、現実の蓄積の結果である――というのは、その発展は、再生産過程の発展の帰結であり、またこれらの貨幣資本家の蓄積源泉をなす利潤は、再生産的資本家たちがしぼり出す剰余価値からの一控除（同時に他人の貯蓄の利子の一部の取得）にすぎないからである。貸付資本は、産業資本家と商業資本家との双方の犠牲[*5]において蓄積される。すでに見たように、[*6]産業循環の不景気局面〔草稿は「反転局面」〕では、利子率が非常に高くなり、とくに不利な状態にある若干の事業部門ではそれが一時的に利潤をすっかりのみ込んでしまうほどになることもありうる。同時に国庫債券その他の有価証券の価格は低下する。この時期こそ、貨幣資本家たちがこれらの価値減少した証券を大量に買い集めるときであり、これらの証券は、その後の諸局面ですぐまたその正常な高さに、そしてそれを超えて騰貴する。そこで、これらの証券は売りとばされ、こうして公衆の貨幣資本の一部分がわがものにされる。売りとばされない部分はより高い利子を生むが、それは、正常な価格よりも低く買われたからである。しかし、貨幣資本家たちは、自分たちがかせいで資本に再転化させるすべての利潤を、まずは貸付可能な貨幣資本に転化させる。したがって、この貨幣資本の蓄積――現実の蓄積の生みの子であるとはいえ、それとは区別されたものとしての――は、われわれが貨幣資本家たち、銀行業者たちなどをそれだけで考察する場合にはすでに、この特殊な部類の資本家たちの蓄積として生じる。そしてこの蓄積は、再生産過程の現実的拡大にともなって信用制度が拡張されるたびに、増大せざるをえないのである。

＊1　〔草稿では「貨幣を貸し付けるすべての資本家」は「すべての貨幣資本家《マニイド・キャピタリスト》」となっている〕

＊2〔草稿では「生産的資本家」となっている〕
＊3〔草稿には「の増加」はない〕
＊4〔草稿では「貸付可能な資本」は「貨幣資本《マニイド・キャピタル》」となっている〕
＊5〔草稿では「産業資本家と商業資本家との双方の」は「再生産的資本家諸階級の」となっている〕
＊6〔本訳書、第三巻、六一八―六一九ページ参照〕

利子率が低ければ、貨幣資本のこの価値減少は、主として預金者の負担になり、銀行の負担にはならない。株式銀行が発展する以前には、イギリスでは全預金の $3/4$ が無利子で銀行に預けられていた。こんにち、これに利子が支払われる場合にも、この利子は現行市場利子率より少なくとも一％は低い。[*]

＊〔この一文はエンゲルスによる〕

その他の部類の資本家たちの貨幣蓄積について言えば、利子生み証券に投下されてこの形態において蓄積される部分は、度外視する。われわれは、ただ貸付可能な貨幣資本として市場に投じられる部分だけを考察する。

ここでまず第一にわれわれの前にあるのは、利潤のうち、収入として支出されないで、蓄積に予定される部分、ただし、産業資本家たち[*1]にとってさしあたりは自分自身の事業のなかで使途のない部分、
(520) である。この利潤は、直接的には、商品資本――この利潤は商品資本の価値の一部分をなす――のなかに存在しており、商品資本と一緒に貨幣に実現される。ところでもしこの利潤が商品資本の生産諸

要素に再転化されないとすれば（われわれは、さしあたり商人を度外視し、それについては別に述べるであろう）、それは、しばらくのあいだは、貨幣の形態にとどまらなければならない。この利潤の総量は、利潤率が低落する場合でも、資本そのものの総量とともに増加する。収入として支出されることになっている部分は徐々に消費されるが、それまでのあいだは、預金として銀行業者のもとで貸付資本を形成する。したがって、利潤のうち収入として支出される部分の増大さえもが、貸付資本の漸次的な、[*2]絶えずくり返される蓄積として現われる。また、蓄積に予定されている他方の部分も同じである。したがって、信用制度とその組織との発展につれて、収入の増加、すなわち産業資本家たちおよび商業資本家たちの消費の増加[*3]さえも、貸付資本の蓄積として現われる。そしてこのことは、すべての収入――それが徐々に消費される限りでは――に、すなわち、地代、より高級な諸形態の労賃、不生産的諸階級の所得などに、あてはまる。それらはすべて、ある期間は貨幣収入の形態をとり、したがって預金に、そして貸付資本に転化されうる。収入は、貨幣に転化された商品資本の価値の一部分であり、したがって現実の蓄積の表現であり結果であるが、しかし生産的資本そのものではないということは、すべての収入について、それが消費に予定されているものであろうと、蓄積に予定されているものであろうと、それがなんらかの貨幣形態で存在する以上、あてはまることである。もしある紡績業者が彼の糸を綿花と交換したが、収入をなす部分は貨幣と交換したとすれば、彼の産業資本[*4]の現実的定在は、織布業者または場合によっては個人的消費者の手に移った糸であり、しかもこの糸は――それが再生産用のものであれ、消費用のものであれ――そのなかに含まれている資本価値の定在でもありまた剰余価値の定在でもある。貨幣に転化される剰余価値の大きさは、糸に含まれている剰余価値の大きさに依存する。しかし、糸が貨幣に転化されてしまえば、この貨幣は、この剰余価値の価値定在でしかない。そしてこのようなものとして、この貨幣は、貸付資本の契機となる。この貨幣がすでにその持ち主自身によって貸し出されているのでないとすれば、それが貸付資本になるためには、預金に転化されるということ以外にはなにも必要ではない。それにたいして、生産的資本に再転化されるためには、それは、すでに一定の最低限度に達していなければならない。[*5]

＊1〔草稿では「再生産的資本家たち」となっている〕

＊2〔草稿では「漸次的な」は「一時的な」となっている〕

＊3〔草稿では「すなわち」以下は「再生産的資本家たち」となっている〕

＊4〔草稿では「生産的資本」となっている〕

＊5〔草稿では、このあとに「混乱」と題された議会報告書からの抜粋がおかれている（本訳書、第三巻、六九三―六九四ページの訳注＊参照）。エンゲルスは、これを章の切れ目として第三二章に移っているが、マルクスの考察そのものは連続している〕

(521)

第三二章　貨幣資本と現実資本　Ⅲ（終わり）

こうして資本に再転化されるべき貨幣の総量は、大量の再生産過程の結果であるが、しかしそれだけで考察すれば、貸付可能な*貨幣資本としては、この貨幣の総量そのものが再生産的資本の総量なのではない。

＊〔草稿には「貸付可能な」はない〕

これまで展開されたことのうちでもっとも重要なのは、収入のうち消費に予定されている部分の拡大（この場合、労働者は度外視する。なぜなら、労働者の収入＝可変資本だからである）は、まず貨幣資本《ゲルトカピタル》の蓄積として現われる、ということである。したがって、貨幣資本《ゲルトカピタル》の蓄積には、産業資本の*1現実の蓄積とは本質的に異なる一契機がはいってくる。というのは、年生産物のうち消費のために予定された部分は、決して資本にはならないからである。そのうちの一部分は、資本、すなわち消費諸手段の生産者たちの不変資本を補填するが、しかしこの部分が現実に資本に転化する限りでは、それは、この不変資本の生産者たちの収入の現物形態で存在する。収入を表わし、消費の単なる媒介者として用いられるその同じ貨幣が、通例、しばらくのあいだ、貸付可能な貨幣資本に転化する。この貨幣が労賃を表わす限りでは、それは同時に可変資本の貨幣形態でもある。またそれが消費諸手段の生産者たちの不変資本を補填する限りでは、それは、彼らの不変資本が一時的にとる貨幣形態であり、補填されるべき彼らの不変資本の現物的諸要素を購入するのに用いられる。一方の形態においても他方の形態においても、この貨幣は、その総量が再生産過程の規模につれて増大するとはいえ、それ自体としては蓄積を表現するものではない。しかしそれは、しばらくは貸付可能な貨幣の、すなわち貨幣資本の機能を果たす。[*2] したがって、この側面からすれば、貨幣資本の蓄積は、つねに、現実に目の前にあるものよりもさらに大きな資本の蓄積を反映せざるをえない。[*3] というのは、個人的消費の拡大(522)は、貨幣によって媒介されているために、[*4] 貨幣資本の蓄積として現われるからである。つまり、この拡大が、現実の蓄積のための、新たな資本投下を開始する貨幣のための貨幣形態を提供するからである。

＊1〔草稿では「生産的資本」となっている〕
＊2〔草稿では「貸付可能な貨幣の、すなわち貨幣資本の」は「貸付可能な『貨幣資本《マニイド・キャピタル》』の、すなわち貸付可能な貨幣としての」となっている〕
＊3〔草稿では、「反映せざるをえない」は「表現せざるをえない」となっている〕
＊4〔草稿では「個人的消費の」以下は「個人的消費過程は、それの媒介と拡大とにおいて」となっている〕

したがって、貸付可能な[*1]貨幣資本の蓄積が部分的に表現しているのは、産業資本[*2]がその循環過程で転化するすべての貨幣が、再生産にたずさわる人々の前貸しする貨幣の形態ではなく、彼らが借りる貨幣の形態をとるという事実、その結果、再生産過程で行なわなければならない貨幣の前貸しが、実際には借りられた貨幣の前貸しとして現われるという事実にほかならない。実際には、商業信用の基礎の上では、*3一方の人が他方の人に、彼が再生産過程で必要とする貨幣を貸すのである。ところが、このことが次のような形態をとるのである。すなわち、再生産にたずさわる人々の一部が銀行業者に貨幣を貸し、その銀行業者が、再生産にたずさわる人々の他の一部にその貨幣を貸すという形態をとるのであり、その場合に銀行業者が神の祝福の授け手として現われるのである。*4それと同時に、この資本の自由な処分権がまったく仲介者としての諸銀行業者の手に握られるという形態をとるのである。

*1〔草稿には「したがって、貸付可能な」はない〕
*2〔草稿では「再生産的資本」となっている〕
*3〔草稿には「商業信用の基礎の上では」はない〕
*4〔草稿では、「すなわち」以下は「銀行業者が再生産にたずさわる人々に貨幣を貸すという形態をとるのであり、それは実際には再生産にたずさわる人々が、自分たち自身がその一部である公衆に、彼らが必要とする貨幣資本の決済をゆだねることと同じである」となっている〕

次になお、貨幣資本《ゲルトカピタル》の蓄積の、いくつかの特殊な形態を取り上げなければならない。*1〔第一に〕たとえば、原料などの生産諸要素の価格の低下によって、資本が遊離する場合である。もし産業家が直接自己の再生産過程を拡張することができないならば、彼の貨幣資本《ゲルトカピタル》の一部は、過剰なものとして循環から押し出されて、貸付可能な貨幣資本に転化する。また第二に、事業に中断が生じると、ことに商人の場合には、資本が貨幣形態で遊離する。商人がすでに一連の取り引きをすませていて、こうした中断のために新たな一連の取り引きはもっとあとになってから始まるとすれば、実現された貨幣は、彼にとっては、蓄蔵貨幣を、過剰資本を表わすものでしかない。しかし同時に、それは、貸付可能な貨幣資本の蓄積を直接に表わしている。第一の場合には、貨幣資本の蓄積は、より有利な諸条件のもとでの再生産過程の反復、それ以前には拘束されていた資本の一部分の現実の解放を表わし、したがって同じ貨幣手段で再生産過程を拡大する能力を表わす。これに反して他方〔第二〕の場合には、諸取り引きの流れの単なる中断を表わす。しかし、どちらの場合にも、その貨幣は貸付可能な[*2]貨幣資本に転化し、貸付可能な貨幣資本の蓄積を表わし、一様に貨幣市場と利子率とに影響する――といっても、それは、第一の場合には現実の蓄積過程の促進を、第二の場合にはその阻止を表現するのであるが。最後に、貨幣資本の蓄積は、財を成して再生産から引退する多数の人々によって実行される。産
(523) 業循環の過程で得られる儲けが多ければ多いほど、こうした人々の数はますますふえる。この場合には、貸付可能な[*3]貨幣資本の蓄積は、一方では現実の蓄積を（それの相対的大きさから見て）表現するが、他方では単に産業資本家たち[*4]の単なる貨幣資本家たちへの転化の程度を表現するにすぎない。

＊1〔草稿では、この一文は「収入の資本（使命から見て）への再転化とはさらに区別されるべき、貨幣資本の蓄積の二つの形態。」となっている〕

＊2・3〔草稿には「貸付可能な」はない〕

＊4〔草稿では「再生産的資本家」となっている〕

さて、利潤のもう一つの部分、すなわち収入として消費されるように予定されてはいない部分について言えば、この部分が貨幣資本に転化するのは、それを生み出した生産部面でそれを直接に事業の

拡大に使用することができない場合だけである。こうしたことは、二つの原因から生じる。すなわち、この部面が資本で飽和状態にあるからか、そうでなければ、資本として機能できるようになるためには、その前にこの蓄積が、この特定の事業で新たな資本を投下するさいの量的諸関係に従って、ある一定の大きさに達していなければならないからである。こうして蓄積は、まず貸付可能な[*1]貨幣資本に転化して、他の諸部面での生産の拡大に用いられるのである。他の事情にすべて変わりがないものと仮定すれば、資本に再転化すべき利潤の総量は、得られた利潤の総量によって、したがってまた再生産過程そのものの広がりによって決まるであろう。しかし、もしこの新たな蓄積が、その使用にさいして諸困難、投下諸部面の不足にぶつかり、したがって生産諸部門の飽和と貸付資本の過剰供給とが生じる[*2]とすれば、貸付可能な[*3]貨幣資本のこのような過多《プレトーラ》が証明するのは、資本主義的生産の[*4]諸制限以外のなにものでもない。そのあとに続く信用詐欺は、この過剰な資本の使用にたいする積極的な障害が存在しないということを証明している。とはいえ、資本の価値増殖の諸法則による障害、つまりその範囲内であれば資本が資本として価値増殖することができるという諸制限による障害は存在する。貨幣資本そのものの過多は、必ずしも過剰生産を表わすものではないし、資本の使用諸部面の不足を表わすものでさえない。

＊1・3〔草稿には「貸付可能な」はない〕

＊2〔草稿では「したがって」以下は「その結果、使用された再生産的資本が低い利子を支払うということでしかない」となっている〕

＊4〔草稿では「資本主義的生産過程の」となっている〕

貸付資本の蓄積とは、単に、貨幣が貸付可能な貨幣として沈澱するということである[*1]。この過程は、資本への現実の転化とは非常に異なるものである。それは、ただ資本に転化することのできる形態での貨幣の蓄積でしかない。しかしこの蓄積は、すでに指摘したように、現実の蓄積とは非常に異なる諸契機を表現しうる。現実の蓄積が恒常的に拡大している場合には、貨幣資本《ゲルトカピタル》の蓄積のこの拡大は、一部は現実の蓄積の拡大の結果でもありうるし、一部は現実の蓄積の拡大にともなってはいるが、それとはまったく異なる諸契機の結果でもありうるし、最後にまた一部は現実の蓄積の停滞の結果でさえもありうる。貸付資本の蓄積が、現実の蓄積からは独立し、にもかかわらずそれにともなっているこうした諸契機によって増大させられるという理由からだけでも、〔産業〕循環の一定の諸局面ではつ(524)ねに貨幣資本の過多が生じざるをえないのであり、またこの過多が、信用の発達[*2]につれて発展せざるをえないのである。したがって、この過多とともに、同時に、生産過程をその資本主義的諸制限を超えて駆り立てる必然性、すなわち過剰取引、過剰生産、過剰信用が発展せざるをえない。それと同時に、これはいつでも、反動を呼び起こすような諸形態で起こらざるをえない。

＊1〔草稿ではこのあとに「（あるいは貸付可能な貨幣という形態をとる）」という句がある〕

＊2〔草稿では「信用制度の発展」となっている〕

地代、労賃などからの貨幣資本の蓄積については、ここでそれに立ち入るのは余計なことである。ただ次の契機だけは、強調しておかなければならない。すなわち、資本主義的生産[*1]の進展にともなう分業によって、現実の節約および禁欲の仕事（貨幣蓄蔵者たちによる）は、それが蓄積の諸要素を提供する限りでは、このような諸要素の最小限を受け取っていないながら、それでいて銀行の破産のさいの労働者たちのように、非常にしばしば自分たちの貯蓄さえもなくしてしまうような人々にまかされる、ということである。一方で、産業資本家[*2]の資本は、彼自身によって「貯蓄」されるのではなく、彼は、自分の資本の大きさに比例して他人の貯蓄を自由に使用する。他方で、貨幣資本家は、他人の貯蓄を自分の資本にし、また再生産的資本家たちが相互に与え合う信用と、公衆が彼らに与える信用とをその私的な致富の源泉にする。あたかも資本がみずからの労働および貯蓄の生みの子であるかのようにいう資本主義体制の最後の幻想も、これで崩壊する。利潤が他人の労働の取得であるばかりでなく、この他人の労働を運動させ搾取するのに用いられる資本も、他人の所有物からなっているのであり、貨幣資本家はそれを産業資本家[*3]の自由な使用にゆだね、その代わりにこんどは貨幣資本家が後者を搾取する。

＊1〔草稿では「資本主義的生産様式」となっている〕
＊2・3〔草稿では「生産的資本家」となっている〕

信用資本については、なおいくつかのことを述べておかなければならない。

同一の貨幣片が、何回、貸付資本として現われうるかは、すでに以前に展開したように、まったく次のことに依存する――

（一）同じ貨幣片が販売または支払いにおいて、何回商品価値を実現し、したがって何回資本を移転するか、またさらに何回それが収入を実現するか、に依存する。[*] だから、同じ貨幣片が、実現された価値――資本の実現された価値であれ収入のそれであれ――として、何回他人の手に移るかは、明らかに、現実の諸取引の規模と総量とに依存する。

＊〔草稿では、このあとに次の一文がある。「この収入そのものが商品価値の一部分でしかないこともありうるのであって、この部分が労賃に（不生産的または生産的に）投下されようと、あるいは、売り手自身または第三者が｛貨幣貸付業者または地主または国家が交替で｝支出しなければならない剰余価値を実現しようと、そうである」〕

（二）　そのことは、諸支払いの節約に、また信用制度の発展と組織とに依存する。

（三）　最後に、諸信用の連鎖と活動速度とに――したがって、同じ貨幣片がある点では預金として沈澱しても、それが他の点ではすぐにまた貸し付けとして出て行くことに――依存する。[*]

＊〔草稿では前ページの「同一の貨幣片が、何回」の前に角括弧の始まりがあり、それに対応する閉じ角括弧が抜けているが、ここまでが角括弧でくくられていると考えられる〕

貸付資本が存在する形態が、もっぱら現実の貨幣の形態、すなわち、その素材が価値の尺度として使用される商品である金または銀の形態であると仮定しても、この貨幣資本の一大部分は、必然的にいつも、単に架空なもの、すなわち価値章標とまったく同じように価値にたいする権原にすぎない。
(525)
貨幣が資本の循環のなかで機能する限り、確かにそれは、ほんの少しのあいだ貨幣資本を形成する。しかし[*1]それは、貸付可能な[*2]貨幣資本には転化せず、生産資本の諸要素と交換されるか、そうでなければ収入が実現されるさいに通流手段[*3]として支払われるのであり、したがって、その所有者のために貸付資本に転化することはできない。しかしそれが貸付資本に転化して、同じ貨幣が繰り返し貸付資本を表わす限りでは、それはある一点で金属貨幣として存在し、他のすべての点では、それは資本にたいする請求権の形態で存在するだけであることは明らかである。これらの請求権の蓄積は、前提によれば、現実の蓄積から、すなわち商品資本などの価値の貨幣への転化から生じる。とはいえ、これらの請求権または権原そのものの蓄積は、この蓄積の源泉である現実の蓄積とも、貨幣の貸し出しによって媒介される将来の蓄積（新たな生産過程）とも異なる。

＊1〔草稿には「確かにそれは……。しかし、」はない〕
＊2〔草稿には「貸付可能な」はない〕
＊3〔草稿では「通貨」となっている〕

（526）

〝明らかに〟、貸付資本は、いつも貨幣の形態で存在し（九）、のちには〔貸し手にとっては〕貨幣にたいする請求権として存在する。というのは、貸付資本は最初はその貨幣の形で存在しているが、その貨幣がいまや借り手の手中で、現実の貨幣形態で現存して[*1]いるからである。貸し手にとっては、貸付資本は、貨幣にたいする請求権に、一つの所有権証書に転化した。だから、同一量の現実の貨幣が、それとはまったく異なる量の貨幣資本を表わすことができるのである。単なる貨幣が、実現された資本を表わす貨幣であろうと、実現された収入を表わす貨幣であろうと、単なる貸し出しという行為によって、そして発達した信用制度のもとでの一般的な形態を考察するのであれば[*2]この貨幣の預金への転化によって、貸付資本[*3]となる。預金は、預金者にとっては貨幣資本である。しかし、銀行業者の手中にあっては、預金は、その所有者の金庫の中ではなく、銀行業者の金庫の中で遊休している潜勢的貨幣資本であるにすぎないかもしれない。[一〇]

(九)『銀行法（特別委員会報告書）』、一八五七年、銀行業者トウェルズの供述――（第四五一六号）「銀行業者として、あなたが取り引きしているのは、資本ですか、それとも貨幣ですか？――私たちは、貨幣を取り引きしています」。――（第四五一七号）「預金はどんな仕方であなたの銀行に払い込まれるのですか？――貨幣で」。――（第四五一八号）「それは、どういう仕方で払いもどされますか？――貨幣で」。――〔第四五一九号〕「では、預金は、貨幣とはなにか別のものだと言えるのですか？――いいえ」。

オウヴァストンは（第二六章〔本訳書、第三巻、七三八ページ以下〕を見よ）、「〝資本〟」と「〝貨幣〟」とのあいだで絶えず混乱におちいっている。〝貨幣の価値〟とは、彼の場合には、利子のことでもあるが、しかしそれは、利子が貨幣の総量によって規定される限りでのことである。〝資本の価値〟とは、生産的資本にたいする需要によって、また生産的資本がもたらす利潤によって規定される限りでの利子であるとされる。彼は、次のように言う――（第四一四〇号）「資本という言葉の使用は、非常に危険です」。――（第四一四八号）「イギリスからの金の輸出は、国内の貨幣量の減少であり、この減少は、当然、貨幣市場一般における需要の増大[*4]を引き起こすに違いありません」〔したがって、これによれば、資本市場におけるそれではない〕。――（第四一一二号）「貨幣が国内から出ていくにつれて、国内にある量は減少します。国内に残る量のこの減少は、この貨幣の価値の上昇を生み出します」。〔このことは、元来、彼の説では、通貨の収縮によって引き起こされる、諸商品価値に比べての貨幣としての貨幣の価値の上昇を意味する。したがって、ここでは、貨幣の価値のこの上昇は、諸商品の価値の低下に等しい。ところが、そうこうするうちに、流通している貨幣の総量は価格を規定しないということが、彼にとってさえ反駁できないように証明されたので、いまや、通流手段としての貨幣の減少こそが、利子生み資本としての貨幣の価値を、したがって利子率を高くするとされる。〕「そして、まだ残っている貨幣の価値のこの上昇は、〔貨幣の〕流出を停止させ、この上昇が、均衡を回復するのに必要なだけの貨幣の量をもどってこさせるまで続きます」。――オウヴァストンの矛盾の続きは、もっとあとで述べる〔本訳書、第三巻、九一八ページ以下〕。

〔一〇〕　さてここで、銀行業者の側に支払いを求める請求権としての預金も、銀行業者の手中にある預金された貨幣も、両方とも「貨幣」であるという混乱が生じる。[*5] 銀行業者トウェルズは、一八五七年の銀行委員会で、次の例をあげている――「私が一万ポンドで自分の事業を始めるとします。私は、五〇〇〇ポンドで商品〔原文は「獣脂またはコーヒーまたはココアなど」〕を買って、それを私の倉庫に収めます。残りの五〇〇〇ポンドは、銀行業者のところに預金しておいて、必要に応じてそれを引き当てに小切手を振り出します。それでもやはり、私は、全部を私の資本〔原文は「それを私にとっては一万ポンドの資本」〕とみなします。といっても、そのうちの五〇〇〇ポンドは預金または貨幣の形態をとっているのですが」（第四五二八号）。ところで、ここから、次のようなご丁寧な論議が始まる――（第四五三一号）「それでは、あなたは、自分の五〇〇〇ポンドの銀行券をだれかほかの人に手放したのですね？――そうです」。――（第四五三二号）「では、その人は五〇〇〇ポンドの預金をもっているのですね？――そうです」。――（第四五三三号）「しかもあなたも五〇〇〇ポンドの預金をもっておられるのですね？――まったくそのとおりです」。――（第四五三四号）「その人は五〇〇〇ポンドを貨幣でもっており、そしてあなたも五〇〇〇ポンドを貨幣でもっておられるのですね？――ええ、そうです」。――（第四五三五号）「しかし、それは結局、貨幣以外のなにものでもないのですね？――そうです」。――混乱は、一部分は、次のことから生じている――すなわち、五〇〇〇ポンドを預金したAは、それを引き当てに小切手を振り出すことができるのであり、彼が五〇〇〇ポンドをまだ手元にもっていた場合と同じにそれを自由に使うことができる。この〔預金された〕五〇〇〇ポンドは、その限りでは、彼にとっては潜勢的貨幣として機能する。しかし、彼がそれを引き当てに小切手を振り出す場合にはいつも、彼は〝その分だけ〟自分の預金を失う。もし彼が〔銀行から〕現実の貨幣を引き出すとすれば、しかも彼の〔預けた〕貨幣はすでによそに貸し付けられているとすれば、彼は、自分自身の〔預けた〕貨幣で支払いを受けるのではなく、他のだれかが預けた貨幣で支払いを受けるのである。彼がＢにたいする債務を自分の取引銀行業者あての小切手で支払い、Ｂはこの小切手を自分の取引銀行業者に預金し、そしてＡの取引銀行業者もまたＢの取引銀行業者あての小切手をもっているとすれば、その結果、この二人の銀行業者は、小切手を交換するだけであるが、そうすると、Ａが預けた貨幣は、二回、貨幣機能を果たしたことになる。すなわち、第一には、Ａが預けた貨幣を手に入れた人の手において、第二には、Ａ自身の手において。第二の機能においては、それは、貨幣の介入なしに行なわれる債権の相殺（Ａが自分の取引銀行業者にたいしてもっている債権と、この銀行業者がＢの取引銀行業者にたいしてもっている債権との）である。この場合には、預金は、二回、貨幣として、すなわち、現実の貨幣として、次には貨幣請求権として作用するのである。単なる貨幣請求権は、諸債権の相殺によってのみ、貨幣の代理を務めることができる。

＊１〔草稿では、「現実の貨幣形態で現存している」は「資本の現実の貨幣形態、貨幣資本《マニー・キャピタル》として機能する」となっている〕

＊２〔草稿では、このあとに「また商業貸付を考察する限りでは」と書かれている〕

＊３〔エンゲルスによる。草稿では、何になるかを表わす単語は書かれていない〕

＊４〔報告書原文および草稿では「需要の増大」は「逼迫」となっている〕

＊5〔草稿では、この一文は、「さて、預金も貸し付けられた預金も、両方とも『貨幣』であるとする混乱。」となっている〕

（527）

[*1][*2]素材的富の増大につれて、貨幣資本家たちの階級が大きくなる。一方では、引退している資本家たち、すなわち金利生活者たちの数と富とが増加する。また第二には、信用制度の発展が促進され、それとともに銀行業者たち、貨幣貸付業者たち、金融業者たちなどの数が増加する。[*3]――[*4]自由に利用できる[*5]貨幣資本の発展につれて、利子生み証券、国債証券、株式など[*6]の総量が、先に述べたように増加する。しかし、それと同時に、これらの有価証券の投機取引を行なう証券取引業者《ジョッバーズ》たちが貨幣市場で主役を演じることによって、自由に利用できる[*7]貨幣資本にたいする需要も増加する。これらの有価証券の売買がすべてもっぱら現実の資本投下の表現であるとすれば、これらの売買が貸付資本にたいする需要[*8]に影響することはありえない、と言うことは正しいであろう。というのは、Aが自分の証券を売るとき、Aは、Bがその証券に投下するのとちょうど同じ額の貨幣を引きあげるからである。けれども、確かに有価証券は存在するが、その証券がもともと表わしている資本は（少なくとも、貨幣資本としては）存在しない場合でさえも、その証券は、つねに、このような貨幣資本にたいする〝その分だけ〟新たな需要をつくりだす。しかしいずれにせよ、その場合には、以前にはBが、いまはAが自由に利用できるものは、貨幣資本なのである。

＊1〔草稿では、このパラグラフの前に、あらためて問題を提起する次の文章がある。「さて二つの問題が答えられなければならない。第一に、貨幣資本《マニイド・キャピタル》の相対的な増大または減少は、要するにそれの一時的または

いっそう継続的な蓄積は、生産的資本の蓄積にたいしてどのような関係にあるのか？　そして第二に、それは、なんらかの形態で国内に現存する貨幣の総量にたいして、どのような関係にあるのか？」〕

＊2　〔草稿では、このまえに「まず第一に、もっと長い目で見れば」とある〕

＊3　〔草稿では、「銀行業者たち」以下は「銀行業者たちなど〔また金融業者たちも。だが、われわれは公信用を度外視する〕」となっている〕

＊4　〔草稿ではここに「注意せよ」と書かれている〕

＊5・7　〔草稿には「自由に利用できる」はない〕

＊6　〔草稿では「利子生み証券、国債証券その他」となっている〕

＊8　〔草稿では「貸付資本にたいする需要」は「貨幣資本《マニイド・キャピタル》」となっている〕

『銀行法』、一八五七年。（第四八八六号）「割引率は、市場にあって、商業手形――他の種類の有価証券とは区別される――の割引に使用可能な資本の量によって規制されるということは、あなたのご意見では、割引率を規定する諸原因を正しく述べたものでしょうか？」――〔チャップマン〕「いいえ、私の考えるところでは、利子率は、容易に換金できるすべての有価証券（〝現在流通している、換金できるすべての証券〟）によって影響されます。問題を単に手形割引に限定するのは正しくはないでしょう。というのは、近頃さかんに行なわれたように、コンソル公債*、または国庫証券さえも」〔担保〕「にして大きな貨幣需要が生じ、しかもその利子率が商業利子率よりもはるかに高いとき、わが商業界がそれによって影響を受けないというのは、不合理であろうからです。商業界は、これによって非常に大きく影響されます」。――（第四八九〇号）「銀行業者もそういうものとして認めるような、安全で流動性のある有価証券が市場にあって、その持ち主が、それを担保に金《かね》を借りようとする場合には、そのことが商業手形に影響をおよぼすことは確実です。たとえば、ある人が自分の貨幣をコンソル公債などを担保に六％で貸し出すことができるなら、同じときに、その人が私にその貨幣を商業手形にたいして五％で貸してくれるとは期待できません。そのことは、われわれにも同じように影響します。私が私の貨幣を六％で貸し出すことができるとすれば、だれも私にたいして彼の手形を五$\frac{1}{2}$％で割り引くように要求することはできません」。——（第四八九二号）「われわれは、二〇〇〇ポンドとか、五〇〇〇ポンドとか、一万ポンドとかの有価証券を堅実な投資として買う人々について、彼らが貨幣市場に大きな影響をおよぼしていると言っているわけではありません。あなたがコンソル公債」〔の担保〕「にたいする利子率について、私におたずねであるとすれば、私が言っているのは、何十万という金額の取り引きをする人々、いわゆる〝証券取引業者たち〟のことであって、彼らは、多額の公債に応募するとか市場でそれを買い入れるとかして、次いでこれらの証券を利潤をあげて売り払うことができるようになるまで、それをもっていなければなりません。こういう人々は、この目的のために貨幣を借り入れなければなりません」。

＊〔従来の各種公債を年三分利付きで一七五一年に整理した償還期限なしの永久公債。本訳書、第三巻、七二七ページの訳注＊2参照〕

（528）

信用制度の発展につれて、ロンドンのような大きな集中された貨幣諸市場がつくりだされるのであり、それらは同時にこれらの証券の取り引きの中心地でもある。銀行業者たちは、これら〔証券〕取引業者連中に公衆の貨幣資本を大量に用立てるのであり、こうして賭博師一味が増大する。「証券取引所では、貨幣は、通常〔原文は「一般的に言って」〕、他のどこよりも安いのです」と、一八四八年に、当時のイングランド銀行総裁＊〔ジェイムズ・モリス〕が上院の秘密委員会で述べている（『商業の窮境』、一八四八年、一八五七年印刷、第二一九号）。

＊〔本訳書、第三巻、一九ページ、訳注＊2参照〕

すでに利子生み資本を考察したさいに述べたように、比較的長い年数にわたる平均利子は、他の事情に変わりがなければ、利潤の平均率によって規定されるのであり、企業者利得――これ自体は利潤マイナス利子にほかならない――の平均率によって規定されるのではない＊。

＊〔本訳書、第三巻、六一四ページ以下参照〕

商業利子――商業世界の圏内での割引および貸し付けにたいして貨幣貸付業者によって請求される利子――の変動についても、産業循環の経過中に、利子率がその最低限度を超えて中位の平均的な高さに達する（そのあと利子率はさらにこの高さを超える）局面、しかもこの運動が利潤の増大の帰結である局面が生じるということ――このこともすでに述べたことであり、またのちにさらに研究されるであろう。

しかし、ここで次の二通りのことを述べておかなければならない――

第一に――利子率が比較的長い期間にわたって高いとすれば（われわれがここで問題にしているのは、中位の利子率が比較的長い期間にわたって与えられている、イギリスのようなある与えられた国の利子率のことであり、また比較的長期の貸し付けにたいして支払われる利子としても表わされて、私的利子と呼ぶことのできるものである)、それは〝明らかに〟、この期間を通じて利潤率が高いことの証拠ではあるが、企業者利得の率が高いことを必ずしも証明するものではない。この後者の違いは、主として自己資本で事業を行なっている資本家たちにとっては、多かれ少なかれ消えうせる。彼らは、自分で自分に利子を支払うので、[*1]高い利潤率を実現する。高い利子率[*2]が比較的長期に持続する可能性――ここでは本来の逼迫の局面のことは問題にしない――は、高い利潤率とともに与えられている。しかしこの高い利潤率も、高い利子率を差し引けば、低い企業者利得率しか残らないということがありうる。高い利潤率が続いていても、企業者利得率は収縮することがありうる。このようなことがありうるのは、ひとたび着手された諸企業は続行されなければならないからである。この局面では、単(529)なる信用資本(他人の資本)によってさかんに事業が行なわれる。そして高い利潤率は、場合によっては投機的、見込み的なものでありうる。[*3]高い利子率は、高い利潤率で支払われうるが、企業者利得の減少によっても、支払われうる。高い利子率は、利潤からではなく、借り入れた他人資本そのものから支払われうる――そして投機の時期には部分的にそうである――のであり、またこうしたことがしばらく続くことがありうる。

＊1 〔草稿では、「この後者の違いは」以下は、「比較的多く自己資本で事業を行なっている資本家たちは、自分で自分に支払う利子は単に計算上の問題にすぎないので」となっている〕

＊2 〔草稿では「高い利子」となっている〕

＊３〔草稿では、「高い利潤率はいっそう投機的、見込み的なものであるかもしれず、一時的には高い利子が他人資本を犠牲にして支払われる」となっている〕

第二に――利潤率が高いので、貨幣資本にたいする需要が増大し、したがって利子率が増大するという表現は、産業資本にたいする需要が増大し、したがって利子率が高いという表現と同じではない。

＊恐慌期には、貸付資本にたいする需要、またそれとともに利子率は最高限に達する。利潤率は、またそれとともに産業資本にたいする需要は、なくなったも同然である。このような時期にだれもが借金するのは、ただ支払いをするため、すでに背負っている債務を返済するためでしかない。これに反して、恐慌後の回復期に貸付資本が要求されるのは、買うため、また貨幣資本を生産資本または商業資本に転化させるためである。そしてその場合には、貸付資本は、産業資本家または商人によって要求される。産業資本家は、それを生産諸手段と労働力とに投下する。

＊〔草稿では、このパラグラフは次のようになっている。「貨幣資本《マニイド・キャピタル》が、支払うために[注]〔この点は特別に考察されなければならない。それは貨幣資本の価値の上昇にとってもっとも重要な点である〕ではなく、買うために、また貨幣資本を生産的資本に転化させるために要求される限りで、それは、生産的資本家または商人によって要求される。生産的資本家は、それを労働諸手段〔原料、補助材料および機械〕と労働能力とに投下する。

（注）恐慌の時には、物価は大部分、信用の肥大化の結果生じた投機によって膨脹している。その場合、これら諸商品の保有者たち、またはこれら諸商品で投機を行なう人たちを支えることによって、この物価を維持することは不可能である。この汚物は破裂せざるをえない」〕

利子率が利潤率によって規定される限り、労働力にたいする需要[*]の増加は、それ自体、決して利子率の高騰の原因ではありえない。より高い労賃は、産業循環の特殊な局面を考察すれば、より高い利潤の帰結の一つではありうるが、決してより高い利潤の原因ではない。

＊〔草稿では、ここと次のパラグラフの五個所の「労働力にたいする需要」は、「労働にたいする需要」となっている〕

労働力にたいする需要が増加しうるのは、労働の搾取が特別に有利な事情のもとで行なわれるからであるが、しかし労働力にたいする需要、したがって可変資本にたいする需要の増加は、それ自体としては、利潤を増大させるのではなく、むしろ〝それだけ〟利潤を減少させる。とはいえ、労働力にたいする需要の増加につれて可変資本にたいする需要が増加し、したがってまた貨幣資本にたいする需要も増加し、そしてこのことが利子率を高騰させることはありうる。その場合には、労働力[*1]の市場価格はその平均を超えて騰貴し、平均よりも多数の労働者が就業させられ、またそれと同時に利子率が高騰する。なぜなら、このような事情のもとでは貨幣資本にたいする需要が増加するからである。労働力にたいする需要の増加は、他のどの商品の場合とも同様に、この商品を高価にし、その価格を騰貴させるが、利潤を増大させはしないのであり、利潤は主として、まさにこの商品が相対的に安いことにもとづいているのである。しかし、労働力にたいする需要の増加は、同時に――前提された事情のもとでは――利子率を高騰させる。なぜなら、それは貨幣資本にたいする需要を増加させるから[*2]である。貨幣資本家が貨幣を貸し出すことをやめて産業家に転化したとしても、彼が労働により高く

(530)

支払わなければならないという事情は、それ自体としては彼の利潤を高くはしないで、むしろ〝それだけ〟これを減少させるであろう。商況しだいでは、それにもかかわらず彼の利潤が増大することがあるかもしれないが、それは決して彼が労働により高く支払うからではない。しかしこのあとのほうの事情〔労働により高く支払うという事情〕は、それが貨幣資本にたいする需要を増大させる限りでは、利子率を高くするのに十分である。ほかの点で商況が不利な場合になんらかの原因で労賃が騰貴するとすれば、労賃の騰貴は、利潤率を低落させるであろうが、しかしその騰貴が貨幣資本にたいする需要を増大させるのと同じ程度に利子率を高騰させるであろう。

＊1〔草稿では「労働能力」となっている〕

＊2〔草稿では「生産的資本家」となっている〕

労働を別とすれば、オウヴァストンが「資本にたいする需要」と呼ぶものは、諸商品にたいする需要のことでしかない。諸商品にたいする需要は、需要が平均を超えて増加する場合にも、供給が平均よりも減少する場合にも、諸商品の価格を騰貴させる。産業資本家または商人が、＊以前には一〇〇ポンドを支払ったのと同じ商品総量に、いまではたとえば一五〇ポンドを支払わなければならないとすれば、彼は、そうでなければ一〇〇ポンドでよいのに、一五〇ポンド借りなければならなくなり、したがって利子が五％なら、そうでなければ五ポンド支払えばよいのに、七$\frac{1}{2}$ポンド支払わなければならないであろう。彼が支払わなければならない利子の総量は、借り入れる資本の総量が増大するので増大するであろう。

＊〔草稿では「生産的資本家」となっている〕

オウヴァストン氏の試みのすべては、貸付資本の利害と産業資本の利害[*1]とを同じものとして示すことにあるが、他方、彼の銀行法は、まさに、これらの利害の相違を貨幣資本の利益[*2]になるように利用することをあて込んでいるのである。

＊1〔草稿では「貸付資本の利害と産業資本の利害」は「貨幣的《マニイド》利害と生産的利害」となっている〕

＊2〔草稿では「貨幣資本の利益」は「貨幣的利害の利益」となっている〕

諸商品の供給が平均よりも減少した場合には、諸商品にたいする需要が以前ほど多くの貨幣資本を吸収しないということがありうる。諸商品の総価値にたいして支払わなければならない金額は同じかおそらくはより少ないが、しかし同じ金額で手にはいる使用価値の分量はさらに少なくなる。この場合には、商品にたいする需要はその供給に比べて増大しており、したがって商品の価格は騰貴しているであろうが、貸付可能な[*]貨幣資本にたいする需要は同じままであり、したがって利子率は高騰しないであろう。利子率は、貸付資本にたいする総需要が増大する場合にだけ影響されうるのであり、右の諸前提のもとではそうはならない。

＊〔草稿には「貸付可能な」はない〕

しかし、穀物、綿花などの不作の場合のように、ある物品の供給が平均よりも減少し、しかも貸付資本にたいする需要が増大するということもありうる。なぜなら、価格がなおいっそう高くなるのを見越して投機がなされるからであり、また価格を高くするもっとも手近な手段は、市場から供給の一

（531）部分を一時引きあげることだからである。ところが、買った商品を売ることなしにそれの支払いをするために、*商業的な「手形操作」によって貨幣が調達される。この場合には、貸付資本にたいする需要が増大し、また利子率は、市場への商品の供給を人為的にさまたげようとするこうした試みの結果、高騰しうる。利子率の高騰は、この場合には、商品資本の供給の人為的な削減を表わす。

＊〔草稿では、「買った商品を売ることなしにそれの支払いをするために」は「商品を売ることなしにその商品にたいして約定された債務を弁済するために」となっている〕

他方で、ある物品の供給が増大し、その物品が平均価格よりも安くなっているために、それにたいする需要が増大するということがありうる。

この場合には、同じ貨幣額でより多くの商品が入手できるので、貸付資本にたいする需要は、変わらないこともありうるし、または減少することさえありうる。しかし、一部は、この好機を生産目的のために利用しようとして、一部は、今後の価格上昇を期待して、投機的な在庫形成が行なわれるかもしれない。この場合には、貸付資本にたいする需要が増大するかもしれないし、また利子率が高騰するとすれば、それは、生産的資本の諸要素の過剰な在庫形成に資本が投下されたことの表現であろう。*われわれがここで考察するのは、商品資本の需要供給によって影響される限りでの、貸付資本にたいする需要だけである。産業循環の諸局面のなかで再生産過程の転変する状態が貸付資本の供給にどのように作用するかについては、すでに以前に論述した。オウヴァストンは、狡猾にも、市場利子率は（貸付）資本の需要供給によって決まるというありきたりの命題を、貸付資本は資本一般と同じであるという彼独自の仮定と一緒くたにし、そのことによって高利貸しを唯一の資本家に、また高利貸しの資本を唯一の資本に変えようとするのである。

＊〔草稿では、「また利子率が高騰するとすれば」以下は「またこの需要は、生産的資本の諸要素の過剰供給の表現であろう」となっている〕

逼迫期には、貸付資本にたいする需要は、支払手段にたいする需要であり、それ以上のなにものでもない。購買手段としての貨幣にたいする需要では決してない。この場合には利子率は、実物資本——生産資本および商品資本——[*1]が過剰に現存しているか、不足しているかにかかわりなく、非常に高騰しうる。[*2]支払手段にたいする需要は、商人たちと生産者たちとが確実な担保を提供できる限りでは[*3]、単なる、貨幣への転換可能性にたいする需要である。そうでない〔担保の提供がない〕限りでは[*4]、したがって、支払手段の前貸しが彼らに貨幣形態を与えるだけでなく、彼らにとって不足している支払いのための等価物——どんな形態のものであれ——を与える限りでは、支払手段にたいする需要は、貨幣資本にたいする需要である。この点こそ、恐慌の判断において〔対立する〕通説の両方の側の人々が正しくもあり、またまちがってもいる点である。ここで、単に支払手段の不足が存在するだけだと言う人々は、ただ〝確実な〟担保[*5]の所有者たちだけを眼中においている人々か、そうでなければ、すべての破産したいかさま師たちを紙券によって支払能力のある堅実な資本家に変えることが銀行の
(532)
義務であり、かつ銀行のなしうることであると信じている愚か者か、そのどちらかである。ここで、単に資本の不足が存在するだけだと言う人々は、ただ言葉の詮索をやっているだけか——というのは、

実際こういう時期には過剰輸入および過剰生産の結果として貨幣に換えることのできない資本が大量に現存するのであるから――、そうでなければ、やりくりするのに必要な他人の資本がもはや手にはいらない状態にいまや実際におちいっており、そこで銀行は自分たちを助けて失った資本分を支払うだけでなく、なおいかさまが継続できるようにすべきであると要求する、例の信用投機師たちのことを言っているだけか、そのどちらかである。

＊１〔草稿には「――生産資本および商品資本――」はない〕
＊２〔ここから「貨幣資本にたいする需要である」まで、本訳書、第三巻、七五七ページ参照〕
＊３〔草稿では、「商人たちと生産者たちとが確実な担保を提供できる」は「商人たちと生産者たちとの有価証券が確実である」となっている〕
＊４〔草稿では「連中が支払いのための優良な源泉を持っていない限りでは」となっている〕
＊５〔草稿では「担保」は「有価証券」となっている〕

[*1]資本主義的生産[*2]の基礎は、貨幣が価値の自立的形態として商品に相対しているということ、換言すれば、交換価値が貨幣において自立的形態を受け取らなければならないということであり、このようなことが可能なのは、ただ、一定の商品が材料となってその商品の価値で他のすべての商品がはかられるようになり、まさにそうなることによって、この商品が一般的な商品、他のすべての商品に対立する〝真の意味での〟商品になるからである。このことは、二様の点に現われざるをえないのであって、ことに、一方では信用操作に、他方では信用貨幣に、大きな度合いで貨幣の代わりをさせている

(533)

資本主義的に発展した諸国民のもとでは、そうである。信用が収縮するか、またはまったく停止する逼迫期には、突然、貨幣が唯一の支払手段および価値の真の定在として、絶対的に諸商品に相対する。そこから、諸商品の一般的な減価が生じ、諸商品を貨幣に、すなわち諸商品自身の純粋に幻想的な形態に転化することの困難が、それどころか不可能さえもが生じる。[*3] しかし、第二に、信用貨幣そのものは、それがその名目価値の額において絶対的に現実の貨幣を代表している限りでのみ貨幣である。金流出にともなって、信用貨幣の貨幣への交換可能性、すなわちそれと現実の金との同一性が疑わしくなってくる。だから、この交換可能性の諸条件を確保するために、利子率の引き上げなどの強制措置がとられる。このことは、誤った貨幣諸理論にもとづき、そして貨幣取引業者であるオウヴァストンおよびその一味の利害関係によって国民に押しつけられる誤った立法によって、多かれ少なかれ極端にまで推し進められることがありうる。しかし、その基礎は、生産様式そのものの基礎とともに与えられている。信用貨幣の減価（いずれにしても想像上のものでしかないその非貨幣化〔貨幣性の喪失〕については、あえて言わない）は、すべての現存の諸関係をゆるがすであろう。だから、諸商品の価値は、この価値の、貨幣の形での幻想的で自立的な定在を確保するために、犠牲にされる。一般に諸商品の価値が、貨幣価値として保証されるのは、貨幣が保証される限りのことにすぎない。だから、ほんの二、三百万の貨幣のために何百万もの商品が犠牲にされなければならないのである。これは、資本主義的生産では不可避であり、その美点の一つをなしている。[*4] それ以前の生産諸様式では、こうしたことは見られない。なぜなら、それらの生産様式が運動する狭い基盤の上では、信用も信用貨幣も発展しないからである。労働の社会的性格が商品の貨幣定在として、したがって現実の生産の外にある一つの物として現われる限り、貨幣恐慌は、現実の恐慌とはかかわりなく、またはそれの激化として、不可避である。他方で明らかなことは、銀行の信用がゆらいでいない限り、銀行は、このような場合には信用貨幣の増加によってパニックを緩和し、しかし信用貨幣の引きあげによってパニックを増加させるということである。近代産業のすべての歴史が示しているように、もし国内の生産が組織化されていれば、金属〔草稿では「地金」〕は、実際には、国際貿易の均衡が一時的に混乱したさい、その決済のために必要とされるだけであろう。国内では、こんにちすでに金属貨幣が必要でないということは、非常の場合にはいつでも、いわゆる国家的諸銀行の正貨支払停止〔銀行券の金属貨幣との兌換停止〕が唯一の救済策としてとられるということによって証明されている。[*5]

＊1〔草稿ではこの段落全体が角括弧でくくられている〕
＊2〔草稿では「ブルジョア的生産過程」となっている〕
＊3〔草稿では、この一文は「そこから、諸商品を貨幣に、すなわち諸商品自身の純粋に幻想的な形態に転化するために、諸商品の一般的減価が生じる」となっている〕
＊4〔草稿では「ブルジョア的生産」となっている〕
＊5〔草稿では、「国内では」以下のこの一文は「(国内は金貨幣を必要としないということである。だから、非常の場合には正貨支払停止が行なわれるのである)」となっている〕

二[*1]人の個人の場合には、相互の取り引きにおいて、どちらにとっても支払差額が逆であるというの

(534)

は、おかしなことであろう。彼らが交互に相手の債務者であり債権者であるとすれば、彼らの債権が相殺されない場合には、残額について一方の人が他方の人の債務者でなければならないことは、明らかである。ところが国と国とのあいだでは、決してそうではない。そしてそうでないということは、すべての経済学者によって次の命題、すなわち、一国の貿易差額は最終的には均衡するはずであるにもかかわらず、支払差額はその国にとって順または逆でありうるという命題の形で承認されている。[*2]支払差額は、それが一定の時期に支払期限のくる貿易差額であるということによって貿易差額と区別される。[*3]さて、恐慌が引き起こすのは、それが支払差額と貿易差額とのあいだの〔期限の〕差を短期間へと圧縮するということである。そして、恐慌に襲われていて、それによっていまや支払期限がきている国のもとで展開される一定の状態――この状態がすでに必然的に、決済期間のこうした収縮をともなっているのである。まず、貴金属〔草稿は「地金」〕の送り出し。次いで、委託された諸商品の投げ売り。投げ売りするための商品の輸出、または国内でそれにたいする貨幣前貸しを手に入れるための商品の輸出。利子率の高騰、信用の回収通告、有価証券の〔相場の〕下落、外国有価証券の投げ売り、こうした減価した有価証券への投資のための外国資本の導入、最後に、[*4]大量の債権を清算する破産。そのさい、なおも金属が恐慌の勃発した国に送られることがしばしばある。なぜなら、その国あての手形はあてにならず、支払いはもっとも確実に金属〔貨幣〕で行なわれるからである。そのうえ、アジアにかんしては、すべての資本主義国がたいてい同時に、直接または間接に、アジアの債務国であるという事情が加わる。このようなさまざまな事情が他の関係国に十分な作用をおよぼすようになると、この関係国においても金銀〔地金〕の輸出が生じ、要するに支払期限がやってきて、同じ現象が繰り返されるのである。

＊1〔草稿では、この段落全体が角括弧でくくられている〕
＊2〔草稿では、「一国の貿易差額は」以下ここまでは「支払差額はその国にとって順または逆でありうるが、一国の貿易差額は最終的には均衡するはずである」となっている〕
＊3〔以下と同趣旨の記述は、本訳書、第三巻、八七二ページ以下にも見られる〕
＊4〔草稿では、この前に「外国商品の輸入の減少、等々」と書かれている〕

商業信用の場合に、利子が信用価格と現金価格との差として商品価格にはいり込む*のは、手形の流通期間が通常のものよりも長い場合だけである。そうでない場合には、利子ははいり込まない。そしてこのことは、だれもが一方の手でこの信用を受け、他方の手でそれを与えるということから説明がつく。〔これは、私の経験とは一致しない。――F・エンゲルス〕しかし、この場合に、割引料がこの形態〔利子の形態〕ではいり込む限りでは、それは、この商業信用によってではなく、貨幣市場によって規制されるのである。

＊〔「商品価格に」はエンゲルスによる〕

オウヴァストンが主張するように、利子率を規定する貨幣資本の需要供給が、現実資本の需要供給と同じである*とすれば、考察する商品の違いにしたがって、または同じ商品でも考察する段階〔原料、半製品、完成品〕の違いにしたがって、利子は、同じ時に低かったり高かったりせざるをえないであろう。一八四四年には、イングランド銀行の利子率は、四％（一月から九月まで）と、一一月から年末までの二$\frac{1}{2}$％および三％とのあいだを変動した。一八四五年には、それは、一月から一〇月までは二$\frac{1}{2}$％、二$\frac{3}{4}$％、三％であり、最後の二ヵ月間は三％と五％とのあいだであった。フェア・オーリンズ綿花〔アメリカの最上質の綿花〕の平均価格は、一八四四年には六$\frac{1}{4}$ペンス、一八四五年には四$\frac{7}{8}$ペンスであった。一八四四年三月三日には、リヴァプールの綿花在庫は六二万七〇四二俵、一八四五年三月三日には七七万三八〇〇俵であった。綿花の価格が低かったことから推論すれば、利子率は一八四五年には低くなければならなかったが、実際にもこの時期の大部分を通じて低かったのである。しかし、糸から推論すれば、利子率は高くなければならなかったであろう。というのは、価格は相対的に高く、利潤は絶対的に高かったからである。一八四五年には、一重量ポンドあたり四ペンスの綿花から四ペンスの紡績費用で糸（四〇番手の優良〝二等〟ミュール経糸《たていと》用糸）を紡ぐことができ、したがって紡績業者にとっては八ペンスの費用がかかったのであるが、彼は、これを一八四五年の九月と一〇月には、一重量ポンドあたり一〇$\frac{1}{2}$または一一$\frac{1}{2}$ペンスで売ることができた（後述するワイリーの供述〔本訳書、第三巻、九九三ページ以下〕を見よ）。

＊〔草稿では、文頭からここまでは「貨幣資本への需要（利子率）と商品の供給（それの相対的供給）とが」となっている〕

[*1]問題全体は、次のようにして解決することができる――

もし貨幣貸付業者というものが存在せず、その代わりに、貸し付けを行なう資本家たちが、機械、

（535）原料などを所有していて、それらを、彼ら自身これらの品物の一部分の持ち主である産業資本家たち[*2]に、こんにち家屋がそうされているように、貸し出しまたは賃貸するとすれば、貸付資本[*3]の需要供給は、資本一般の需要供給と同じであろう（といっても、この後者の言い方〔資本一般の需要供給〕は、不合理である。産業家または商人にとって、商品は、彼の資本の一形態であるが、それにもかかわらず、彼は決して資本そのものを必要とするのではなく、いつもその特殊な商品そのものだけを必要とするのであり、穀物または綿花という商品として――この商品が彼の資本の循環のなかで演じなければならない役割にはかかわりなく――それを買い、その代価を支払うのである）。このような事情のもとでは、貸付資本[*4]の供給は、産業資本家[*5]にとっては生産諸要素の供給と同じであり、商人にとっては諸商品の供給と同じであろう。しかし、このような場合に、貸し手と借り手のあいだでの利潤の分割は、さしあたり、この資本のどれだけが貸し付けられたものであり、どれだけがそれを使用する人の所有物であるかという割合に、完全に依存するであろうということは明らかである。

＊1〔草稿ではここから次のパラグラフ末まで角括弧でくくられている〕
＊2・5〔草稿では「生産的資本家」となっている〕
＊3・4〔草稿では「貸付可能な『資本』」となっている〕

ウェゲリン氏によれば（『銀行法』、一八五七年）、利子率は、「遊休資本の量」（第二五二号）によって決まるのであり、それは、「投下を求めている遊休資本の量の一指標にすぎない」（第二七一号）。のちには、この遊休資本は、「〝浮動資本〟」（第四八五号）と呼ばれ、それを彼は次のように解している――「イングランド銀行券および国内のその他の流通手段、たとえば、地方銀行券および国内にある鋳貨……私は、〝浮動資本〟のなかに諸銀行〔原文は「銀行業者たち」〕の準備金も含めます」（第五〇二、五〇三号）とし、そしてのちには地金もこれに含めている（第五〇三号）。[*1] こうして、同じウェゲリンは、イングランド銀行が利子率に大きな影響をおよぼすのは、「われわれ」（イングランド銀行）「が、実際に、遊休資本の大部分を握っている」（第一一九八号）時期においてであると言うのであるが、他方、オウヴァストン氏の前記の供述によれば、イングランド銀行は、「資本のための場所ではない」[*2]〔第三七五三号〕。さらに、ウェゲリンは次のように言う――「私の見解では、割引率は、国内にある遊休資本の量によって規制されます。遊休資本の量は、実際には金属準備であるイングランド銀行の準備金によって代表されます。したがって、もし金属準備が減少すれば、それは、国内の遊休資本の量を減少させ、したがってまだ現存している残りの価値を高めます」（第一一五八号）。[*3] 第二一〇二号で、[*4] J・スチュアト・ミルは言う――「イングランド銀行は、その〝銀行部〟の支払能力を維持するために、この部の準備金を充実するよう全力を尽くすことを余儀なくされています。したがって、同行は、流出が始まっていることを認めると、準備金を確保して、割引を制限するか、有価証券を売却するかしなければなりません」。準備金は、〝銀行部〟だけが考察される限りでは、もっぱら預金のための準備金である。オウヴァストンたちによれば、〝銀行部〟は、「自動的な」銀行券発行のことにはかまわずに、単に銀行業者として行動すべきなのである。しかし、現実の逼迫期においては、この施設〔イングランド銀行〕は、もっぱら銀行券からなる〝銀行部〟の準備金にはかかわりなく、金属準備に実にぬかりない監視の目を向けるのであり、支払不能[*5]におちいりたくないならば、そうせざるをえないのである。というのは、金属準備が消失するのと同じ度合いで、銀行券の準備金も消失するからであり、そしてこうした仕組みをほかならぬその一八四四年の銀行法によって、あのように賢明につくり上げたオウヴァストン氏以上にこのことをよく知っている人は、だれもいないはずである。

＊1〔この個所は、本訳書、第三巻、八八一―八八二ページにより詳しく引用された〕

＊2〔原文では「イングランド銀行は、資本の預託のための場所ではなく、貨幣の預託のための場所です」となっている。このオウヴァストンの供述は、本訳書、第三巻、七六一ページに引用されている〕

＊3〔この個所は、本訳書、第三巻、八九一ページに引用された。文章の違いはドイツ語訳文の違いによる〕

＊4〔草稿および初版では「第一一〇二号」となっていた。カウツキー版で訂正〕

＊5〔「支払不能に」以下文末まではエンゲルスによる〕

（536）

第三三章　信用制度下の通流手段*

*〔エンゲルスは、草稿（五）（六）の部分（本訳書、第三巻、六九三―六九四ページの訳注*参照）を主要な材料として、第三三章、第三四章、第三五章の三つの章を編集した。編集方法は、いくつかの項目を設定し、その項目ごとに、議会報告書から抜粋された証言を並べ直し、説明や論評をおぎないながら、脈絡をつけていく、というものであった（エンゲルスの編集メモのいくつかは、新メガ、第Ⅱ部、第一四巻に収録されている）。編集の結果は、とくに第三三章、第三四章では、材料の性格からいって、マルクスの考察というよりも、エンゲルスの構想にもとづく報告書の再整理ということにならざるをえなかった。証言をつなぐ説明や論評についても、報告書の諸断片をつなぎあわせるためにエンゲルスが書き込んだ文章と、マルクス自身の短評とが混じり合っている。本訳書では、マルクスの主要な短評については、マルクスの文章であることを注記した〕

「流通[*1]〔原文は「通貨」〕速度の大きな調節器は信用である。〔……〕このことから、貨幣市場における激しい逼迫が、通常、潤沢な流通と一致するのはなぜか、ということが説明できる」[*2]（『通貨理論の吟味』、六五ページ）。これは、二重に解すべきである。一方では、流通手段を節約するすべての方法は、信用を基礎にしている。しかし、第二に――たとえば五〇〇ポンド銀行券をとってみよう。Aはこれを、きょう、手形の支払いでBに与える。Bはそれを、同じ日に、自己の取引銀行業者に預ける。この銀行業者は、やはり同じ日に、これでCのために手形を割り引く。Cは、これを自己の取引銀行[*3]に支払い、この銀行[*4]はこれをビル・ブローカーに前貸しする、等々。この場合に、銀行券が流通する速度、すなわち購買または支払いに使用される速度は、この銀行券が繰り返し預金の形態でだれかの手に復帰し、そしてまた貸し付けの形態で別のだれかの手に移っていく速度によって、媒介されている。流通手段の単なる節約は、〝手形交換所〟、満期手形の単なる交換、単なる残高を決済するための支払手段としての貨幣の主要な機能において、もっとも高度に発達して現われる。しかし、これらの手形の存在が、それ自身また、産業家たち[*5]と商人たちとが互いに与え合う信用を基礎にしている。この信用が減少すれば、手形、ことに長期手形の数が減少し、したがってこの決済[*6]方法の効果も減少する。そしてこの節約は、諸取り引きから貨幣を排除することにあり、まったく支払手段としての貨幣の機能を基礎にしており、この機能はこれまた信用を基礎にしているが、この節約には（これらの支払いの集中の技術の大なり小なりの発達を度外視すれば）、二通りのやり方がありうるだけである――す(537)なわち、手形または小切手によって代表される相互の債権が、同じ銀行業者のもとで決済されて、その銀行業者が一方の人の口座から他方の人の口座に債権を振り替えるだけであるのか、あるいは、異なる銀行業者たちが互いに決済し合うのか、そのどちらかである。〔一〕八〇〇万―一〇〇〇万の手形を一人のビル・ブローカー――たとえばオウヴァレンド＝ガーニー社のような――の手に集中することは、この決済の規模を地方的に拡大する主要手段の一つであった。この節約によって、単なる差額決済のために必要とされる通流手段[*7]の分量が少なくなる限りにおいて、通流手段[*8]の効果が高められる。他方で、流通手段として通流する貨幣の速度（これによって、この貨幣もまた節約される）は、売買の流れに、あるいはまた、支払いが次々に貨幣で行なわれる限りでは、諸支払いの連鎖に、まったく依存する。しかし、信用は、流通の速度を媒介し、またそうすることによって流通の速度を高める。たとえば、個々の貨幣片は、その最初の所有者であるAがBから買い、BがCから買い、CがDから買い、DがEから買い、EがFから買うという場合には、つまり一人の手から他の人の手への貨幣片の移行が実際の売買によってのみ媒介されている場合には――信用の介在しない単なる流通手段としては――ただ五回の通流を行なうことができるだけであり、各個人の手中に比較的長くとどまっている。ところが、Aからの支払いで受け取った貨幣をBが自己の取引銀行業者に預金し、この銀行業者がそれを手形割引でCに交付し、CがDから買い、Dはそれを自己の取引銀行業者に預金し、この取引銀行業者がそれをEに貸し付け、EがFから買うとすれば、単なる流通手段（購買手段）としての貨幣の速度でさえも、何回もの信用操作によって、すなわち、Bによる自己の取引銀行業者への預金とこの銀行業者によるCのための割引、Dによる自己の取引銀行業者への預金とこの銀行業者によるEのための割引、つまり、四回の信用操作によって、媒介されている。これらの信用操作がなかったならば、同じ貨幣片が、与えられた期間のうちに次々に五回の購買をなしとげることはなかったであろう。同じ貨幣片が、現実の売買の媒介なしに――預金として、および割引において――持ち手を変換したことが、この場合、一連の現実の取り引きにおけるこの貨幣片の持ち手変換を速めたのである。

（二）　一枚の銀行券が流通内にとどまる平均日数は、次のとおりである〔次ページの表参照〕――

＊1〔ここから始まり、原注一一およびその表を含んで、本訳書、第三巻、九三五ページの区分線までの部分

は、草稿（四）のうちのⅢ）の部分（現行版では第三〇章の位置）から移したもの。本訳書、第三巻、八四七ページの訳注＊3参照〕

＊2〔この個所は、本訳書、第三巻、七六九ページの原注八五にも引用されている。マルクスは、「ロンドン・ノート」第七冊（新メガ、第Ⅳ部、第八巻、一七五ページ）から書き写している。文章の違いは、エンゲルスによるドイツ語訳文の違いによる〕

＊3・4〔草稿では「銀行」は「銀行業者」となっている〕

＊5〔草稿では「生産者たち」となっている〕

＊6〔草稿では「振替」となっている〕

＊7・8〔草稿では「通貨」となっている〕

同じ一枚の銀行券が、どのようにして異なる銀行業者たちのもとで預金を形成することができるのか(538)は、先に明らかにした。同じように、それは、同じ銀行業者のもとで異なる預金を形成することもでき

年	5 ポンド券	10 ポンド券	20—100 ポンド券	200—500 ポンド券	1000 ポンド券
1792	?	236	209 *	31 *	22
1818	148	137	121 *	18 *	13
1846	79	71	34	12	8
1856	70	58	27	9	7

（『銀行法にかんする報告書』、1857年、第2部、付録、300、301ページ所載のイングランド銀行出納長マーシャルの一覧表）

＊〔1792年、1818年については20ポンド券と200ポンド券のみの日数である。なお、1844年から1857年までに流通したイングランド銀行券の額面は、次の11種であった――5ポンド券、10ポンド券、20ポンド券、30ポンド券、40ポンド券、50ポンド券、100ポンド券、200ポンド券、300ポンド券、500ポンド券、1000ポンド券〕

る。銀行業者はAの預金した銀行券によってBの手形を割り引き、BはCに支払い、Cは同じ銀行券を、それを発行した同じ銀行業者に預金する。*

＊〔草稿にはこのあとに「つまりこの同じ銀行券が、いまではその銀行業者のもとで、二つの預金を形成したのである、等々」とある〕

すでに単純な貨幣流通の考察にさいして*1（第一部、第三章、第二節）証明したように、現実に流通する貨幣の総量は、流通の速度と諸支払いの節約とが与えられているものと前提すれば、諸商品の価格と諸取り引きの総量とによって規定されている。*2 同じ法則は、銀行券流通の場合にも支配する。

＊1〔本訳書、第三巻、八八七ページ、訳注＊3参照〕

＊2〔本訳書、第一巻、第三章、第二節の二〇九―二一〇ページおよび第三節の二四二―二四三ページ参照〕

次の表〔次ページ〕では、各年次ごとに、公衆の手もとにあった限りでのイングランド銀行券の年平均額が示されている。詳しくいえば、五ポンド券および一〇ポンド券の額、二〇―一〇〇ポンド券の額、ならびに高額の二〇〇―一〇〇〇ポンド券の額、およびこれらの項目のそれぞれが総流通高中に占める百分率が示されている。金額の単位は、一〇〇〇ポンドであり、下三桁は切り捨てられている。

このように、流通銀行券の総額は、一八四四年から一八五七年までに、輸出入によって示される取引額が二倍を超えて増大したにもかかわらず、明確に減少している。表の示すように、五ポンドおよ

年次	5—10ポンド券	%	20—100ポンド券	%	200—1000ポンド券	%	合　計
1844	9,263	45.7	5,735	28.3	5,253	26.0	20,241
1845	9,698	46.9	6,082	29.3	4,942	23.8	20,722
1846	9,918	48.9	5,778	28.5	4,590	22.6	20,286
1847	9,591	50.1	5,498	28.7	4,066	21.2	19,155
1848	8,732	48.3	5,046	27.9	4,307	23.8	18,085
1849	8,692	47.2	5,234	28.5	4,477	24.3	18,403
1850	9,164	47.2	5,587	28.8	4,646	24.0	19,398
1851	9,362	48.1	5,554	28.5	4,557	23.4	19,473
1852	9,839	45.0	6,161	28.2	5,856	26.8	21,856
1853	10,699	47.3	6,393	28.2	5,541	24.5	22,653
1854	10,565	51.0	5,910	28.5	4,234	20.5	20,709
1855	10,628	53.6	5,706	28.9	3,459	17.5	19,793
1856	10,680	54.4	5,645	28.7	3,323	16.9	19,648
1857	10,659	54.7	5,567	28.6	3,241	16.7	19,467

（『銀行法にかんする報告書』、1858年、xxviページ*）

*〔表の数字は出典により訂正されている。なお、初版では「I.IIページ」となっていたが、これは、同書、liiページ（『報告書』原案）にもまったく同じ表が載っていて、それを誤記したものと思われる〕

び一〇ポンドの小額銀行券は、一(539)八四四年の九二六万三〇〇〇ポンドから一八五七年の一〇六五万九〇〇〇ポンドに増加した。そしてこの増加は、ちょうどその当時生じた金流通の顕著な増加と時を同じくしていた〔『銀行法にかんする報告書』、一八五八年、ivページ、第四項〕。これに反して、高額銀行券〔二〇〇—一〇〇〇ポンドの〕は、一八五二年の五八五万六〇〇〇ポンドから一八五七年の三二四万一〇〇〇ポンドに減少した。すなわち、二五〇万ポンド以上の減少である。このことは、次のように説明される——「一八五四年六月八日に、ロンドンの個人銀行業者たちは、株式諸銀行を〝手形交換所〟の制度に参加させ、そしてその後まもなくイングランド銀行内で最終的〝清算〟が行なわれるようになった。日々の決済は、さまざまな銀行がイングランド銀行にもっている口座への振替によって果たされる。この制度の採用によって、諸銀行が従来その相互の口座の決済に用いた高額の銀行券は不要になった」（『銀行法』、一八五八年、ｖページ〔、第七項〕）。

卸売業における貨幣の使用がわずかな最小限度までどんなに減らされているかについては、第一部、第三章、注一〇三〔本訳書、第一巻、二四三—二四四ページ〕に掲載された表を参照せよ。その表は、ロンドン最大手の諸商会——小売業者は彼のあらゆる種類の商品在荷をすべてそこで仕入れることができる——の一つであるモリスン・ディロン社によって、銀行委員会に提出されたものである。

一八五七年の銀行法委員会でのW・ニューマーチの供述、第一七四一号〔『銀行法にかんする報告書』、一八五七年、第一巻〕によれば、さらに他の諸事情、すなわち一ペニー郵便制*、鉄道、電信、要するに交通通信手段の改良も、流通手段の節約に貢献した。その結果、イングランドは、こんにちではほぼ同じ銀行券流通高で、五倍から六倍もの大量の取り引きを行なうことができる。しかし、このことは、主として、一〇ポンドよりも高額の銀行券が流通から排除されたせいでもある、という。このことは、ニューマーチにとっては、一ポンド銀行券も流通しているスコットランドおよびアイルランドで、銀行券流通高が三一％ほど増加したことをおのずから説明するものに思える（第一七四七号）。連合王国における銀行券の総流通高は、一ポンド券も含めて、三九〇〇万ポンドであるという（第一七四九号）。金の流通高は七〇〇〇万ポンドである（第一七五〇号）。スコットランドでは、銀行券流通高は、一八三四年―三一二万ポンド、一八四四年―三〇二万ポンド、一八五四年―四〇五万ポンドであった（第一七五二号）。

＊〔手紙または小包を一ペニーで配達する組織。一六八〇年、ウィリアム・ドクラとロバート・マリーが始めたもので、ロンドンおよび近郊一〇マイル内はこの料金であったが、一八四〇年一月一〇日の「一ペニー郵便法」によって、連合王国全土にこの制度が敷かれた〕

すでにこのことから明らかなように、発券銀行は、その銀行券がいつでも貨幣[*1]と交換されうるものである限りは、流通銀行券の数を決して意のままにふやすことはできない。〔不換紙幣は、ここではまったく問題になっていない。不換銀行券が一般的流通手段になりうるのは、たとえば現在ロシアでそうであるように[*2]、それが実際上国家信用によって支えられている場合だけである。したがって、不換銀行券は、すでに展開された不換国家紙幣の諸法則（第一部、第三章、第二節、c 鋳貨。価値章(540)標〔本訳書、第一巻、二一八ページ以下〕）に従う。――F・エンゲルス〕

＊1〔「金貨幣」をさす〕

＊2〔その後ロシアでは、一八九七年に金本位制と兌換紙幣制度が導入された。国家銀行による銀行券の発行は、六億ルーブルまでは半分の金準備が、それを超える分は全額の金準備が必要とされた〕

流通銀行券の総量は取り引きの必要に順応するのであり、過剰な銀行券はすべてただちにその発行者のところにもどってくる。イングランドでは、イングランド銀行券だけが法定支払手段として一般に通流しているから、われわれは、ここでは、地方諸銀行の銀行券のわずかばかりの、そして局地的でしかない流通を無視することができる。

一八五八年の銀行法委員会〔『銀行法委員会報告書』、一八五八年〕で、イングランド銀行総裁ニーヴ氏は、次のように供述している――（第九四七号）（質問――）「あなたがどんな措置をとられようとも、公衆の手もとにある銀行券の額は相変わらず同じ、つまりおおよそ二〇〇〇万ポンドである、と言われるのですね？――平常時には、公衆の使用には約二〇〇〇万ポンドが必要であると思われます。一年を通じて周期的に繰り返される若干の時期には、それは一〇〇万か一五〇万くらい増加します。公衆がさらに多く必要とすれば、すでに申し上げたように、彼らはいつでもイングランド銀行でそれを手に入れることができます」。――（第九四八号）「あなたは、パニック中は、公衆はあなたが銀行券の額を減らすことを許そうとしないと言われましたが、その点のご説明を願えますか？――パニックのときには、公衆は、私の考えでは、自分で銀行券を手に入れる十分な力をもっていますし、またもちろん、イングランド銀行が債務を負っている限り、公衆はこの債務にもとづいてイングランド銀行から銀行券を引き出すことができます」。――（第九四九号）「それで、いつでもおおよそ二〇〇〇万ポンドのイングランド銀行券が必要であるように思われるのですね？――二〇〇〇万の銀行券が公衆の手もとに必要です。それは、変動します。それは、一八五〇万、一九〇〇万、二〇〇〇万等々です。しかし平均では、一九〇〇万ないし二〇〇〇万と言えます」。

商業の窮境にかんする上院委員会でのトマス・トゥックの供述〔『商業の窮境』、一八四八／五七年〕、第三〇九四号――「イングランド銀行は、公衆の手もとにある銀行券の額を自分の意思で増加させる力をもってはいません。公衆の手もとにある銀行券の額を減少させる力はもっていますが、しかしそれは非常に強引な操作によらなければなりません」。

ノッティンガムの三〇年来の銀行業者Ｊ・Ｃ・ライトは、地方諸銀行が、公衆が必要とし欲しているよりも多くの銀行券を一度でも通流させることなど不可能であることを詳しく説明したあと、イングランド銀行券について、次のように言う〔〔上院〕『商業の窮境』、一八四八／五七年〕、第二八四四号――「私は、イングランド銀行にとって制限」〔銀行券発行にかんする〕「があるなどということは存じませんが、過剰な通貨はすべて預金になって、こうして別の形態〔原文は「名称」〕をとるでしょう」。

同じことは、ほとんど紙幣だけが流通しているスコットランド――というのは、そこでは、アイルランドと同じように、一ポンド券も許されており、また「〝スコットランド人は金《きん》をきらう〟*」から(541)である――についても言える。スコットランドのある銀行の重役ケネディーは、諸銀行はその銀行券流通高を決して減少させることはできないと言明し、「国内の諸取り引きを成り立たせるために銀行券または金が必要である限り、銀行業者たちは、これらの取り引きに必要なだけの通流手段〔原文は「通貨」〕を――彼らの預金者の要求に応じるとかその他なんらかのやり方で――提供しなければならない、という意見です。……スコットランドの諸銀行は、その取り引きを制限することはできますが、その銀行券発行〔原文は「通貨」〕を制御することはできません」〔同前、第三四四六号、第三四四八号〕。ユニオン・バンク・オブ・スコットランドの重役アンダースンも、同じ意見である。同前、第三五七八号――「銀行券相互交換制度」〔スコットランド諸銀行間の〕「は、個々の銀行による銀行券の過剰発行を防ぎますか？――そうです。しかし、われわれは、銀行券交換」〔これは、実際には、過剰発行の防止とはまったく無関係ではあるが、しかし各銀行の銀行券のスコットランド全域にわたる通流力を確実にするものである〕「よりもいっそう有効な手段をもっており、それは銀行口座をもつというスコットランドの一般的な慣習です。いくらかでも貨幣をもっている人は、だれでも銀行に口座をもっていて、すぐに必要としないすべての貨幣を、毎日、銀行に払い込むので、各営業日の終わりには、人々がポケットの中にもっているものをのぞけば、すべての貨幣が銀行にあるわけです」。

＊〔ケネディーの供述にある表現。その供述は、本訳書、第三巻、一〇二三ページにも引用されている。フラートンによれば、スコットランドでは、同地に銀行が設立されて以来、預金者に利子を払うのが慣行となり、「一ポンド以上の売買取引はすべて帳簿振替か銀行券で行なわれ……金を全然使用しない」「スコットランド人は……銀行券の使用に慣らされ……金よりも銀行券をより愛好し……金を受け取らなかった」（『通貨調節論』、福田長三訳『通貨論』、岩波文庫、一九四一年、一二二―一二三、二七二ページ）〕

アイルランドについても同様であって、同じ委員会でのアイルランド銀行総裁マクドネル、および、プロヴィンシャル・バンク・オブ・アイルランドの重役マリーの供述を見よ。＊

＊〔草稿では、好不況がアイルランドにおける銀行券流通量に与えた影響として、上院『商業の窮境』、一八四八／五七年、のマクドネルの供述第四一七三―四一八一号、およびマリーの供述第四二四六―四二四九、四二五二、四二五三、四二七八号と四六一―四六二ページの二つの表の参照が指示されている（新メガ、第

Ⅱ部、第四巻、第二分冊、六一九ページ〕

銀行券流通は、イングランド銀行の意志にはかかわりがないように、この銀行券の兌換性を保証する同行の地下室内の金準備の状態ともかかわりがない。「一八四六年九月一八日には、イングランド銀行の銀行券流通高は、二〇九〇万ポンドで、その金属準備〔原文は「地金」〕は一六二七万三〇〇〇ポンドであった。一八四七年四月五日には、銀行券流通高は二〇八一万五〇〇〇ポンドで、金属準備〔地金〕は一〇二四万六〇〇〇ポンドであった。〔……〕したがって、六〇〇万ポンドの貴金属〔原文は「金」〕の輸出があったにもかかわらず、流通高〔原文は「通貨」〕の収縮は生じなかったのである」（J・G・キニア『恐慌と通貨』、ロンドン、一八四七年、五ページ〔藤塚知義・竹内洋訳『恐慌と通貨』、日本経済評論社、一九八九年、二八―二九ページ〕）。けれども、これがあてはまるのは、イングランドでこんにち支配的な諸事情のもとでだけであり、またその場合でも、銀行券発行と金属準備との割合について、立法が別な割合を命じない限りにおいてだけであることは、自明である。

したがって、流通する貨幣――銀行券と金――の量に影響をおよぼすのは、事業そのものの需要だけである。この場合、まず第一に問題になるのは、一般的な事業状態がどうであろうと、毎年繰り返
(542) される周期的な諸変動であり、二〇年来、「ある月には流通高が高く、他の月には低く、そして第三のある月には中位の点が現われる」（ニューマーチ、『銀行法』、一八五七年、第一六五〇号）、という諸変動である。

こうして、毎年八月には、収穫の諸費用を支払うために数百万〔ポンド〕が、たいていは金でイン

グランド銀行から国内の流通にはいり込む。主として労賃の支払いが問題であるから、この場合、イングランドにとっては銀行券はあまり役に立たない。それから年末までに、この貨幣は、ふたたびイングランド銀行に還流している。スコットランドでは、ソヴリン〔イングランドの一ポンド金貨〕の代わりにほとんど一ポンド銀行券だけが流通している。だからここでは、右に相当する場合には、銀行券流通高が、しかも年に二回、五月と一一月に、三〇〇万から四〇〇万に膨張する。一四日後には早くも還流が起こり、一ヵ月のうちにほとんど完了する（アンダースン、同前〔上院『商業の窮境』、一八四八／五七年〕、第三五九五―三六〇〇号）。

イングランド銀行券の流通高もまた、四半期ごとの「配当」の支払い、すなわち国債の利払いによって、四半期ごとに一時的な変動をこうむり、これによってまず銀行券が流通から引きあげられ、次にふたたび公衆のあいだに投げ込まれる。しかし、これはふたたびすぐ還流する。ウェゲリン（『銀行法』、一八五七年、第三八号）は、これによって生じる銀行券流通の変動の額を二五〇万であると述べている。これにたいして、かの悪評高いオウヴァレンド＝ガーニー社のチャップマン氏は、これによって貨幣市場で引き起こされた撹乱の額をはるかに大きく見積もっている――「もしあなたが、流通から六〇〇万ないし七〇〇万を租税として引き出して、それで配当金〔国債利子〕を支払うとすれば、その間、これだけの金額を用立てる人がだれかいなければなりません」（『銀行法』、一八五七年、第五一九六号）。

産業循環のさまざまな局面に照応する通流手段の額の諸変動は、〔毎年繰り返される周期的変動よりも〕

はるかに顕著でかつ持続的である。これについては、かの商会のもう一人の〝共同出資者〟で尊敬すべきクエーカー教徒であるサミュエル・ガーニーの言うところを聞いてみよう〔上院〕『商業の窮境』、一八四八／五七年、第二六四五号）――「一〇月末」（一八四七年）「には、二〇八〇万ポンドの銀行券が公衆の手もとにありました。その当時、銀行券を貨幣市場で手に入れることは、たいへん困難でした。こういうことが生じたのは、一八四四年の銀行法の制限のために、銀行券を手に入れることができなくなるだろうという一般的な懸念からです。現在」〔一八四八年三月〕「公衆の手もとにある銀行券の額は……一七七〇万ポンドですが、いまでは商業上の懸念はまったくありませんから、この金額は、必要とされるよりもはるかに多額です。ロンドンの銀行業者や貨幣取引業者で、自分が使用できるよりも多くの銀行券をもっていない者は、一人もいません」。――（第二六五〇号）「イングラ
（543）
ンド銀行の保管外にある……銀行券の額は、もし商業界および信用の状態をも同時に考慮に入れないならば、現実の通貨の状態を説明する指数としてはまったく不十分です」。――（第二六五一号）「公衆の手もとにある流通手段の現在の額では多すぎるという感じは、かなりの程度において、われわれの現在のひどい停滞状態から生じております。物価が高くて取り引きが活発であるならば、一七七〇万ポンドでは、われわれに不足感をいだかせるでしょう」。

〔すでに行なわれた前貸しにたいして還流が規則的に行なわれ、したがって信用にゆるぎが生じないような商況である限り、流通手段の膨脹と収縮は、単純に産業家たちと商人たちとの必要に適合する。少なくともイングランドでは、卸売業にとっては金《きん》は問題にならないし、また金流通は、季節的

変動を別とすれば、比較的長期間にわたってほぼ不変の大きさとみなされうるから、イングランド銀行券の流通高は、これらの変化の十分正確な測度器となる。恐慌のあとの沈静期には、通流高はもっとも少なく、需要が復活するにつれて通流手段にたいする需要も増大し、繁栄の増進につれて、増加する。通流手段の量は、過度緊張と過度投機との時期にその頂点に達する――そこで恐慌が勃発し、きのうまでまだあれほど豊富であった銀行券が一夜にして市場から姿を消し、それとともに手形を割り引く人たちも、有価証券に前貸しする人たちも、商品を買う人たちも、姿を消してしまう。イングランド銀行が助けに呼び出されることになる――しかしその力もやがて尽きてしまう。一八四四年の銀行法は、万人が銀行券を求めて泣き叫ぶちょうどその瞬間、商品所有者たちは売ることができず、それでも支払わなければならず、そのため銀行券さえ手にはいるなら、どんな犠牲をも払おうと覚悟しているちょうどその瞬間に、イングランド銀行にたいしてその銀行券流通高を制限することを強制する。「恐慌状態《アラーム》の時期には」――と前記の銀行業者ライトは、同前、第二九三〇号で言う――「この国は、平常時の二倍の流通手段を必要とします。なぜなら、通流手段が銀行業者たちやその他の人によって退蔵されるからです」。

恐慌が勃発すれば、重要なのは、もう支払手段だけである。ところが、この支払手段の入手については、だれもが他人に依存するのであり、しかもその他人が満期日に支払うことができるかどうかは、だれも知らないのであるから、市場にある支払手段すなわち銀行券を求めてまったくの早い者勝ちの競走が始まる。だれもが入手できるだけの銀行券をしまい込み、こうして銀行券は、それがもっとも必要とされるその日に、流通から姿を消してしまう。サミュエル・ガーニー（〔上院〕『商業の窮境』、一八四八／五七年、第一一一六号）は、このように恐慌《シュレツケン》の瞬間に厳重にしまい込まれた銀行券の額が、一八四七年一〇月には四〇〇万―五〇〇万ポンドであったと述べている。――〔F・エンゲルス〕

この点でとくに興味あるのは、一八五七年の銀行法委員会でのガーニーの〝共同出資者〟である前(544)記のチャップマンの尋問である。私は、ここで、関連するその主要内容を示そう――といっても、そこではわれわれがもっとあとではじめて研究することになる若干の論点も取り扱われているのであるが。

チャップマン氏は、次のように述べている。

（第四九六三号）「また、ためらわずに申し上げれば、私は、貨幣市場が任意の一人の個人資本家（ロンドンにいまいるような）、すなわち流通高が非常に低い状態にあるときに途方もない貨幣不足と逼迫とを引き起こすことができる任意の一人の個人資本家の勢力下におかれても当然であるというようなことは、適切な事態だとは思いません。それはありうることです。……流通手段のうちから、一〇〇〇万または二〇〇〇万ポンドの銀行券を引きあげることによって目的が達せられるなら、そうすることのできる資本家は一人にとどまりません」。（第四九六五号）* 一人の大投機業者が、一〇〇〇万または二〇〇〇万〔ポンド〕のコンソル公債を売り、こうして貨幣を市場から引きあげるということがありうる。それに似たようなことがごく最近にも起こり、「それは、きわめて激しい逼迫を生み出しています」。――

＊〔初版では「第四九九五号」となっていた。カウツキー版で訂正〕

〔第四九六七号〕この場合には、銀行券は、確かに不生産的である。「しかし、それが〔彼の〕大目的を果たすとすれば、そんなことはなんでもありません。彼の大目的とは、公債の価格を下落させ、貨幣逼迫を引き起こすことであって、大投機業者は、そうする力を完全にもっています」。一例——ある朝、証券取引所で大きな貨幣需要があった。だれもその原因を知らなかった。ある人が、チャップマンに、七％で五万ポンド貸してくれるよう申し込んだ。チャップマンは、おどろいた。彼の利子率は、それよりはるかに低かったのである。彼は飛びついた。そのすぐあとまたその男がやってきて、七$\frac{1}{2}$％でもう五万ポンド借り、次に八％で一〇万ポンド借り、さらに八$\frac{1}{2}$％でもっと借りたいと言った。そこでさすがのチャップマンも不安になった。あとでわかったことであるが、突然かなりの額の貨幣が市場から引きあげられていたのである。しかし、とチャップマンは、次のように言う——「それでも私は、八％でかなりの額を貸しました。それ以上のことをするのは私には不安でした。なにが起こることになるのか、私にはわかりませんでした」。

[＊1]決して忘れてならないのは、ほぼ恒常的に一九〇〇万ないし二〇〇〇万の銀行券が公衆の手もとにあると言われてはいるが、これらの銀行券のうち、一方の現実に流通している部分と、他方の出回らずに準備として銀行で眠っている部分とは、互いにつねに大きく変動し合う、ということである。後者の準備部分が大きく、したがって現実の流通高が少なければ、それは、貨幣市場の立場からは、流通は十分である（〝流通は十分で、貨幣は豊富である〟）と言われる。準備部分が小さく、したがって

(545)
現実の流通高が十分であれば、貨幣市場〔の立場から〕は、流通は少ない（〝流通は少なく、貨幣は乏しい〟）と言う。すなわち、遊休貸付資本を表わす部分が、少額なのである。産業循環の諸局面とはかかわりのない――したがって、公衆が必要とする額は、相変わらず同じであるが――流通手段の現実の膨脹または収縮は、技術的な諸理由から起こるだけであり、たとえば租税または国債の利子の支払期日がそうである。納税期には、銀行券と金とが通常の程度を超えてイングランド銀行に流れ込み、流通手段にとっての必要にはおかまいなしに実際に流通手段を収縮させる。国債の配当〔利子〕が支払われるときは、その逆である。はじめの場合〔納税〕には、流通手段を手に入れるために、銀行から借り入れが行なわれる。あとの場合〔国債の利払い〕には、個人銀行では、その準備金が一時的に増大するために利子率が低下する。これは、通流手段の絶対的総量とはなんの関係もなく、この通流手段を流通させる銀行に関係があるだけであり、そしてこの銀行にとっては、この過程は貸付資本の譲渡として現われ、だからその銀行はそこから生じる利潤をポケットに入れるのである。[*2]

＊1〔ここから九つのパラグラフは、チャップマンの証言を読みながら、マルクスが書きつけた論評であり、八つ目のパラグラフは草稿の別の場所から挿入されている。出所はどちらも草稿〔六〕の部分〕

＊2〔草稿では「貸付可能な資本」となっている〕

一方の場合には、流通媒介物の一時的な移転が起こるだけであり、イングランド銀行は、四半期ごとの納税期および同じく四半期ごとの配当〔国債利子〕支払期の直前に、低利の短期前貸しを行なうことによってこの移転を調整する。こうして発行されたこの余分な銀行券は、まず租税の支払いのために生じる穴を埋め、他方、イングランド銀行への右の短期前貸しの返済が、その後ただちに、配当の支払いで公衆のあいだに投げ込まれた余分な銀行券をイングランド銀行につれもどすのである。

他方の場合には、流通が少ないか十分であるかというのは、つねに、同じ総量の通流手段が実際の流通手段と預金すなわち貸し付け用具とに分かれる、その配分の違いにすぎない。

他面では、たとえば、イングランド銀行への金の流入によって、それに応じて発行される銀行券の数が増加する場合には、この銀行券は、イングランド銀行の外部で手形の割引に役立ち、貸し付けの返済によって還流するので、流通銀行券の絶対的総量は、ただ一時的に増加するだけである。

取り引きが拡張されているために流通が十分であるとすれば（取り引きの拡張は、物価が相対的に低い場合にも起こりうる）、利潤の増大と新投資の増加との結果生じる貸付資本にたいする需要のために、利子率は相対的に高いものでありうる。取り引きの縮小のためか、あるいはまた信用の大きな流動性〔信用授受の容易さ〕のために、流通が少ないとすれば、物価が高い場合でも利子率は低いこともありうる（ハッバードを見よ〔本訳書、第三巻、九八八―九九〇ページ〕）。

(546)

流通手段の絶対量が利子率に規定的に影響するのは、逼迫期においてだけである。この場合、十分な流通にたいする需要は、（貨幣が流通する速度、および、同じ貨幣片が恒常的に貸付資本[*1]に転換する速度の低下を別とすれば）信用の欠如のために生じた蓄蔵貨幣形成の手段にたいする需要を表現しているだけである――たとえば一八四七年がそうであって、そのときには、銀行法の停止[*2]が流通手段の膨張を引き起こしはしなかったが、蓄蔵されていた銀行券をふたたび明るみに引き出して流通に投げ入れさせるには、十分であった――か、そうでなければ、事情によっては、現実により多くの流通手段が必要とされていることもありうる――たとえば一八五七年がそうであって、そのときには銀行法の停止[*3]後しばらくのあいだ、現実に流通手段が増大したのである。

*1〔草稿では「貸付可能な資本」となっている〕

*2・3〔銀行法は、一八四七年一〇月二五日に停止され、一八五七年一一月一二日に再度停止された〕

そのほかの場合には、流通手段の絶対量は、利子率には影響しない。というのは、この絶対量は――貨幣通流の節約と速度とを不変と前提すれば――、第一に、諸商品の価格と諸取り引きの総量とによって規定され（そのさい、たいていの場合、一方の契機は他方の契機の作用を麻痺させる）、結局は信用の状態によって規定されているのであって、逆にこの絶対量が信用の状態を規定するのでは決してないからであり、また第二に、諸商品の価格と利子とのあいだにはなにも必然的な連関はないからである。

〝[*1]銀行制限法[*2]〟（一七九七―一八二〇年）の施行中は〝通貨〟の過剰が生じたが、利子率は、つねに現金支払い〔金兌換〕の再開以後よりもはるかに高かった。利子率は、その後、銀行券発行の制限および為替相場の騰貴につれて急速に低下した。一八二二年、一八二三年、一八三二年には、一般的な流通は少なく、利子率も同様に低かった。一八二四年、一八二五年、一八三六年には、流通は高度で、利子率は上がった。一八三〇年の夏には、流通は多く、利子率は低かった。金鉱発見[*3]以後、全ヨーロッパにおいて貨幣通流は膨脹し、利子率は上がった。したがって、利子率は、通流する貨幣の量には依存しないのである。

＊1〔草稿では、この前に「利子率と流通量。」と書かれている。このパラグラフは、チャップマンの証言にたいする論評ではなく、草稿の別の場所から挿入されている〕

＊2〔対ナポレオン戦争期（一七九二―一八一五年）の一七九七年五月、戦費の土台をなす金を確保するために制定された法律。イングランド銀行に銀行券の金兌換を禁止したが、一八一六―一八一七年に部分的に解除された。兌換が完全に復活したのは一八二一年であった〕

＊3〔一八五〇年前後に、カリフォルニア、オーストラリアで金鉱が発見された〕

(547)

通流手段の発行と資本の貸し出しとの区別は、現実の再生産過程においてもっともよく示される。われわれは、前に（第二部第三篇〔本訳書、第二巻、六二七ページ以下〕）、生産のさまざまな構成諸部分がどのように交換されるかを見た。たとえば、可変資本は、物的には労働者たちの生活諸手段であり、彼ら自身の生産物の一部分である。しかしそれは、彼らに少しずつ貨幣で支払われている。この貨幣を資本家は前貸ししなければならず、また彼が前の週に自分が支払ったもとの貨幣で次の週にふたたび新しい可変資本を支払うことができるかどうかは、信用制度の組織に依存するところが大きい。社会的総資本のさまざまな構成諸部分のあいだ、たとえば消費諸手段と消費諸手段の生産諸手段とのあいだの交換行為の場合も、同じである。これらの流通のための貨幣は、すでに見たように、交換者たちの一方または双方によって前貸しされなければならない。そのあとこの貨幣は流通にとどまるが、交換が完了すれば、それを前貸しした人のところに何度も復帰する。というのは、それは、彼によって、彼が現実に運用している産業資本を超過して前貸しされたものだからである（第二部第二〇章〔本訳書、第二巻、六六一―六七七ページ〕を見よ）。信用制度が発達していて貨幣が諸銀行の手に集中している場合には、少なくとも名目的には、貨幣を前貸しするのは銀行である。この前貸しは、流通内にある貨幣にだけ関連する。それは通貨の前貸しであり、これが流通させる資本の前貸しではない。*

＊〔本訳書、第三巻、七五七ページ参照〕

チャップマン〔『銀行法』、一八五七年〕――（第五〇六二号）「公衆の手もとにある銀行券が非常に大きな額になっているのに、それが手にはいらないときもありえます」。貨幣は、パニック時にも存在する。しかし、だれもが、それを貸付可能な資本、貸付可能な貨幣に転化しないよう十分に用心する。だれもが、現実の支払いの必要のためにそれをしっかり握っている。

（第五〇九九号）「農村地方の諸銀行は、その遊休余剰金をあなたのところやその他のロンドンの〔原文には「ロンドンの」はない〕商会に送るのですね？――そうです」。――（第五一〇〇号）「他方では、ランカシャーとヨークシャーの工場地域は、彼らの事業の目的のためにあなたに手形の割引を求めるのですね？――そうです」。――（第五一〇一号）「では、このようなやり方で、ある地方の過剰な貨幣が、他の地方の需要に役立てられるのですね？――まったくそのとおりです」。

チャップマンは、次のように言う――自分の過剰な貨幣資本を*、比較的短期間、コンソル公債および国庫証券に投資する諸銀行の慣例は、この貨幣を〝コールで〟（一日ごとに、いつでも返済請求できるものとして）貸し出すことが慣習になってから、近ごろでは非常に減ってきた、と。彼自身は、こうした証券の購入は彼の事業にとってきわめて適切でない、と考えている。だから、彼は、優良手形に投資するのであり、その一部は日々満期になるので、彼は、自分が毎日どれだけの現金をあてにできるかをいつでも知っているのである。〔第五〇〇一―五〇〇五号〔正しくは第五一〇五、五一〇六号〕〕。――

＊〔この「貨幣資本」はエンゲルスによる〕

輸出の増大さえもが、あらゆる国にとって――といっても、たいていは信用を与える国にとって――多かれ少なかれ、国内の貨幣市場にたいする需要の増大として現われるが、しかしそれが需要の増大として感じられるのは、逼迫期になってからのことである。輸出が増加する時期には、通例、イギリス製品の委託販売にたいし、長期の手形が製造業者から輸出商人あてに振り出される（第五一二六号）。（第五一二七号）「こうした手形はときどき書き換えられるという取り決めが存在するのは、よくあることではないのですか？」――〔チャップマン〕「それは、彼らが私どもに秘密にしていることです。私どもは、その種の手形を認めないでしょう。……そうしたことはおそらくきっとあるでしょうが、しかし私は、この種のことについてはなにも申し上げられません」。〔汚れを知らないチャップマン。〕――（第五一二三〔正しくは五一二九〕号）「昨年のように一年間だけで二〇〇〇万ポンドという輸出の激増が起これば、それは、おのずから、この輸出を表わす手形を割り引くための、一大資本需要を生じさせるのではありませんか？」――「確かにそうです」。――（第五一三〇号）「イギリスは、通例、そのすべての輸出について外国に信用を与えるのですから、それは、この信用が続くあ

（548）

いだは、それに応じた追加資本〔原文は「それに応じた資本の増加」〕の吸収をもたらすのではないでしょうか？――イギリスは、巨額の信用を与えます。しかし、その代わりに、その原料については、信用を受けます。アメリカから私どもあての手形はいつでも六〇日払い、その他の地方からのは九〇日払いです。他方では、私どもが信用を与えます。私どもがドイツに商品を送る場合には、二または三ヵ月の信用を与えます」。

ウィルスン*がチャップマンにこう質問する（第五一三一号）――これらの輸入される原料および植民地商品にたいしては、その船積みと同時にすでにイギリスあての手形が振り出されるのではないか？　またそれらの手形は、早くも船荷証券と同時に到着するのではないか？　と。チャップマンは、そうであるとは思うが、そうした「商人の」業務についてはなにも知らないから、もっと事情に詳しい人にたずねてほしい、と言う。――チャップマンが言うには、アメリカ向けの輸出では「諸商品は輸送中に象徴化される」（第五一三三号）そうである。このわけのわからない言葉の意味は、イギリスの輸出商人が、〔直接アメリカあてに手形を振り出すのではなく〕諸商品を引き当てにしてロンドンにあるアメリカの大銀行の一つにあてて四ヵ月払いの手形を振り出し、そしてこの銀行がアメリカから支払いを受ける、ということである。

＊〔ジェイムズ・ウィルスンは、イギリスの経済問題にかんする週刊誌『エコノミスト』を創刊（一八四三年）、一八五三―一八五八年に大蔵財務次官〕

（第五一三六号）「通例、はるか遠方の国々との取り引きは、諸商品が売れるまで自分の資本の回収を待ち受ける商人によって営まれるのではありませんか？——諸商品を担保にして前貸しを受けることなしに、自分自身の資本を投じることができる、大きな私的富をもっている商会もあるかもしれません。しかし、これらの商品は、たいてい、有名な諸商会の引き受けによって前貸しに転化されます」。——（第五一三七号）「こうした商会は……ロンドン、リヴァプールその他にあります」。——（第五一三八号）「したがって、製造業者が自分の貨幣を引き渡さなければならないか、貨幣を前貸ししてくれる商人をロンドンまたはリヴァプールでみつけるかは、なんの違いも生まないわけです。やはりイギリスでなされる前貸しというわけですね？——まったくそのとおりです。製造業者が前貸しになにかかかわりをもつことは、めったにありません」〔これに反して、一八四七年には、製造業者はほとんどすべての場合にかかわりをもった〕。「たとえばマンチェスターで製造品を扱っている商人が、商品を買って、ロンドンのれっきとした商会を通してこれを船積みします。全商品が取り決めどおり荷造りされていることをそのロンドンの商会が確かめると、マンチェスターの商人は、インド、中国、その他に向かうこれらの商品を引き当てにこのロンドンの商会あてに六ヵ月払いの手形を振り出します。次に銀行業界がはいり込み、彼のためにこの手形を割り引きます。それで彼は、これらの商品の支払いをしなければならないころには、右の手形の割引によって貨幣を用意しているわけです」。——（第五一三九号）「しかし、たとえその人が貨幣をもっているとしても、銀行業者はそれを前貸ししなければならなかったのでしょう？——銀行業者は、手形をもっています。銀行業者は、手形を買い取りました。彼は、自分の銀行資本〔原文は「銀行業資本」〕をこういう形で、すなわち商業手

（549）形の割引という形で使うのです」〔つまりチャップマンも、手形の割引を前貸しとは見ないで、商品の購買と見ている。──F・エンゲルス〕。──（第五一四〇号）「しかし、それは、やはりロンドンの貨幣市場にたいする需要の一部となっているのですね？──確かにそうです。それは、貨幣市場とイングランド銀行との重要な業務です。イングランド銀行は、私ども同様喜んでこれらの手形を手に入れます。それらがよい投資〔原文は「資産」〕であることを知っているのです」。──（第五一四一号）「輸出取引が増加するのと同じように、貨幣市場への需要も増加するのですね？──この国の繁栄が増大するにつれて、私ども」〔チャップマンたち〕「もその分け前にあずかります」。──（第五一四二号）「では、これらのさまざまな資本投下の分野が突然拡大されれば、〔もちろん〕その当然の結果として、利子率が上がるのですね？──それは確かです」。

第五一四三号において、チャップマンは、「わが国の輸出が大きいのに、なぜこんなにたくさんの金《きん》〔原文は「地金」〕が必要であったのか、まったく理解できない」。

第五一四四号において、尊敬すべきウィルスンが質問する──「私どもが、わが国の輸入について受ける信用よりも、わが国の輸出について与える信用のほうが大きいということは、ありえないでしょうか？──私自身は〔むしろ〕この点は疑問だと思います。もしだれかが、インド向けに送られた自分のマンチェスターの商品を引き当てにした手形を引き受けさせようとしても、あなたは、一〇ヵ月以下では引き受けることができません。私どもは──これはまったく確かなことですが──インドが私どもに支払ってくれるよりいくらかまえに、アメリカに綿花の代金を支払わなければなりませんでした。しかし、それがどう影響するかを調べることは、かなり微妙な問題です」。――〔第五一四五号〕「もし昨年のように、二〇〇〇万ポンドも〔わが国の〕工業製品の輸出が増加したとすれば、この増加した大量の商品を生産するために、そのまえにすでに原料輸入のきわめて大きな増加があったはずでしょうね？」〔このようにしてすでに、過剰輸出は過剰輸入と、また過剰生産は過剰取引と同一視されている。〕「――そのとおりです」。――〔第五一四六号〕「私どもは、非常に大きな差額を支払わなければならなかったはずです。すなわち、この差額は、その期間はわが国にとって逆だったはずですが、長期的には〔……〕アメリカとの為替相場は、わが国にとって順であり、そしてもうかなり長いあいだアメリカから多額の貴金属〔地金〕の供給を受けてきたのです」。

第五一四八号において、ウィルスンが大高利貸しチャップマンに、彼の高い利子は、大きな繁栄と高い利潤との標識であると思わないか、とたずねる。チャップマンは、この追従者の単純さにあからさまにおどろきながら、もちろんこのことを肯定するが、しかし正直なことに次のようなただし書きをつけ加える――「自分では切り抜けられない人も、いくらかはいます。彼らは、支払うべき債務をもっていて、有利であろうとなかろうと、それを履行しなければなりません。しかし、それ」〔高い利子率〕「が続くあいだは、それは繁栄を示すものでしょう」。この両人が忘れているのは、高い利子率が、一八五七年にそうであったように、遍歴する信用投機師たちがこの国を不安におとしいれていることも示しうる、ということであって、これら信用投機師たちが高い利子を支払うことができるのは、（550）他人のポケットからそれを支払うからであり（しかし、それにもかかわらず、万人にとっては利子率を決定するのに役立つ）、そしてそのあいだ彼らは先取りされた利潤ではでな暮らしをするのである。同時に、まさにこのことが、また製造業者などにとっても、実際に非常に儲かる取り引きをもたらしうる。還流は、前貸制度によってまったく欺瞞的なものになる。このことはまた、以下のことをも説明する——イングランド銀行にかんしていえば、同行は利子率の高いときには、ほかの諸銀行よりも低い率で割り引くのだから、なんの説明も必要としないのであるが。

（第五一五六号）「私が申し上げられるのは」——と、チャップマンは言う——「私どもの割引高は、こんなに長いあいだ高い利子率になっていた現瞬間に、その最高限度に達しているということです」。〔チャップマンがこう言ったのは、崩落の数ヵ月前の一八五七年七月二一日である。〕（第五一五七号）「一八五二年」〔この年は利子が低かった〕「には、割引高はとてもそんなに大きくはありませんでした」。なぜなら、事実、当時は、事業がもっとずっと健全であったからである。

（第五一五九号）「もし市場に貨幣の大氾濫があり……銀行割引率〔原文は「バンク・レート」〕が低ければ、手形は減少したでしょう。……一八五二年には、私どもは、まったく違う局面にいました。この国の輸出入は、当時はこんにちとはまったく比較になりませんでした」。——（第五一六一号）「この高い割引率のもとで、私どもの割引高は、一八五四年」〔利子は五—五$\frac{1}{2}$％であった〕「と同じ大きさです」。

チャップマンの証人尋問のなかできわめておもしろいのは、この連中が実際上公衆の貨幣を自分たちの所有物とみなし、また自分たちが割り引いた手形をいつでも貨幣に換える権利があると信じている、ということである。質問と返答における単純さは、たいへんなものである。大商会が引き受けた手形をいつでも貨幣に換えられるようにすること、イングランド銀行がこれらの手形をどんな事情のもとでもビル・ブローカーたちのためにさらに再割引するようにすることが、立法の義務となる。ところがそのとき、一八五七年に、このようなビル・ブローカー三人が、約八〇〇万の負債と、この負債に比べればあるかないかの自己資本をもって、破産した[*1]。（第五一七七号）「では、あなたのご意見では、それら」〔ベアリング社[*2]またはロイド社[*3]の引受手形〕「は、イングランド銀行券がこんにち強制的に金と兌換可能であるのと同じように、強制的に割引可能でなければならない、と言われるのでしょうか？——もしそれらが割引可能でないとすれば、非常に遺憾なことだろう、と考えます。もしだれかがスミス＝ペイン社[*4]またはジョウンズ＝ロイド社[*5]の引受手形をもっていて、しかもそれを割り引いてもらえないために、支払いを停止しなければならないとすれば、それはきわめて異常な状態です」。——（第五一七八号）「ベアリング社の引き受けは、手形が満期となれば一定額の貨幣を支払うという債務ではありませんか？——それはまったくそのとおりです。しかし、ベアリング社が、こうした債務を引き受けるときには——こうした債務を引き受ける場合にはどの商人もそうですが——それをソヴリン金貨で支払わなければならなくなるだろうとは夢にも思っていません。各社は、それを〝手形交換所〟で支払うことになると予想しています」。——（第五一八〇号）「では、あなたは、だれか他の人が手形を割り引かざるをえないようにする〔原文は「だれかに手形の割引を求める」〕ことで、
(551) 手形が満期になるまえに貨幣を受け取る権利を公衆に与えるような、ある種の仕組みが案出されるべ

きだ、とお考えですか？――いいえ、手形引受人の側からそのようなことは期待しはしません。しかし、あなたのおっしゃることが、私どもは商業手形を割り引いてもらう可能性をもつべきでないということを意味するとすれば、私どもは、ものごとのあり方全体を変えなければなりません」。――（第五一八二号）「では、あなたは、イングランド銀行券が金《きん》〔原文は「貨幣」〕に兌換可能でなければならないのとちょうど同じように、それ」｛商業手形｝「は、貨幣に交換可能でなければならないとお考えですか？――一定の事情のもとでは、まったくそのとおりです」。――（第五一八四号）「では、あなたは、疑問の余地なく確実な商業手形は、いつでも銀行券と同じように容易に貨幣と交換できるように、〝通貨〟の制度〔規定〕をつくり上げるべきだ、とお考えなのですね？――そうです」。――（第五一八五号）「イングランド銀行にせよ、だれか他の個人にせよ、商業手形を貨幣に換えることを法律で強制されるべきであるとまでは、おっしゃらないでしょうね？――私が申し上げようとしているのは、〝通貨〟規制のための法律〔通貨法案〕をつくるとすれば、私たちは、国内の商業手形が疑問の余地なく確実で適法のものである限り、これらの手形が貨幣と交換できなくなる可能性が生じるのを防ぐ防止策を講じる〔規定を設ける〕べきであるということです」。――これは、銀行券の兌換性にたいする商業手形の兌換性である。

*1〔この段落のはじめからここまでは、本訳書、第三巻、九五三ページ四行目までのチャップマンの供述のあとに書きつけられたマルクスの短評をもとにしている〕

*2〔一八世紀にフラーンシス・ベアリングの創設した金融業ベアリング兄弟会社〕

＊3・5〔オウヴァストンの父ルイス・ロイドが、妻の父でマンチェスターの銀行業者ジョン・ジョウンズと共同で経営したジョウンズ＝ロイド銀行。一八六四年にロンドン・アンド・ウェストミンスター銀行に吸収合併された〕

＊4〔一八世紀にエイベル・スミスの創設した個人銀行スミス＝ペイン・アンド・スミスズ。一九〇二年にユニオン・バンク・オブ・ロンドンに吸収合併された〕

（第五一九〇号）[＊1]「この国の貨幣取引業者たちは、実際のところは公衆を代表しているだけです」。――のちに〔一八五八年一一月〕デイヴィドスン事件の巡回裁判法廷でチャップマン氏がそうであったように。シティ大詐欺事件[＊2]を見よ。

＊1〔初版では「第五一八九号」となっていた〕

＊2〔マルクスは、シートン・ラングの著書『コウル、デイヴィドスン・アンド・ゴードン商会のシティ大詐欺事件』（ロンドン、一八五六年）で述べられているデイヴィドスンらの大規模な手形詐欺事件の裁判をさしている〕

（第五一九六号）[＊1]「四半期ごとに」〔配当金〔国債利子〕が支払われるときに〕「私どもがイングランド銀行にたよることは……絶対に必要です。もしあなたが、配当金を先取りして流通から六〇〇万ないし七〇〇万の国家収入を引き出すとすれば、その間、これだけの金額を用立てる人がだれかいなければなりません」[＊2]。〔したがってこの場合には、貨幣の供給が問題なのであって、資本または貸付資本の供給が問題なのではない。〕

もが、国庫証券が売れなくなるとか、東インド会社の債券[*2]がまったくむだになるとか、最良の商業手形を割り引くこともできないとか、そういう状態にあるとすれば、その業務上、要求がありしだいすぐにこの国の普通の流通手段で支払いをしなければならない人たち――銀行業者はすべてそうです――は、たいへんな不安に襲われるに違いありません。そうなるとその結果は、だれもがその準備金を二倍にする、ということです。およそ五〇〇人もいる地方銀行業者のだれもがロンドンの取引先銀行に五〇〇〇ポンドを銀行券で自分あてに送金してくれるよう依頼しなければならないとしたら、この国全体ではその結果がどのようなものであるか、ちょっとお考えください。こんなに少ない金額を平均にとってさえ――これはもうまったくばかげた額ですが――二五〇万ポンドが流通から引きあげられることになります。これは、どのように補充されるというのでしょうか？」

〔第五一六九号〕[*1]「わが商業界のことに通じている人ならだれでも知っているはずですが、もし私ど

＊１〔草稿では、この前に「貨幣の量。」と書かれている〕
＊２〔この証言の後段は、本訳書、第三巻、九四三ページに既出。文章の違いはドイツ語訳の違いによる〕

＊１〔草稿では、この前に「パニック。」と書かれている〕
＊２〔インド、インドシナなど、いわゆる東インドとの貿易を目的として、一六〇〇年に設立されたイギリスの勅許貿易会社。インド、中国などアジア侵略の拠点として巨大な特権を付与され、オランダ、フランスの貿易を武力で排除し、これらの地域との貿易を独占、イギリスのインド支配、人民収奪の道具となったが、インドの反イギリス民族解放闘争（セポイの乱、一八五七―一八五九年）によって、イギリスはこの植民地

支配形態の変更を余儀なくされた。会社は一八五八年に解散し、同社のもっていたインド統治権はイギリス国王に委譲された。マルクスの東インド会社論評については、「東インド会社――その歴史と成果」（邦訳『全集』第九巻、一四二―一四九ページ）、「トルコ戦争問題……インドの統治」（同前、一七二―一七九ページ）、「来たるべきインド公債」（同前第一二巻、三五九―三六二ページ）を参照〕

（552）
他方、貨幣をもっている個人資本家たち等々は、どんな利子ででも貨幣を手放そうとはしない。というのは、チャップマンによれば、彼らは次のように言っているからである――（第五一九五号）「私どもは、必要なときに貨幣を手に入れることができるかどうかを懸念するくらいなら、利子などまったくないほうがましです」。

（第五一七三号）「私どもの制度は、こうです――私どもには三億ポンドの負債があり、それの支払いを現在流通しているこの国の鋳貨で、ある一瞬に要求されることがありえます。そしてわが国の鋳貨は、その全部を右の支払いに充てるとしても、二三〇〇万ポンドかそこらです。これは、どんな瞬間にも、私どもを痙攣《けいれん》におとしいれるものではないでしょうか？」。それだから、恐慌時には、信用主義から重金主義への突然の転換が生じるのである。

恐慌時の国内のパニックを別とすれば、貨幣の量が問題になりうるのは、金属〔地金〕、すなわち世界貨幣にかんする限りでのみである。しかも、チャップマンは、まさにこれを除外して、二三〇〇万ポンドの銀行券だけを論じる。*

＊〔この一文はエンゲルスによる〕

同じチャップマンは言う――（第五二一八号）「貨幣市場の攪乱」〔一八四七年四月およびその後一〇月〕「のもともとの原因は、疑いもなく、この年の異常な輸入の結果として、為替相場を調整するのに必要とされた貨幣の量にあったのです」。

第一に、この世界市場貨幣の蓄蔵は、当時は最小限度に縮小されていた。第二に、それは、同時に、信用貨幣すなわち銀行券*の兌換性の保証として用いられた。このように、それは、二つのまったく異なる機能――しかし、双方とも貨幣の本性から生じる機能――を合わせもつものであった。というのは、現実の貨幣はつねに世界市場貨幣であり、信用貨幣はつねに世界市場貨幣に依拠しているからである。

＊〔「すなわち銀行券」はエンゲルスによる〕

一八四七年には、一八四四年の銀行法の停止がなかったら、「〝手形交換所〟は、その業務を処理することができなかったでしょう」（第五二二一号）。

けれども、チャップマンは、さし迫る恐慌をやはり予感していた――（第五二三六号）「貨幣が非常に入手困難で、銀行にたよらざるをえない、そのような貨幣市場のある種の状態というものが存在します（そして現在の状態は、それとあまり違いません）」。

（第五二三九号）「金曜日、土曜日、そして月曜日に、すなわち一八四七年一〇月一九日、二〇日と二二日*1に私どもがイングランド銀行から引き出した金額について言えば、私どもは、次の水曜日に手形を回収できてさえいれば、とてもありがたかったのです。貨幣は、パニックが過ぎるとすぐ私どもの手もとにもどってきました」。――すなわち、一〇月一二日の火曜日に銀行法が停止され、[*2] 恐慌はそれによって打開された。

*1〔「一〇月一九日、二〇日と二一日」とあるのは、恐らくチャップマンの記憶違いで、金曜日、土曜日、月曜日は一〇月二二日、二三日と二五日であった〕

*2〔政府は一〇月二三日に銀行法の一時停止を内定し、二五日の政府書簡で正式に通告した。本訳書、第三巻、七一三、七三一、九九五、九九九ページ参照。なお、この一文はエンゲルスによる〕

(553)

第五二七四号で、チャップマンは、ロンドンで同時期に浮動している手形は、一億―一億二〇〇〇万ポンドに達するものと考えている。これは、地方各地あての地方手形は含んでいない。

〔第五二八七号〕「一八五六年一〇月には、公衆の手にある銀行券の額が二一一五万五〇〇〇ポンドに増加しましたが、それでも貨幣を入手することは異常に困難でした。公衆がそんなにたくさんもっていたにもかかわらず、私どもは貨幣を入手できなかったのです」。すなわち、イースタン銀行がしばらくのあいだ（一八五六年三月）逼迫におちいっていたことによって引き起こされた不安のために、そうなったのである〔第五二八八号〕。

〔第五二九〇号〕[*] パニックがいったん終われば、「利子からその利潤をあげる銀行業者たちはすべて、ただちに彼らの貨幣を運用しはじめます」。

*〔初版では「〔第五二九〇―九二号〕」となっていた〕

〔第五三〇二号〕チャップマンは、銀行準備金が減少するさいの不安を預金についての懸念から説明しないで、突然に大きな貨幣額を支払わなければならないはめになる人々はみな、貨幣市場の逼迫のさいには最後の頼りどころとして銀行に駆けつけなければならないかもしれないが、「銀行は、準備金が非常に少ない場合には、反対に、私たちを迎えることをよろこばない」ということを非常によく知っているからである、と説明する。

とにかく、準備金が目に見える大きさとして消えうせるありさまは、みごとである。銀行業者たちは、自分たちの日常業務のための最小限度を、一部は自分の手もとに、一部はイングランド銀行に保有する。ビル・ブローカーたちは、準備金をもたずに「この国の自由に運用できる銀行貨幣」〔第五二九八号〕を保有する。そしてイングランド銀行は、その預金債務にたいして、ただ、〝公的預金〔政府預金〕〟などのほかには、銀行業者その他の者の準備金をもっているだけで、同行はこの準備金をその最低点まで、たとえば二〇〇万まで減少させる。それゆえ、この二〇〇万の紙券を別とすれば、この全いかさま制度は、逼迫期（そしてこの逼迫は、準備金を減少させる。なぜなら流出する金属〔草稿では「地金」〕の代わりにはいってくる銀行券は廃棄されなければならないからである）には、金属準備〔地金〕のほかにはまったくなんの準備金ももっていないのであり、だから、金の流出による金属準備の減少はすべて、恐慌を激化させるのである。

＊〔このパラグラフはマルクスの論評。出所は草稿（六）の部分〕

〔第五三〇六号〕「〝手形交換所〟で決済を行なうための貨幣がないとすれば、私どもが一緒になって、一流手形、すなわち国庫あて、スミス＝ペイン社あてなどの手形で支払いをすませる以外に他の方法が残されているとは思えません」。――（第五三〇七号）「では政府が、あなたがたに流通手段を供給することができなければ、あなたがたはそれを自分でつくりだすおつもりなのですか？――私どもになにができましょう？　公衆がやってきて、私どもの手から流通手段をもっていきます。それは、(554)もう存在しないのです」。――（第五三〇八号）「では、あなたがたは、人々がマンチェスターで毎日やっていることをロンドンでなさろうというだけのことなのですね？――そのとおりです」。

ケイリー[*1]（アトウッド学派のバーミンガム人[*2]）が、オウヴァストンの資本の観念にかんして提出している質問にたいするチャップマンの返答は、たいへんよろしい――（第五三一五号）「この委員会で述べられたところによれば、一八四七年のような逼迫期に、人々が求めているのは貨幣ではなくて、資本であるということですが、これについてのあなたのご意見はいかがでしょうか？――おっしゃることがわかりません。私どもが扱うのは、貨幣だけです。あなたのおっしゃる意味がわかりません」。――（第五三一六号）「あなたがそれ」〔商業資本〕「を、ある人がその事業でもっている彼自身の貨幣の量のことであると解しておられて、その貨幣をあなたが資本と呼んでおられるとすれば、それは、たいていの場合、公衆が彼に与える信用を介して」――チャップマンたちの媒介によって――「彼が自分の事業で用いる貨幣のうちのほんのわずかな部分です」。

*1　〔草稿では、この前に「資本と貨幣。」と書かれている〕

*2　〔対ナポレオン戦争を終わらせた第二次パリ講和条約（一八一五年）後、巨額の公債や累積私債等の返済にかんし、バーミンガムの銀行業者アトウッド、スプーナーらは、借りたシリング分だけ名目上は債権者に

支払うが、実質上はシリングの金純分を引き下げて（$\frac{1}{78}$金オンスではなく、$\frac{1}{90}$金オンスの一シリングで）支払うという案をとなえ、「小シリング論者」のバーミンガム学派と呼ばれた。マルクス『経済学批判』（邦訳『全集』第一三巻、六四―六五ページ）参照〕

（第五三三九号）「私どもが正貨支払いを停止するということは、富〔財産〕が不足しているということでしょうか？* 決してそうではありません。……私どもの富〔財産〕が不足しているためではなく、私どもがきわめて人為的な制度のもとで活動しているためです。そこでもしわが国の流通手段にたいする途方もない切迫した需要が生じるならば、私どもがこの流通手段を入手するのをさまたげる諸事情が現われるかもしれません。だからといって、この国の全商業活動を麻痺させてよいでしょうか？　仕事の道をすべて閉ざしてもよいでしょうか？」――（第五三三八号）「私どもが維持しようとするのは、正貨支払いなのか、それともこの国の産業なのかという質問を提起されるとすれば、私は、そのどちらを捨てるべきかを承知しています〔原文は「躊躇なく申し上げます」〕」。

*〔この一文もチャップマンの供述〕

「逼迫を激化させ、その結果を利用しようという意図で」｛第五三五八号｝銀行券を蓄蔵することについて、彼は、これは非常に容易に行なわれうることである、と言う。大銀行が三つもあればそれで十分であろう、と。（第五三八三号）「わが国の首都の大きな事業に精通しておられるかたとして、あなたは、資本家たちがこれらの恐慌を利用して、恐慌の犠牲になる人たちの破滅から莫大な利潤をあげているのをご存知のはずではありませんか？――その点は、確かにそうです」。そしてわれわれは、チャップマン氏のこの言葉を信じてよい――とはいっても、彼は、「犠牲者たちの破滅から莫大な利潤をあげ」ようとする試みで結局商業的に破滅したのであるが。[*1] というのは、彼の〝共同出資者〟であるガーニーが、事業におけるどのような変動も、消息通には有利であると[*2]言うのにたいして、チャップマンは次のように言うからである――「社会の一部面の人は、他の部面の人のことを知りません。たとえば、大陸に輸出したり、または自分の原料を輸入したりする製造業者がいますが、彼は、金地金を取り扱う他の人のことはなにも知りません」（第五〇四六号）。こうして、ある日、ガーニーとチャップマン自身が「消息通」でなく、悪名高い破産を起こすという事態が生じた。[*3]

＊1〔本訳書、第三巻、七二〇ページの訳注参照〕

＊2〔本訳書、第三巻、七三九、七四〇ページのガーニーの供述参照〕

＊3〔このパラグラフの全体は、第五〇四六号の供述をのぞき、ほとんどエンゲルスによる。草稿には、「『逼迫を激化させようという意図で』の銀行券の蓄蔵については、第五三五八号、第五三八三号以下を見よ（同じチャップマン）。第五三八七号『一八四四年銀行法が……そのような機会を提供しました』」とだけ書かれている〕

（555）

すでに先に見たように、銀行券の発行は、いつの場合にも資本の前貸しを意味するというわけではない。トゥックが一八四八年の『商業の窮境』上院委員会で行なった次に掲げる供述も、資本前貸しは、イングランド銀行によって新たな銀行券の発行を通して行なわれる場合でさえ、ただちに通流銀行券の数量の増加を意味するものではないということを証明するだけである。

〔第三〇九九号〕「たとえばイングランド銀行は、銀行券の発行をふやさなくても、その前貸しをいちじるしく拡大することができる、とお考えですか？――それを証明する事実は、あり余るほどあります。もっとも適切な実例の一つは一八三五年で、この年にはイングランド銀行は、西インドの預金および東インド会社からの借入金を用いて公衆への前貸しを拡大しました。その同じ時期に、公衆の手にある銀行券の額は実際にいくらか減少しました。……これと同じようなこと〔原文は「くい違い」〕は、一八四六年に鉄道預金がイングランド銀行に払い込まれたときにも認められます。有価証券〔割引および預託において〕「は約三〇〇〇万に増加しましたが、公衆の手にある銀行券の額には目立った影響は現われませんでした」。

しかし、卸売業は、銀行券のほかに、第二の、そしてそれにとってははるかに重要な流通手段、すなわち手形をもっている。チャップマン氏は、優良な手形がどこでもまたどんな事情のもとでも支払いのさいに受け取られることが、事業の規則正しい活動にとってどのように重要であるかをわれわれに示した――「タウスフェス・ヨントフが、もうだめなら、なにが通用するというのだ、ああ恐ろしい！」[*]では、これら二つの通流手段は、互いにどのような関係にあるのか？

＊〔ハインリヒ・ハイネの第三詩集『ロマンツェーロ』の第三巻『ヘブライ旋律』の第三の詩、一八五一年の史詩「宗教論争」の九一段落より（井上正蔵訳『ハイネ全詩集』Ⅳ、角川書店、一九七三年、四五七ページ）。「タウスフェス・ヨントフ」は、ユダヤの律法と注解の集大成『タルムード』第一部「ミシュナ」の注釈書。タウスフェス・ヨントフなどくたばれとののしる論敵に激怒して叫んだ言葉。ここでは、「優良手形

が役に立たないでどうする！」の意〕

ギルバートは、これについて次のように言う――「銀行券の流通高の縮小は、決まって手形の流通高を増加させる。手形には、二種類のもの――商業手形と銀行手形とがある。……貨幣が不足すれば、貨幣貸付業者は、『われわれあてに手形を振り出してくれれば、われわれが引き受けましょう』と言う。また、地方銀行業者が顧客のために手形を割り引く場合には、顧客に現金を与えないで、ロンドンの自分の代理人あての二一日払いの自分自身の手形を与える。これらの手形は、流通手段〔原文および草稿は「通貨」〕として用いられる」（J・W・ギルバート『〔一八三九年における貨幣市場〕逼迫の諸原因の研究』、〔ロンドン、一八四〇年〕三一ページ）。

これは、いくらか修正された形で、ニューマーチによって確認される（『銀行法』、一八五七年、第一四二六号）――

「手形流通高の変動と銀行券流通高の変動とのあいだには、なんの連関もありません。……唯一のかなり規則的な結果は……割引率の高騰によって示されるような逼迫が貨幣市場にほんのわずかでも現われると、すぐに手形流通の大きさがいちじるしく増加し、その逆の場合には逆である、ということです」。

(556) しかし、このような時期に振り出される手形は、ギルバートがあげている短期の銀行手形だけでは決してない。それどころか、その大部分は融通手形であり、これはまったく現実の取り引きをなにも代表しないか、または手形を振り出せるようにするためにだけ始められた取り引きを代表するにすぎない。どちらについても、われわれは、十分に実例を示した。だから『エコノミスト』（ウィルスン）は、このような手形の確実さを銀行券のそれと比較して、次のように言う――「要求払銀行券は、過剰に外部に滞留することは決してありえない。なぜなら、過剰分は、必ず兌換を求めて銀行に還流するだろうからである。ところが、二ヵ月払手形は、おおいに過剰に発行されうる。というのは、それが満期になるまでは、その発行を規制する手段はなにもなく、満期になったときにはおそらく別の手形によってすでにふたたび置き換えられているだろうからである。国民が、将来のある期日に支払われうる〔にすぎない〕手形の流通の確実さを認めながら、それなのに、要求払紙幣の流通〔原文では「の確実さ」が続く〕にたいしては異議をとなえるなどということは、われわれにはまったく理解できないことである」（『エコノミスト』一八四七年〔五月二二日号〕、五七二ページ[*]〔正しくは、五七五ページ〕）。

＊〔ウィルスンのこの論説は、彼の著書『資本、通貨、および銀行業』、ロンドン、一八四七年、に収められている。同書、二六九―二七〇ページ〕

したがって、流通する手形の分量は、銀行券のそれと同じように、ただ取り引きの必要によって規定されるだけである。平常時であれば、五〇年代に連合王国では、三九〇〇万〔ポンド〕の銀行券の[*1]ほかに、約三億〔ポンド〕の手形が流通したが[*2]、そのうち一億―一億二〇〇〇万〔ポンド〕はもっぱらロンドンあてのもの[*3]であった。これらの手形が流通する範囲は、銀行券流通の範囲には少しも影響を与えず、ただ貨幣の払底期に後者によって影響されるだけであって、この時期には手形の量が増加し、質が悪くなる。最後に、恐慌時には、手形流通はまったく機能しない。だれもが現金払いしか受け取ろうとしないから、だれも支払約束を利用することができない。ただ銀行券だけが――少なくともこんにちまでイングランドでは――通流能力を保持している。それは、国民がその富全体をもってイングランド銀行を支えているからである。

＊1〔『銀行法委員会』、一八五七年、ニューマーチの供述第一七四一、一七四九号。本訳書、第三巻、九三七ページ参照〕
＊2〔同前、チャップマンの供述第五一七三号。本訳書、第三巻、九六三ページ〕
＊3〔同前、チャップマンの供述第五二七四号。本訳書、第三巻、九六五ページ〕

すでに見たように[＊1]、まだ一八五七年には彼自身貨幣市場の有力者であったチャップマン氏でさえ、ロンドンには、何人もの大貨幣資本家がいて、所与の瞬間に貨幣市場全体を混乱におとしいれ、それによって小さな貨幣取引業者たちから、このうえなく恥知らずに金をまきあげるだけの十分な力をもっていることをひどく嘆いている。すなわち、こういう大きなサメが何匹かいて、一〇〇万―二〇〇万のコンソル公債を売り、それによって同額の銀行券（それと同時に自由に使用できる貸付資本）を市場から引きあげることによって、逼迫をいちじるしく激化させることができる、というのである。同じ手口で、逼迫をパニックに転化させるには、三大銀行の協力があれば十分であろう[＊2]。

＊1〔このパラグラフはエンゲルスによるもの〕
＊2〔本訳書、第三巻、九四六、九六八ページ参照〕

（557）
ロンドンにおける最大の資本力は、もちろんイングランド銀行であるが、同行は、なかば国家施設としてのその地位によって、このように残酷な仕方でその支配力を発揮することはできない立場におかれている。それにもかかわらず、同行もまた――ことに一八四四年の銀行法以降――私利をはかる手段方法を十分にわきまえている。

イングランド銀行は、一四五五万三〇〇〇ポンドの資本をもち、そのほかに約三〇〇万ポンドの「剰余金」すなわち留保利潤と、租税などとして政府にはいってきて、使用されるまでは同行に預けなければならないすべての貨幣とを、自由に使用している。＊さらに、これにそのほかの預金（平常時には約三〇〇〇万ポンド）と無準備発行銀行券との総額を加えると、次のように言うニューマーチの見積もり（『銀行法』、一八五七年、第一八八九号）も、まだかなり控え目なものであることがわかるであろう――「私の確信しているところでは、いつも」〔ロンドンの〕「貨幣市場で運用されている資金の総額は、約一億二〇〇〇万ポンドと見積もることができます。そしてこの一億二〇〇〇万のうち非常に大きな部分、つまりおよそ一五―二〇％は、イングランド銀行の自由になっています」。

＊〔『銀行法委員会』、一八五七年、第二巻、二四一ページ、付表第二四〕

イングランド銀行が、その地下室にある金属準備によって保証されていない銀行券を発行する限りでは、同行は、価値章標を創造するのであり、この価値章標は、通流手段ばかりでなく、同行にとっては、この無準備銀行券の名目額だけ追加の――架空のであるとはいえ――資本をも形成する。そしてこの追加資本は、同行に追加利潤をもたらす。――『銀行法』、一八五七年で、ウィルスンは、ニューマーチに次のように質問する――〔第一五六三号〕「ある銀行〔原文は「銀行業者」〕の自行銀行券の流通高、すなわち平均的に公衆の手もとにとどまっている額は、同行〔銀行業者〕の実際上の資本への追加分なのですね？――確かにそうです」。――〔第一五六四号〕「では、同行〔彼〕がこの流通高から引き出す利潤は、すべて、信用から引き出される利潤であって、同行〔彼〕が実際にもっている資本から引き出される利潤ではないのですね？――確かにそのとおりです」。

同じことは、もちろん、銀行券を発行している個人諸銀行についても言える。ニューマーチは、第一八六六―一八六八号の彼の返答のなかで、この発行された銀行券の総額の三分の二〔残りの三分の一については、これらの銀行は金属準備をもっていなければならない〕を、この額だけ硬貨が節約されるという理由から、「それだけの額の資本の創造」とみなしている。それだからといって、この銀行業者の利潤は、他の資本家たちの利潤よりも大きくはないかもしれない。〔しかし〕銀行業者が硬貨のこの国民的節約から利潤を引き出すという事実に変わりはない。国民的節約が私的利潤として現われるということは、少しもブルジョア経済学者たちにショックを与えるものではない。というのは、(558)利潤は、そもそも国民的労働の取得だからである。たとえば、一七九七年から一八一七年まで*のイングランド銀行以上にばかげたものがあるであろうか？　同行の銀行券は、もっぱら国家のおかげで信用を得ているのであり、さらに同行は、この同じ銀行券を紙から貨幣に転化させて次いでそれを国家に貸し付けるという国家から与えられた権能にたいして、国債の利子という形態で、国家から、したがって公衆から支払ってもらうからである。

＊〔銀行制限法のもとでの兌換停止の指示を指す。本訳書、第三巻、九八一ページ訳注＊２参照〕

さらに、諸銀行は、ほかにも資本を創出する手段をもっている。同じニューマーチによれば、地方諸銀行には、すでに以前に述べたように、その過剰資金（すなわちイングランド銀行券）をロンドンのビル・ブローカー〔手形仲買人〕たちに送り、それと引き替えに割り引かれた手形を自分たちに送ってもらう慣行がある。これらの手形を、銀行はその顧客たちに用立てる。というのは、地方の顧客たちの事業取引を彼ら自身の近隣で知られないようにするために、これら地方の顧客たちから受け取った手形はふたたび流通に出さないというのが、地方銀行の決まりだからである。ロンドンから受け取ったこれらの手形は、直接ロンドンで支払いをしなければならない顧客たちが、地方銀行にロンドンあての自分自身の手形を振り出してもらうことを好まない場合に、このような顧客たちに交付するのに用いられるだけではない。それらはまたその地方での諸支払いの決済にも用いられる。というのは、銀行業者の裏書きが、これらの手形に地方的信用を保証するからである。こうしてこれらの手形は、たとえばランカシャーでは、地方銀行自身のすべての銀行券とイングランド銀行券の大部分とを流通から追い出したのである。（同前〔『銀行法』、一八五七年〕、第一五六八号から第一五七四号まで）。

＊したがってわれわれは、ここで、どのようにして、諸銀行が信用と資本とを創出するかを知る。すなわち、（一）自行の銀行券を発行することを通じて。（二）ロンドンあての手形──二一日までの流

通期間をもっているが、振り出しと同時に現金で支払ってもらえる――の振り出しを通じて。（三）割り引かれた手形――このような手形の信用能力は、少なくとも当該地方にとっては、まず第一に、かつ主として、この銀行の裏書きによってつくりだされる――の払い出しを通じて。

＊〔このパラグラフは、草稿（五）の部分に書かれたマルクスの論評をもとにしたもの。草稿では、次のようになっている。「したがって、信用資本が銀行業者たちによって調達されるのは、彼らによって裏書きされた手形での支払いを通じて、二一日払いの為替手形（現金と引き換えに）の発行を通じて、そして銀行券の発行を通じてである」〕

（559）

イングランド銀行の力は、同行が市場利子率を規制する点に現われる。事業が正常に進んでいる時期には、イングランド銀行はその金属準備からのあまり大きくはない金流出を割引率の引き上げ（二）によって阻止することができないということも起こりうる。なぜなら、支払手段にたいする需要が、最近三〇年間に非常に資本力を増してきた個人銀行、株式銀行、ビル・ブローカーたちによって満たされるからである。そこで、イングランド銀行は、別の手段をとらなければならない。しかし、危機的な時点にたいしては、銀行業者グリン（グリン＝ミルズ＝カリー社の）＊が、〔上院〕『商業の窮境』（一八四八／五七年）で、次のように証言したことがやはり妥当する――（第一七〇九号）「国内の逼迫がひどいときには、イングランド銀行が利子率を左右します」。――（第一七一〇号）「異常な逼迫の時期に……個人銀行業者たちやブローカーたちの割引が比較的限られるようになると、彼らはイングランド銀行にたよることになり、こうして同行は市場利子率を左右する力をもちます」。

（三）　一八九四年一月一七日のユニオン・バンク・オブ・ロンドンの株主総会で、頭取リッチー氏が述べたところでは、一八九三年にイングランド銀行は、割引率を二$\frac{1}{2}$％（七月）から八月には三％および四％に引き上げ、それでも四週間のうちに優に四五〇万ポンドの金《きん》を失ったので、五％に引き上げた。そのため金が還流したので、公定歩合《バンク・レート》は九月には四％、一〇月には三％に引き下げられた。しかし、この公定歩合は、市場では承認されなかった。「公定歩合が五％であったとき、市場割引率は三$\frac{1}{2}$％、コール・レート〔当座貸利率〕は二$\frac{1}{2}$％であった。公定歩合が四％に下がったとき、市場割引率は二$\frac{3}{8}$％、コール・レートは一$\frac{3}{4}$％であった。公定歩合が三％のとき、割引率は一$\frac{1}{2}$％、コール・レートはそれよりいくらか低かった」（『デイリー・ニューズ』一八九四年一月一八日付）。——F・エンゲルス。

＊〔グリン＝ミルズ銀行は一七五三年設立、一八六四年にカリー銀行を買収した〕

もっともイングランド銀行は、国家の保護を受け国家から特権を与えられている公的施設として、自己のこの権能を、私的企業ならやりたい放題できるように遠慮なく利用するというわけにはいかない。だから、ハッバードも、銀行委員会（『銀行法』、一八五七年）で、次のように言う——（第二八四四号）〔質問〕「割引率がもっとも高いときには、イングランド銀行がもっとも安く用立て、割引率がもっとも低いときには、ブローカーたちがもっとも安く用立てることになるのではないですか？」——〔ハッバード〕「いつでもそういうことになります。というのは、イングランド銀行は、その競争相手たちと同じくらい低くすることは決してありませんし、また割引率がもっとも高いときでも、決してそんなに高く引き上げることはないからです」。

しかし、それにもかかわらず、イングランド銀行が逼迫期に俗にいうネジを締めるとすれば、すなわちすでに平均を超えて高くなっている利子率をさらに高くするとすれば、それは業界の一大事である。「イングランド銀行がネジを締めると、たちまち外国に輸出するための仕入れはすべて止まってしまう。……輸出業者たちは、物価が下落の最低点に達するまで待ち、それからはじめて仕入れるのであって、それ以前には仕入れない。しかしこの点に達したときには、すでに為替相場は再調整されている――金《きん》は、下落のこの最低点に達する前に、輸出されなくなる。輸出のための商品の仕入れは、場合によっては、外国に送られた金の一部を取りもどすこともありうるが、しかし流出を阻止するには遅すぎる」（J・W・ギルバート『貨幣市場逼迫の諸原因の研究』、ロンドン、一八四〇年、三七〔正しくは三五〕ページ）。「外国為替相場による流通手段規制のもう一つの結果は、それが逼迫期に異常な利子率をもたらすことである」（同前、四〇ページ）。「為替相場の回復から生じる費用〔原文は「為替相場を調整する費用」〕は、国内の生産的産業にかかってくるが、他方、この過程の進行中に、イングランド銀行の利潤は、同行がより少額の貴金属によってその業務を営む結果、現実に増大する」（同前、五二ページ）。

しかし、〔フレンド会の〕友サミュエル・ガーニーは、次のように言う。「利子率のこの大変動は、銀行業者たちと貨幣取引業者たちにとって有利です。――取り引きにおけるあらゆる変動が消息通には有利なのです」[*1]と。そして、ガーニーたちは事業の苦境を容赦なく利用してうまい汁を吸っているが、
(560) 他方、イングランド銀行は、同じように自由にそうすることは許されないにしても、同行もまたまったくたいへんな利潤をかせぐのである――同行の理事諸君が一般的な商況を知るのに特別な機会をも

っているために、彼らの懐にひとりでに転がり込んでくる私的利潤は問題にしないとしても。正貨支払い再開[*2]にさいして一八一七年の〝上院委員会〟で行なわれた報告によれば、イングランド銀行のこの利潤は、一七九七―一八一七年の全期間に、次のような額〔単位はポンド〕に達した――

〝特別配当および配当増加〟	七、四五一、一三六
〝株主割当新株〟	七、二七六、五〇〇
〝資本価値増加分〟	一四、五五三、〇〇〇
合　計	二九、二八〇、六三六

これは、一一六四万二四〇〇ポンドの資本[*3]にたいして、一九年間に生じたものである（D・ハードカースル[*4]『諸銀行と銀行家たち』、第二版、ロンドン、一八四三年、一二〇ページ）。アイルランド銀行も、一七九七年に正貨支払いを停止したが、同行の総利潤を同じ原則に従って算定すれば、次のような結果が得られる――

〝一八二一年までの年々の報告利益配当〟	四、七三六、〇八五
〝公表特別配当〟	一、二二五、〇〇〇
〝資産増加分〟	一、二一四、八〇〇
〝資本価値増加分〟	四、一八五、〇〇〇
合　計	一一、三六〇、八八五

これは、三〇〇万ポンドの資本にたいして生じたものである（同前、一六三〔正しくは三六三、三六

四〕ページ)。

＊1〔上院『商業の窮境』、一八四八／五七年、供述第一三三一四号。このガーニーの供述は、本訳書、第三巻、七三九—七四〇ページに既出。フレンド会については七四〇ページ訳注＊1参照〕

＊2〔銀行券の正貨との兌換停止期(本訳書、第三巻、九五一ページの訳注＊2参照)中、イングランド銀行の鋳貨と地金とが増加した一八一六年一一月に一部銀行券の兌換を開始し、支払停止法が延長実施されたにもかかわらず、一八一七年一〇月には、すべての銀行券の兌換に応じることになった。しかしその後、新たな金流出にともない、兌換停止の新たな法律(一八一九年のピール通貨法)が制定されたが、ふたたびイングランド銀行の金属準備が増加し、一八二一年の法律により金兌換の完全実施をみた〕

＊3〔初版では「一一六四万二一〇〇ポンド」になっていた。出典により訂正〕

＊4〔ハードカースルは筆名で、本名はリチャード・ペイジ〕

＊さらに、集中について語ろう！　いわゆる国家的《ナツイオナル》諸銀行と、それらを取り巻く大貨幣貸付業者たちおよび大高利貸したちとを中心とする信用制度は、一つの巨大な集中であって、それはこの寄生階級に、単に産業資本家たちを周期的に大量破滅させるだけでなく、もっとも危険な方法で現実の生産に干渉する途方もない力を与える——しかもこの一味は、生産のことはなにも知らず、また生産とはなんの関係もない。一八四四年および一八四五年の法は、金融業者たちと〝株式仲買人たち〟とが加わってこの盗賊どもの力が増大したことの証拠である。

＊〔このパラグラフは、イングランド銀行を告発した商人ワイリーの証言(上院『商業の窮境』)を抜き書きしたときに、マルクスが書いた論評で、出所は草稿(五)の部分。ワイリーの証言そのものは、次の第三四

章にまわされている。本訳書、第三巻、九九三ページ以下参照〕

（561）＊それでもなお、この尊敬すべき盗賊どもが、国民的および国際的生産を搾取するのは、もっぱら生産と被搾取者たち自身との利益のためであるということを疑う人があるならば、きっとその人は、銀行業者の高い道徳的品位についての次のような付論によって、その誤りを正されるであろう――「銀行事業は〔……〕宗教的で道徳的な施設である。〔……〕自分の取引銀行業者に警戒と非難の目で見られるおそれが、どんなにしばしば若い商人を、奔放で放縦な友人仲間に加わることを思いとどまらせたことであろうか？〔……〕銀行業者たちから尊敬を受けて、いつでも立派に見えるようにと、どんなに気をつかっていることか！〔……〕銀行業者のしかめっ面は、彼の友人たちの道徳的お説教〔原文は「あざけりと反対」〕よりも大きな影響を彼に与える。彼は、人をだましたとか、ほんのわずかでも虚偽の申し立てをしたとかみなされることが疑惑を招きかねず、またそのために自分への銀行融資が制限されたり、解約されたりするかもしれないという心配から、そうした疑惑を受けることを身ぶるいするほど恐れるのではないのか？〔……〕銀行業者たちの〔好意ある〕忠告は、彼にとっては、牧師の忠告よりも重要なのである」（スコットランドの銀行の重役Ｇ・Ｍ・ベル『株式銀行業の原理《フイロソフイ》』、ロンドン、一八四〇年、四六、四七ページ）。

＊〔銀行業者ベルの著作の抜粋のまえにある論評は、エンゲルスのもの。マルクスは、草稿（六）の部分でこの抜粋を行なったとき、「銀行業者の品位」という皮肉な見出しをつけた〕

（562）

第三四章 〝通貨主義〟と一八四四年のイギリスの銀行立法＊

＊〔本訳書、第三巻、九三一ページの第三三章表題につけた訳注＊を参照〕

｛以前の著作（一三）において、諸商品の価格との関係における貨幣価値についてのリカードウの理論が検討されている。だからここでは、もっとも必要なことだけに限ればよい。リカードウによれば、貨幣——金属貨幣——の価値は、その貨幣に対象化されている労働時間によって規定されるが、しかしそれは貨幣の量が、取り引きされるべき諸商品の分量と価格とにたいして正しい比率をなしている限りにおいてのみである。貨幣の量がこの比率よりも増加すれば、貨幣の価値は低落し、諸商品の価格は騰貴する。それが正しい比率よりも減少すれば——他の事情に変わりがなければ——貨幣の価値は騰貴し、諸商品の価格は低下する。第一の場合には、このような金《きん》の過剰が存在する国は、その価値よりも低落した金を輸出して諸商品を輸入するであろう。第二の場合には、金は、それがその価値よりも高く評価される諸国に流れていき、他方、価値よりも低く評価された諸商品は、その国から、正常な価格を得ることができる他の諸市場に流れていくであろう。このような前提のもとでは、「金そのものが、鋳貨としてであれ、地金としてであれ、それ自身の金属価値よりも大きいかまたは小さい金属価値の価値章標となることができるのだから、兌換銀行券が流通していれば、これも同じ運命を分かち合うことは、自明である。銀行券が兌換可能であり、したがってその実質価値が名目価値に照応していても、金と銀行券とからなる流通貨幣の総量（〝金属と兌換銀行券とからなる通貨の総量〟）は、以上述べた諸理由によって、その総量が、流通する諸商品の交換価値と金の金属価値とによって規定されている水準を上回って増加したりそれを下回って減少したりするのに応じて、価値増加したり価値減少したりしうる。……このような価値減少、金にたいする紙幣の価値減少ではなく、金も紙幣もひとまとめにしての価値減少、すなわち一国の流通手段の総量の価値減少は、リカードウのおもな発見の一つであり、この発見をオウヴァストン卿一派は、強引に自分たちのために利用して、一八四四年と一八四五年のサー・ロバート・ピールの銀行立法の基本原理にしたのである」（『経済学批判』、
(563)
一五五ページ〔邦訳『全集』第一三巻、一四九ページ〕）

（三）カール・マルクス『経済学批判』、ベルリン、一八五九年、一五〇ページ〔邦訳『全集』第一三巻、一四五ページ〕以下。

同じ個所で行なった、このリカードウの理論の転倒ぶりの証明をここで繰り返す必要はない。われわれに興味があるのは、ただ前記のピール銀行法を押しつけた銀行理論家たちの一派が、リカードウの諸命題に手を加えたその仕方だけである。

「一九世紀中の諸商業恐慌、ことに一八二五年および一八三六年の大恐慌は、リカードウの貨幣理論のそれ以上の発展をもたらさなかったが、しかしその新たな利用を呼び起こした。それらは、もはやヒュームの場合の一六世紀および一七世紀の貴金属の価値減少のような、またはリカードウの場合の一八世紀および一九世紀初頭の紙幣の価値減少のような、個別的な経済的現象ではなく、ブルジョ

ア的生産過程のすべての諸要素の対立が爆発する世界市場の大暴風雨であったが、その根源と防止策は、この過程のもっとも表面的で、もっとも抽象的な部面である貨幣流通の部面内に求められた。経済的気象学者一派が出発点としている本来の理論的前提は、実は、リカードウが純粋な金属流通の諸法則を発見したというドグマ以外のなにものでもない。彼らに残された仕事は、信用流通または銀行券流通をこれらの諸法則に従わせることであった。

商業恐慌のもっとも一般的で、もっとも目立った現象は、諸商品価格の比較的長期にわたる一般的騰貴に続く、その突然の一般的低下である。諸商品価格の一般的低下は、すべての諸商品と比べての貨幣の相対的価値の騰貴として表現されることができ、また諸価格の一般的騰貴は、逆に、貨幣の相対的価値の低下として表現されることができる。どちらの表現方法でも、現象が述べられてはいるが、説明されてはいない。……言い方を変えても問題が変わらないのは、問題をドイツ語から英語に翻訳しても、それが変わらないのと同じである。それゆえ、リカードウの貨幣理論は、それが同義反復に因果関係の外観を与えるので、非常に好都合であった。諸商品価格の周期的な一般的低下は、なぜ起こるのか？　貨幣の相対的価値の周期的上昇のためである。逆に、諸商品価格の周期的な一般的騰貴は、なぜ起こるのか？　貨幣の相対的価値の周期的低下のためである。これが正しければ、諸価格の周期的騰落は、諸価格の周期的騰落から生じる、と言っても正しいであろう。……同義反復の因果関係への転化が一度認められれば、ほかのことはなんでも容易に明らかになる。諸商品の価格の騰貴は、貨幣の価値の低下から生じる。しかし、貨幣価値の低下は、われわれがリカードウから教えられると

(564)

ころでは、流通手段の過剰から、すなわち、流通している貨幣の総量が貨幣自身の内在的価値と諸商品の内在的価値とによって規定される水準を超えて増加することから生じる。同様に、逆に、諸商品価格の一般的低下は、流通手段の過少のために、貨幣価値がその内在的価値を超えて上昇することから生じる。したがって、諸価格が周期的に騰貴したり低下したりするのは、周期的に多すぎる貨幣または少なすぎる貨幣が流通するからである。ところで、諸価格の騰貴が貨幣流通の減少と同時に起こり、また諸価格の低下が〔貨幣〕流通の増加と同時に起こったということが証明される場合であっても、それにもかかわらず、次のように主張することができる。すなわち、たとえ統計的にはまったく証明できないとしても、流通する商品総量のなんらかの減少または増加の結果、流通する貨幣の量が、絶対的にではなくても、相対的には増加または減少したと主張することができる。さて、われわれが見たように、リカードウによれば、諸価格のこの一般的諸変動は、純粋な金属流通のもとでも起こらざるをえないのであるが、しかしそれらの変動は、それが交互に起こることによって――たとえば流通手段の過少が諸商品価格の低下を引き起こし、諸商品価格の低下が外国への諸商品の輸出を引き起こすが、しかしこの輸出は国内への金の輸入を引き起こし[*1]、貨幣のこの流入が、ふたたび諸商品価格の騰貴を引き起こすことによって――相殺される。流通手段の過剰の場合にはこの逆で、諸商品が輸入されて、金が輸出される[*2]。ところで、リカードウの言う金属流通の性質自体から生じるこれら一般的な価格諸変動にもかかわらず、これら諸変動の激しい強力的形態すなわちその恐慌形態は、発達した信用制度の時代に属しているのだから、銀行券の発行が、厳密に金属流通の諸法則に従って規制さ

（565）

れるものでないことは、まったく明白となる。金属流通は、貴金属の輸出入を自己の救済手段としているのであって、貴金属はただちに鋳貨として通流にはいり、こうしてその流入または流出によって、諸商品価格を低下または騰貴させる。諸商品価格にたいする同じ作用が、いまや人為的に、金属流通の諸法則の模倣によって、諸銀行の手で生み出されなければならない。貨幣[*3]が外国から流入するとすれば、それは、流通手段が過少であり、貨幣価値が高すぎ、諸商品価格が低すぎるということの、またその結果、銀行券が、新たに輸入された金に比例して流通に投げ込まれなければならないということの証拠である。逆に、銀行券は、金が国外に流出するのに比例して、流通から引きあげられなければならない。言い換えれば、銀行券の発行は、貴金属の輸出入に応じて、または為替相場に応じて、規制されなければならない。リカードウの誤った前提、金[*4]は鋳貨にすぎず、したがって輸入されるすべての金は通流する貨幣を増加させ、それゆえ諸価格を騰貴させるし、輸出されるすべての金は鋳貨を減少させ、それゆえ諸価格を低下させるという前提、この理論的前提は、ここでは、そのときどきに現存する金と同量の鋳貨を流通させようとする実際上の実験となるのである。イギリスで『〝通貨主義〟』学派[*5]という名で知られているオウヴァストン卿（銀行業者ジョウンズ・ロイド）、トランズ大佐、ノーマン、クレイ、アーバスナット、その他の一群の著述家は、この教義を説教したばかりでなく、一八四四年および一八四五年のサー・ロバート・ピールの銀行法という手段を用いて、それをイングランドおよびスコットランドの銀行立法の基礎とした。最大の国民的規模での諸実験ののちの、この教義の理論的にも実践的にも不名誉な失敗は、信用論においてはじめて叙述することができる」

〔同前、一六五―一六八ページ〔邦訳『全集』第一三巻、一五八―一六〇ページ〕〕。

＊1・2・4〔ここの「金《ゴルト》」は、『経済学批判』ではすべて「貨幣《ゲルト》」となっている〕

＊3〔『経済学批判』では「金」となっている〕

＊5〔本訳書、第三巻、七三五―七三六ページの訳注＊1参照〕

この学派にたいする批判は、トマス・トゥック、ジェイムズ・ウィルスン（一八四四―一八四七年の『エコノミスト』で）およびジョン・フラートンによって提供された。しかし、彼らもまたいかに不十分にしか金の性質を見抜いていなかったか、また貨幣と資本との関係について、彼らがいかに不明確であったかは、すでにたびたび、ことにこの第三部第二八章〔本訳書、第三巻、七八一ページ以下〕で見てきた。そこで、ここではピールの銀行法にかんする一八五七年の下院委員会の審議（『銀行委員会』、一八五七年）に関連して、なお若干のことを述べておこう。――F・エンゲルス｝

イングランド銀行の元総裁J・G・ハッバードは、次のように供述する――（第二四〇〇号）「金〔原文は「地金」。以下同じ〕輸出の影響が……諸商品価格におよぶことは絶対にありません。これに反して、それは有価証券の価格には非常に大きく影響します。なぜなら、利子率が変動するのに応じて、この利子を体現している諸商品〔利子生み有価証券〕の価値は、必然的に強力に影響されるからです」。彼は、一八三四―一八四三年および一八四五―一八五六年にかんする二つの表〔次ページ〕を提出しているが、これらの表は、もっとも重要な貿易品目中の一五品目の価格の動きが、金の流出入にも利子率にもまったくかかわりがなかったことを証明している。しかし、これにたいして、これらの表は、

I 1834—1843年

年 月 日	イングランド銀行の金属準備（ポンド）	市場割引率	主要品目15のうち価格が		
			騰貴したもの	下落したもの	不 変なもの
1834年 3月1日	9,104,000	2¾%	—	—	—
1835年 3月1日	6,274,000	3¾%	7	7	1
1836年 3月1日	7,918,000	3¼%	11	3	1
1837年 3月1日	4,077,000	5 %	5	9	1
1838年 3月1日	10,471,000	2¾%	4	11	—
1839年 9月1日	2,684,000	6 %	8	5	2*
1840年 6月1日	4,571,000	4¾%	5	9	1
1840年12月1日	3,642,000	5¾%	7	6	2
1841年12月1日	4,873,000	5 %	3	12	—
1842年12月1日	10,603,000	2½%	2	13	—
1843年 6月1日	11,566,000	2¼%	1	14	—

*〔原資料では「－」になっている〕

II 1844—1853年

年 月 日	イングランド銀行の金属準備（ポンド）	市場割引率	主要品目15のうち価格が		
			騰貴したもの	下落したもの	不 変なもの
1844年 3月1日	16,162,000	2¼%	—	—	—
1845年12月1日	13,237,000	4½%	11	4	—
1846年 9月1日	16,366,000	3 %	7	8	—
1847年 9月1日	9,140,000	6 %	6	6	3
1850年 3月1日	17,126,000	2½%	5	9	1
1851年 6月1日	13,705,000	3 %	2	11	2
1852年 9月1日	21,853,000	1¾%	9	5	1
1853年12月1日	15,093,000	5 %	14	—*	1

*〔原資料では、「なし」となっている〕

実際に「投資先を求めているわが資本の代表者」である金の流出入と利子率とのあいだに密接な連関があることを証明している〔ここまで第二四〇〇号〕。——〔第二四〇二号〕「一八四七年には、非常に多額のアメリカの有価証券がアメリカに返送され、同じくロシアの有価証券がロシアに、またその他の大陸の証券がわが国に穀物を供給した諸国〔原文は「諸地域」〕に返送されました」。

＊〔正しくは「一八四四—一八五三年」。『銀行委員会』、一八五七年、に掲載されたハッバードの証言が間違っていた〕

(566)　右に掲げたハッバードの表〔前ページ〕において基礎にされた一五の主要品目は、綿花、綿糸、綿織物、羊毛、毛織物、亜麻、リンネル、インディゴ、銑鉄、ブリキ、銅、獣脂、砂糖、コーヒー、絹である。

ハッバードは、これらの表に次のように注釈をつけている——「一八三四年—一八四三年の一〇年間と同様に、一八四四—一八五三年にも、イングランド銀行の金の変動〔原文は「地金の上下運動」〕には、つねに、手形割引で前貸しされる貨幣の貸付可能な価値の増加または減少がともなった。また他方では〔原文は「以前の時期と同様に、この時期にも」〕、国内の諸商品価格の諸変化は、イングランド銀行の金〔地金〕の変動に示される流通手段の総額とはまったくかかわりがないことを示している」（『銀行法報告書』、一八五七年、第二部、二九〇および二九一ページ）。

(567)　諸商品の需要と供給が[＊1]、諸商品の市場価格を規制するのであるから、割引率に表現されるような貸付可能な貨幣資本にたいする需要[＊2]（またはむしろ、需要からの供給の背離）を、現実「資本」にたいする需要と同一視するオウヴァストンが、いかに誤っているかが、ここで明らかとなる。諸商品価格は、〝通貨〟の額の変動によって規制されるという主張が、いまや、割引率の変動は、貨幣資本と区別される現実の物的資本にたいする需要の変動を表現するという、決まり文句のもとに隠蔽される。[*3]ノーマンもオウヴァストンも同じように、同じ委員会で実際にこのことを主張したこと、そしてそのさいとくに後者がしどろもどろな逃げ口上にすがることを余儀なくされて、ついにはすっかり行き詰まってしまったことについては、すでにわれわれが見たところである〔第二六章〔本訳書、第三巻、七三四―七六七ページ〕〕。[*4]現存する金の総量の変化は、国内の通流手段の分量を増加または減少させることによって、その国内では諸商品価格を騰貴または低下させるに違いないということは、実際上言いふるされたごまかしである。この〝通貨〟〔主義〕の理論によれば、金が輸出されるならば、金がはいっていく国では、諸商品の価格が騰貴するはずであり、したがって、金を輸出する国の輸出品の価値は、金を輸入する国の市場では上昇するはずである。これに反して、金を輸入する国の輸出品の価値は、金を輸出する国の市場では低下するであろうが、他方、その価値は、金がはいっていく輸出品原産国では上昇するであろう。[*5]しかし実際には、金の数量の減少は利子率を上げるだけであり、その増加は利子率を低落させるだけである。そして、費用価格の確定または需要供給の決定にさいして、利子率のこれらの変動が考慮に入らないとすれば、この変動は諸商品価格にはまったく影響しないであろう。――

＊1〔ここから「隠蔽される」までは、マルクスの論評で、出所は草稿（五）の部分〕

＊2〔草稿では「貸付可能な」はない〕
＊3〔草稿では、英語で「マニー・キャピタル」と書かれている〕
＊4〔ここから「いいふるされたごまかしである」までも、マルクスの論評で、＊1の論評に続けて書かれている〕
＊5〔「この〝通貨〟〔主義〕の理論によれば」からここまでもマルクスの論評によったもので、草稿では、次のようになっている。「したがって、地金が流出し諸価格が低下すれば、地金を輸出する国の輸出品の価値は低下し（通貨主義理論によれば）、輸入品の価値は上昇するのであり、地金がはいっていく国では諸価格が騰貴する」〕

同じ報告書のなかで、インドとの取り引きにたずさわる大商社の主人Ｎ・アリグザーンダーは、五〇年代の中ごろのインドと中国とへの銀の大流出——この流出は、一部には、中国の内乱＊が中国における イギリス製織物の売れ行きを停止させたためであり、一部には、ヨーロッパに発生した蚕の病気がイタリアとフランスとの養蚕業をひどく縮小させたためであった——について次のように述べている——

〔第四三三七号〕「流出は、中国に向けてですか？　それともインドに向けてですか？——銀はインドに送られ、そのかなりの部分でアヘンが買われ、そしてそのアヘンはすべて中国に行って、絹を買い入れる資金になります。そして、インドの諸市場の状況によっては」（インドに銀が蓄積されているにもかかわらず）「織物その他のイギリスの製品を送るよりも銀を送るほうが、商人にとって有利る〔原文は「有利な投資」〕になります」。——〔第四三三八号〕「フランスから銀の一大流出があり、それ

（568）によって銀を手に入れたのではありませんか？――そうです。非常に大量の流出でした」。――〔第四三四四号〕「フランスとイタリアから絹を輸入する代わりに私どもは、これらの国にベンガル産および中国産の絹を大量に送っています」。

＊〔一八五〇―一八六四年の太平天国運動。反封建・反清朝・反外国侵略の最大の革命的農民反乱。蜂起軍は一八五一年一月「太平天国」を宣布、一八五三年三月、南京を占領して、富の共有・共用、万人の平等を旗じるしにかかげた。租税の廃止などさまざまな改革を行なったが、清朝と外国との連合軍によって鎮圧された〕

このように、アジアには商品ではなく、銀――この大陸の貨幣金属――が送られたが、それは、これらの商品の価格が、それら商品の生産国（イギリス）で騰貴したからではなく、それら商品の輸入国で低下した――過剰輸入によって低下した――からであった。といっても、この銀は、イギリスがフランスから得たものであり、その一部は金で支払われなければならなかったのであるが。〝通貨〟〔主義〕理論によれば、このような輸入があれば、諸価格は、イギリスでは低下し、インドおよび中国では騰貴するはずであった。[＊]

＊〔このパラグラフはマルクスの論評によったもので、出所は草稿（五）の部分〕

もう一つの実例。上院委員会（『商業の窮境』、一八四八／五七年）で、リヴァプールの一流商人の一人であるワイリーは、次のように供述している――〔第一九九四号〕「一八四五年末には、それ」〔綿紡績業〕「以上に儲かる事業はなく、またこれほど大きな利潤をもたらす事業はありませんでした。綿花の在庫は豊富で、良質で使いやすい綿花が一重量ポンドあたり四ペンスで買うことができ、そしてこのような綿花からは、同じく四ペンスの費用で四〇番手優良二等ミュール経糸《たていと》用糸を紡ぐことができ、紡績業者にとっての総費用は約八ペンスでした。一八四五年の九月と一〇月には、この糸が一重量ポンドあたり一〇$\frac{1}{2}$ペンスと一一$\frac{1}{2}$ペンスとで大量に売られ、また大量の納品契約も結ばれて、いくつかの場合には、紡績業者たちは綿花の購入価格に匹敵する利潤を上げました」。――〔第一九九六号〕「一八四六年のはじめまでは、事業は引き続き儲かっていました」。――〔第二〇〇〇号〕「一八四四年三月三日には、綿花の在庫」〔六二万七〇四二俵〕「は、今日の在庫」〔一八四八年三月七日の在庫三〇万一〇七〇俵〕「の二倍以上でしたが、それにもかかわらず〔当時の〕価格は一重量ポンドあたり一$\frac{1}{4}$ペンス高でした」〔五ペンスにたいして六$\frac{1}{4}$ペンス〕。同時に、糸――四〇番手優良二等ミュール経糸用糸――は、一一$\frac{1}{2}$―一二ペンスから、一八四七年一〇月には九$\frac{1}{2}$ペンスに下がり、一二月末には七$\frac{3}{4}$ペンスに下がった。糸は、その糸が紡がれた綿花の購入価格〔と同じ価格〕で売られた（同前、第二〇二一号、第二〇二三号）。*このことは、資本が「不足」しているから貨幣は「高価」である、とするオウヴァストンの打算的な賢さを示す。一八四四年三月三日には、銀行利子率は三%であった。一八四七年一〇月と一一月には、それは八%と九%に達し、一八四八年三月七日にはまだ四%であった。綿花の価格は、まったくの売れ行き停滞と、パニックおよびパニックに照応する高い利子率とによって、供給状態に見合ったその価格よりも、ひどく下落した。その結果、一方では一八四八年に輸入の途方もない減少が起こり、他方ではアメリカで生産の減少が起きた。そのために一八四九年には、綿花価格の新たな騰貴が生じた。オウヴァストンによれば、諸商品が高くなりすぎたのは、国内に貨幣が多すぎたからである〔ということになる〕。

＊〔ここから段落末までは、マルクスの論評である。出所は草稿（五）の部分〕

(569)

（第二〇〇二号）「綿工業の状態の最近の悪化は、原料不足のせいではありません。というのは、原綿の在庫は非常に減ってきているとはいえ、価格は下がっているからです」。しかし、オウヴァストンの場合には、商品の価格または価値と、貨幣の価値すなわち利子率とが都合よく混同されている。ワイリーは、第二〇二六号の質問にたいする返答のなかで、〝通貨〟〔主義〕説にかんする彼の総括的判断を与えている――それに従ってカードウェルとサー・チャールズ・ウッド[*1]は、一八四七年五月に「一八四四年の銀行法の全内容の実施の必要を主張した」――が、それは次のようなものである。「これらの説は、貨幣には人為的な高い価値を与え、すべての商品〔と生産物〕には人為的かつ破滅的な低い価値を与えるような性質のものであるように私には思われます」。――彼は、さらにこの銀行法が一般的事業におよぼす影響について、次のように言う――「買い取られて合衆国に送られる商品にたいして、商人と銀行業者たちあてに振り出される諸工業都市の通例の為替手形である四ヵ月払手形は、大きな犠牲を払わなければ割り引いてもらえませんでしたので、一〇月二五日の政府書簡」〔銀行法の停止〕「以後これらの四ヵ月払手形がふたたび割り引いてもらえるようになるまでは、注文の実行が非常にさまたげられました」（第二〇九七号）。したがって、この銀行法の停止は、地方でも神の救いのような作用をしたのである。――（第二一〇二号）「昨年の一〇月」〔一八四七年〕「には、わが国において商品を買うアメリカの買い手はほとんどすべて、ただちにその注文をできるかぎり減らしました。そして貨幣高値〔利子率上昇〕のニュースがアメリカに達したとき、新規の注文はすべて取りやめになりました」。――（第二二三四号）「穀物と砂糖は、特別なケースでした。穀物市場は、収穫予想によって影響され、また砂糖は膨大な在庫と輸入とによって影響されました」。――（第二一六三号）「……アメリカにたいするわれわれの債務のうち、多くのものは、委託商品の強制売却によって清算されましたが、わが国での破産によって帳消しにされたものも多かったと心配しています」。――（第二二九六号）「私の記憶に誤りがなければ、わが国の証券取引所では、一八四七年一〇月には七〇％まで利子が支払われました」[*2]。

＊1〔カードウェルは、ピール派の政治家で、一時、院内総務（一八四五―一八四六年）、のち各種大臣を歴任。ウッドは、当時、蔵相で、二人とも商業の窮境の秘密委員会委員〕

＊2〔七〇％は報告書のままであるが、一七％の誤りとも考えられる〕

〔長いあいだの苦しい余波をともない、さらに一八四二年に本格的な後続恐慌が続いた一八三七年の恐慌と、過剰生産なるもの――俗流経済学によれば、これはまったくのナンセンスで、ありえないことであった！――を絶対に認めようとしなかった産業家たちと商人たちの利己的な無分別、この両者が最後には、あの頭脳の混乱を引き起こして、〝通貨〟学派にそのドグマを全国的規模で実行に移すことを許すことになった。〔こうして〕一八四四―一八四五年の銀行立法は通過したのである。

一八四四年の銀行法は、イングランド銀行を発券部と銀行部とに分割する。前者は、一四〇〇万

(570)
〔ポンド〕分の保証準備――大部分は政府債務――と、最高 1/4 までは銀でもよい全金属準備とを与えられ、この両者の合計総額に等しい額の銀行券を発行する。これらの銀行券は、公衆の手もとにあるのでない限り銀行部におかれ、日常の使用に必要な少量の鋳貨（約一〇〇万）とともに、銀行部の常備の準備金を形成する。発券部は、公衆に銀行券と引き換えに金を与え、また金と引き換えに銀行券を与える。それ以外の公衆との取り引きは銀行部によって行なわれる。一八四四年にイングランドとウェイルズで自行銀行券を発行する権利を認められていた個人諸銀行は、この権利を保持するが、それにもかかわらずその銀行券の発行高は、割り当てによって決められる。これらの銀行の一つが、自行銀行券の発行をやめる場合には、イングランド銀行は、回収された割り当て額の 2/3 だけ無準備の銀行券発行額〔保証準備〕を引き上げることができる。こういうやり方で、イングランド銀行の無準備の銀行券発行額は、一八九二年までに、一四〇〇万ポンドから一六五〇万ポンド（正確には、一六四五万ポンド）に増加した。

したがって、銀行の金属準備から五ポンド〔分〕の金が流出するたびに、五ポンド銀行券一枚が発券部に帰ってきて破棄される。そして金属準備にソヴリン金貨五枚が加わるたびに、新しい五ポンド銀行券一枚が通流にはいっていく。* これによって、厳密に金属流通の諸法則に従うオウヴァストンの理想的な紙券流通が実際に行なわれ、それによって〝通貨〟〔主義〕者たちの主張によれば、恐慌は永久にありえないものにされた。

＊〔「新しい五ポンド銀行券一枚が通流にはいっていく」というエンゲルスの説明は不正確であろう。五ポン

ド銀行券は直接には銀行部の準備金にはいるだけである。次の段落の「国内の流通から五ポンド銀行券一枚が引きあげられる」も、直接には「銀行部の準備金が減少する」だけであろう。行論の主旨は、むしろ通貨学派、一八四四年銀行法の立論の誤りの批判にあると解される〕

しかし、現実にはイングランド銀行を二つの独立の部門に分けたことは、理事会から、それが自由に処理できる全資金を、決定的な瞬間に自由に使用する可能性を奪ったのであり、その結果、発券部は数百万の金のほかに、なお一四〇〇万の保証準備をそっくりそのままもっているのに、銀行部は破産に直面するという場合が起こりえた。しかもこうしたことは、ほとんどどの恐慌においても、外国への大きな金流出の生じる時期が現われ、この金流出は主としてイングランド銀行の金属準備によって賄わなければならないだけに、なおさら容易に生じえたのである。この場合、外国に五ポンドの金が流出するたびに、国内の流通から五ポンド銀行券一枚が引きあげられるのであり、したがって通流手段の分量は、まさにそれがもっとも多量に、かつもっとも緊切に必要とされる瞬間に縮小される。こうして、一八四四年の銀行法は、全商業界を、恐慌が勃発しそうになると時機を失せず銀行券の準備蓄蔵を用意するように直接に仕向け、したがって恐慌を促進し激化させるのである。この銀行法は、貨幣融通にたいする、すなわち支払手段にたいする需要をこのように人為的に増加させること――この効果は決定的な瞬間に現われてくる――によって、しかもそれと同時にその供給を制限しながらそうすることによって、恐慌期の利子率を未曽有の高さにまで押し上げる。したがって、この銀行法は、
(571)
恐慌を除去するどころか、むしろ全産業界か銀行法かのどちらかが破滅せざるをえない点にまで、恐

慌を激しくする。一八四七年一〇月二五日と一八五七年一一月一二日との二度にわたって、恐慌はこの頂点まで登りつめた。そのとき政府は、一八四四年の法律を停止することによって、イングランド銀行をその銀行券発行の制限から解放したのであり、二度ともこれによって恐慌を抑えることができた。一八四七年には、一流の担保と引き換えにいまやふたたび銀行券が入手できそうだという確信だけで、四〇〇万―五〇〇〇万のしまい込まれていた銀行券をふたたび明るみに引き出し、流通させるのに十分であった。一八五七年には、一〇〇万たらずの銀行券が法定量を超えて発行されたが、それもごく短い期間だけであった。

さらに言及しておかなければならないのは、一八四四年の立法は、まだ、今世紀の最初の二〇年間――すなわち、イングランド銀行の正貨支払い停止および銀行券の価値減少の時期[*1]――を思い出させる痕跡をとどめている、ということである。銀行券がその信用を失うかもしれないという心配が、まだきわめて顕著である。しかしそれは、まったく余計な心配であった。というのは、すでに一八二五年には、流通していなかった一ポンド銀行券の古いストック[*2]が見いだされ、それを発行することによって恐慌が抑止され、そのことによって、すでにその当時、銀行券の信用が、もっとも一般的でもっとも強い不信の時期にさえ、依然としてゆるがないことが証明されていたからである。これはまた、十分理解できることである。実は、全国民がその信用をもって、この価値章標の背後に立っているのだからである。――F・エンゲルス〕

＊1〔本訳書、第三巻、九五一ページの訳注＊2参照〕

＊2〔本訳書、第三巻、一〇〇二ページの訳注＊参照〕

さて、この銀行法の影響にかんするいくつかの証言を聞いてみよう。J・St・ミルは、一八四四年の銀行法は過剰投機を抑制したと思っている。この賢明な人物が語ったのは、幸運にも一八五七年六月一二日であった。四ヵ月後には、恐慌が勃発した。彼は、「イングランド銀行の理事たちと商業界一般」とにたいして、彼らが、「商業恐慌の性質を、また、彼らが過剰投機を支持することによって自分自身にたいしても公衆にたいしても与える非常に大きな損害を、従来よりもはるかによく理解している」（『銀行委員会』、一八五七年、第二〇三一号）ことについて文字どおり祝辞を述べている。

賢明なミルは、次のように考える。もし一ポンド銀行券が、「労賃を支払う製造業者その他の人々への前貸しとして」発行されるとすれば、「……これらの銀行券は、それらを消費のために支出する他の人々の手にはいるかもしれず、そしてこの場合には、これらの銀行券それ自体が諸商品にたいする需要を構成し、しばらく価格騰貴を助長するかもしれません」〔第二〇六六号〕、と。＊そうだとすると、ミル氏は、製造業者たちは賃銀を金ではなく紙で支払うのだから、彼らはより高い賃銀を支払うであろう、と見るのか？　それとも、彼は、製造業者が彼の前貸しを一〇〇ポンド銀行券で受け取ってそ(572)れらを金と引き換える場合には、この賃銀は、すぐに一ポンド銀行券で支払われる場合よりも少ない需要を形成することになる、と思っているのか？　また彼は、たとえば若干の鉱山区では労賃が地方銀行の銀行券で支払われ、そのため、数人の労働者が一緒になって一枚の五ポンド銀行券を受け取ったことを知らないのか？　このことは、彼らの需要を増加させるのか？　それとも、銀行家たちは、小額銀行券であれば、高額銀行券で前貸しする場合よりも、いっそう容易にいっそう多くの貨幣を製造業者たちに前貸しするであろうか？

＊〔ここから段落末までは、マルクスの論評。出所は草稿（五）の部分〕

｛一ポンド銀行券にたいするミルのこの奇妙な危惧は、もし経済学にかんする彼の全著作が、どんな矛盾にもたじろがない折衷主義を示していなかったとすれば、説明のつかないものであったであろう。一方で彼は、多くのことがらで、オウヴァストンよりもトゥックのほうが正しいとしていながら、他方で彼は、諸商品価格が現存貨幣量によって規定されると信じている。したがって彼は、一ポンド銀行券が発行されるたびに――他の事情がすべて変わらないものとすれば――ソヴリン金貨一枚がイングランド銀行の金属準備にはいっていくとは、決して信じていないのである。彼が心配するのは、流通手段の総量がふえ、したがってそれが価値減少するかもしれないということ、すなわち、諸商品価格が騰貴するかもしれないということである。上述の疑念の背後に隠されているものは、このことであって、それ以外のなにものでもない。――F・エンゲルス｝

イングランド銀行を二部門に分割したこと、および銀行券兌換の保証にたいする過度の配慮について、トゥックは、〔上院〕『商業の窮境』、一八四八／五七年、で次のように所見を述べている――

一八四七年の利子率の変動が一八三七年および一八三九年に比べてより大きかったのは、もっぱらイングランド銀行が二部門に分けられたせいである（第三〇一〇号）。――イングランド銀行券の安全さは、一八二五年にも一八三七年と一八三九年にも影響を受けなかった（第三〇一五号）。――一八二五年の金にたいする需要は、地方諸銀行の一ポンド銀行券の完全な信用喪失によって生じた空白を埋めることを目的としたものにすぎなかった。この空白は、イングランド銀行も一ポンド券を発行するまでは、＊金貨でしか埋められなかったのである（第三〇二二号）。――一八二五年一一月と一二月には、輸出のための金にたいする需要は少しもなかった（第三〇二三号）。

＊〔一ポンド銀行券は、一七九七年に発行され、一八二一年に中止されたが、一八二五年後半、流通手段不足のため、多くはイングランド銀行地下室にあった未発行の一ポンド銀行券が発行されるにいたった〕

「国の内外におけるイングランド銀行の信用喪失について言えば、配当〔国債の利子〕と預金との支払いが停止されることは、銀行券の兌換停止よりもはるかに重大な結果を引き起こすでしょう」（第三〇二八号）。

（第三〇三五号）「あなたは、結局は銀行券の兌換性を危うくするどのような事情も、商業逼迫の瞬間には、新たな重大な困難を引き起こしかねないというご意見ではないのでしょうか？――決してそうではありません」。

一八四七年中は、「銀行券発行の増加は、一八二五年にそうであったように、おそらくイングランド銀行の金準備をふたたび充実させることに寄与したことでしょう」（第三〇五八号）。

(573) 一八五七年の銀行法委員会で、ニューマーチは、次のように証言する――（第一三五七号）「このような二部門への分割」（イングランド銀行の）「と、〔……〕それから必然的に生じる金〔原文は「地金」〕準備の二分割との……第一の悪い影響は、イングランド銀行の銀行業務が、すなわち、イングランド銀行の諸業務のうち、同行をこの国の商業とより直接に結びつけている部門の全体が、従来の準備額のわずか半分だけで続けられてきているということです。準備金のこの分割の結果、銀行部の準備金がほんのわずかでも減少すれば、イングランド銀行は、その割引率を引き上げることを余儀なくされたという事態が生じています。だから、この準備金の減少が、割引率のひんぱんに続く急激な変更を生み出したのです」。――〔第一三五八号〕「このような変更は、一八四四年以来」〔一八五七年六月までに〕「約六〇回ありましたが、一八四四年までは同じ期間に一二回には達しませんでした」。

一八一一年以来イングランド銀行の理事で、しばらく総裁であったパーマーが、上院の『商業の窮境』委員会（一八四八／五七年）で行なった供述も、特別に興味深いものである――

〔第八二八号〕「一八二五年一二月には、イングランド銀行には約一一〇万ポンドの金〔地金〕しか残っていませんでした。もしこの法律」〔一八四四年の〕「がその当時成立していたとすれば、同行はそのときまちがいなく完全に破産していたに違いありません。一二月には、同行は、一週間に五〇〇万ないし六〇〇万の銀行券を発行したと思いますが、これが当時のパニックをおおいに緩和したのです」。

〔第八二五号〕「もしイングランド銀行が、当時引き受けていた諸取り引きを最後まで遂行しようとしたとすれば、現在の銀行立法は崩壊したであろうと思われる第一の時期」〔一八二五年〔原文ではパーマーが総裁になった一八二八年〕七月一日以来で〕「は、一八三七年二月二八日でした。この時期、同行は三九〇〇万ないし四〇〇〇万ポンド〔の地金〕をもっていましたが、そのとき同行に準備金として残されていたのはわずか六五万ポンドにすぎなかったでしょう。もう一つの時期は一八三九年で、これは七月九日から一二月五日まで続きました」。――（第八二六号）「この場合には、準備金の額はいくらでしたか？　九月五日には、準備金は合計二〇万ポンドの不足でした。一一月五日には、それは約一〇〇万ないし一五〇万に増加しました」。――（第八三〇号）「もし一八四四年の法律があったなら、この法律はイングランド銀行が一八三七年にアメリカとの取り引きを援助するのをさまたげたでしょう」。――（第八三一号）「アメリカ相手のもっとも主要な商会のうちの三社が破産しました。……アメリカと取り引きしているほとんどすべての商会が信用を失っており、もしそのときイングランド銀行が救援しなかったとすれば、一つないし二つ以上の商会が持ちこたえることができたであろうとは思われません」。――（第八三六号）「一八三七年の逼迫は、一八四七年のそれとはまるで比べられるものではありません。一八三七年の逼迫は、主としてアメリカとの取り引きに限られていました」。――（第八三八号）（一八三七年六月のはじめに、イングランド銀行の理事会では、逼迫をどう乗り切るべきか、という問題が論議された。）「この点について、若干の人々は……正しい原則は利子率を引き上げることであり、そうすれば諸商品価格は下落するであろう、という意見を支持しました。要するに、貨幣を高くして諸商品を安くし、そうすれば外国への支払いが達成されるであろう、というのです」。――（第九〇六号）「イングランド銀行の権限の古くからの自然的な制限、すなわち、同行
(574) の現実の金属準備高〔原文は「正貨の額」〕に代わって、一八四四年の法律によって同行の権限の人為的な制限が設けられたことは、取り引きの人為的困難を生み出し、したがって、この法律〔の諸規定〕

がなければ必要でなかった〔であろう〕諸商品価格への影響を生み出しました」。――（第九六八号）「一八四四年の法律の作用によって、イングランド銀行の金属準備〔地金〕を、通常の事情のもとでは、〔外国の需要によって〕九五〇万未満に、いちじるしく減らすことはできません。もし減らしたとすれば物価と信用とへの圧迫を引き起こし、この圧迫は外国為替相場の上昇をつくりだし、その結果、金〔地金〕の輸入を増加させ、したがって〔原文は「それだけ」〕発券部の金の額を増加させることにならざるをえないでしょう」。――（第九九六号）「現在の制限のもとでは、あなた」〔イングランド銀行〕「は、外国為替相場に影響をおよぼすために銀が必要であるときに必要とされる〔原文は「あなたが必要とする程度に」〕銀を自由にすることができません」。――（第九九九号）「イングランド銀行の銀準備をその金属準備の 1/5 に制限するという規定は、なにを目的としていたのですか?――その質問には私はお答えできません」。

その目的は、貨幣を高価にすることであった。それは、〝通貨〟〔主義〕説のことはさておき、イングランド銀行を二部門に分割したこと、また、スコットランドとアイルランドとの諸銀行にたいし一定限度を超える銀行券発行について金準備を保有することを強制したことと、まったく同じである。[*1] こうして国全体の金属準備の分散が生じ、これが、[*2] 不利な為替相場を改善するための金属準備の能力を弱めたのである。次のような諸規定は、すべて利子率の引き上げという結果を生む。すなわち、イングランド銀行は、金準備なしには一四〇〇万を超えて銀行券を発行してはならないという規定、銀行部は普通銀行として管理され、貨幣過剰期には利子率を引き下げ、逼迫期には引き上げるべきだという規定、ヨーロッパ大陸およびアジアとの為替相場を調整するための主要手段である銀準備を制限する規定、輸出用の金[*3]を決して必要としないスコットランドおよびアイルランドの諸銀行が、実際まったくの幻想である自行銀行券の兌換性を口実にして、いまは金を保有しなければならないという諸規定が、それである。一八四四年の法律が、はじめて、一八五七年にスコットランドの諸銀行にたいする金を求めての取り付けを生じさせた、というのが事実である。新たな銀行立法は同様にまた、外国への金流出と国内向けのそれとを、両者の影響は言うまでもなくまったく異なっているにもかかわらず、まったく区別していない。だから、市場利子率に恒常的な激しい変動が生じたのである。銀については、パーマーは、二度、第九九二号と第九九四号とで、イングランド銀行が銀行券で銀を買うことができるのは、ただ為替相場がイギリスに順、したがって銀が過剰である場合だけである、と言う。その理由は次のとおり――〔第一〇〇三号〕「金属準備のかなりの額が銀で保有されてもよいと
(575) いう唯一の目的は、為替相場がイギリスに逆である時期に、対外支払いを容易にすることです」。――〔第一〇〇八〔正しくは一〇〇四〕号〕「銀は〔……〕他の全世界で貨幣になっている商品ですから……この目的」｛対外支払い｝「にもっとも適した商品です」。「ただ合衆国だけは、最近もっぱら金だけを受け取るようになりました」。

*1〔ここから「激しい変動が生じたのである」までは、パーマーの証言の引用のあいだに書かれたマルクスの論評。出所は草稿（五）の部分〕

*2〔この主語の関係代名詞は男性であるが、草稿（この部分は英語で書かれている）に照らすと、「分散」

を受ける女性代名詞とするほうがよいと思われる〕
＊3〔草稿による。初版では「貨幣」となっていた。カウツキー版以後各版でも訂正〕

彼の見解によれば、イングランド銀行は、為替相場の逆調が金を外国に流出させない限り、逼迫期にも、利子率を五％という従来の水準よりも高く引き上げる必要はなかった。もし一八四四年の法律がなければ、イングランド銀行は、逼迫期にも、呈示されるすべての一流手形を難なく割り引くことができるであろう、と言う（第一〇一八―一〇二〇号）。しかし一八四四年の法律のもとでは、また一八四七年一〇月にイングランド銀行のおかれていた状態では、「同行が、信用力のある諸商会にどれほど高い利子率でも要求することができたとしても、それら商会は自分の支払いを続けるために、すすんでその利子率を支払ったことでしょう」〔第一〇二二号〕。そしてこの高い利子率こそが、この法律の目的であった。＊

＊〔この一文はマルクスの論評。出所は草稿（五）の部分〕

〔第一〇二九号〕「私は、利子率が外国の需要」｛貴金属にたいする｝「におよぼす作用と、国内の信用不足期のあいだの同行への〔需要の〕殺到を阻止するための利子〔率〕の引き上げとのあいだに、大きな区別を設けなければなりません」。――〔第一〇二三号〕「一八四四年の法律以前は、為替相場がイギリスに順で、国内には不安が、それどころか明確なパニックが支配していた場合でも、銀行券の発行にはなんの制限も設けられておらず、もっぱら銀行券の発行によって、この逼迫状態は緩和することができたのです」。

三九年間もイングランド銀行の理事を務めていた人物〔パーマー〕が、このように述べているのである。こんどは、一八〇一年以来、〔個人銀行〕スプーナー＝アトウッズ社の〝共同出資者〟である個人銀行家トウェルズの言を聞いてみよう。彼は、[*1]一八五七年の銀行委員会で証言した証人全体のなかで、この国の実状に目を向けさせ、恐慌の切迫するのを見てとった唯一の人物である。その他の点では、彼は、バーミンガムの〝小シリング〟論者[*2]のたぐいであり、彼の〝共同出資者〟でこの学派の創始者であるアトウッド兄弟（『経済学批判』、五九ページ〔邦訳『全集』第一三巻、六四―六五ページ〕を見よ）と同じである。彼は、次のように供述する〔『銀行委員会』、一八五七年〕――（第四四八八号）「あなたは、一八四四年の法律が、どのように作用したと考えますか？――銀行業者としてお答えするとすれば、この法律は非常に立派に作用したと申し上げるでしょう。といいますのは、それはあらゆる種類の銀行家たちや」〔貨幣〕「資本家たちに、豊かな収穫を与えたからです。しかしそれは、信頼して取り決めができるような割引率の安定を必要とする正直で勤勉な事業家〔原文は「小売商人《トレイズマン》」〕には、非常に悪い作用をしました。……それは、貨幣貸し付けをきわめて儲けの多い事業にしました」。――（第四四八九号）「それ」〔銀行法〕「が、ロンドンの株式銀行に、株主たちへの二〇―二二％の支払いを可能にしているのですね？――先日、ある銀行は一八％を支払いましたし、もう一つの銀行
(576) は二〇％を支払ったと思います。これらの銀行には、この法律を非常に強力に支持するあらゆる理由があります」。――（第四四九〇号）「大きな資本をもたない小さな業者〔原文は「小売商人」〕たちやかなりの商人たち〔原文は「卸売り商人《マーチャント》たち」〕……彼らをこの法律はひどく痛めつけます。……このこと

を知るため私がもっている唯一の材料は、彼らの引受手形で払われないものが実におどろくほどたくさんあるのを私が目撃している、ということです。これらの引受手形は、常におよそ二〇――一〇〇ポンドという小額ですが、それらのうち多くのものは支払われず、不渡りのまま国内のあらゆる地方にもどっていきます。これは、いつも……小売商人たち〔原文は「小さな商店主たち《ショップキーパー》」〕のあいだでの受難のしるしです」。[*3]第四四九四号で彼は、いまは事業は儲けにならない、と言明している。彼の次の言葉は重要である。なぜなら、まだほかのだれもが気づいていないときに、彼は、恐慌の潜在的定在を見ていたからである。

＊1〔「彼は……論者のたぐいであり」は、トゥェルズからの引用に先立ってマルクスが書きつけた論評。出所は草稿（六）の部分〕

＊2〔本訳書、第三巻、九六七ページの訳注＊2参照〕

＊3〔ここからこのパラグラフ末までは、トゥェルズの引用中に書きつけたマルクスの論評。出所は草稿（六）の部分〕

〔第四四九四号〕「ミンシング通り[*]での価格は、まだおおむね維持されていますが、なにも売れないし、どのような価格でも売ることができません。名目的な価格が維持されているのです」。――〔第四四九五号〕彼は、次のような事例を語っている――あるフランス人が、三〇〇〇ポンド分の諸商品をある価格で売るために、ミンシング通りの仲買人に送る。仲買人は、その価格で売ることができず、フランス人はその価格より安くでは売ることができない。商品は動かないままであるが、フランス人は貨幣を必要とする。そこで仲買人は、フランス人がその諸商品を担保にして、一〇〇〇ポンドの三ヵ月払手形を仲買人あてに振り出すというやり方で、フランス人に一〇〇〇ポンドを前貸しする。三ヵ月後には、手形は満期になっているが、諸商品は相変わらず売れていない。そのとき、仲買人は、手形の支払いをしなければならない。そして彼は、三〇〇〇ポンドの担保をもっているのに、それを現金化することができず、困難におちいる。こうして、一人が別の一人を巻きぞえにする。――（第四四九六号）「旺盛な輸出について言えば……国内の取り引きが不振な場合には、それは必然的に旺盛な輸出を呼び起こします」。――（第四四九七号）「あなたは、国内の消費が減少したと思われますか？――非常にいちじるしく……まったくひどく……〔減少したと思います〕。このことは小売商人たちが一番よく知っています」。――（第四四九八号）「それにしても、輸入は非常に多額です。このことは、旺盛な消費を示しているのではありませんか？――そうです。もしあなたが売ることができるならば。しかし、多くの倉庫が、これらの物でいっぱいです。いま私があげた例では、三〇〇〇ポンド分の輸入品がありますが、それは売れないのです」。

＊〔本訳書、第三巻、八八七ページの最初の訳注＊3参照〕

（第四五一四号）「貨幣が高いときには、資本は安いと、あなたはおっしゃるのでしょうか？――そうです」。――したがって、この人は、高い利子率は高い資本と同じであるというオウヴァストンと、決して同意見ではない。

それでは、取り引きはどのように行なわれるか――（第四六一六号）＊「……他の人々は非常に懸命

（577）に働いて、自分の資本が許す程度をはるかに超えて、巨額の輸出入の取り引きをしています。これは、まったく疑う余地のないことです。これらの人々はそれで成功するかもしれません。彼らはなんらかの幸運のおかげで、大きな財産をつくり、すべての支払いをすますことができるかもしれません。全体として、取り引きの大部分がいま営まれているやり方は、このようなものです。こうした人々は、一度の船積みで二〇％、三〇％、四〇％の損をすることも辞しません。次の取り引きでそれを取り返すことができるかもしれません。もし彼らが、つぎつぎに失敗すれば、彼らは破滅します。最近われわれがしばしば見てきたのは、まさにこういう事例なのです。いくつもの商会が、一シリングの資産も残さないで破産しました」。

＊〔初版では「第四五一六号」となっていた〕

〔第四七九一号〕「低い利子率」〔最近一〇年間の〕「は確かに銀行家たちには不利に作用していますが、しかし、以前に比べていまどれほど利潤」〔彼自身の利潤〕「が高くなっているかは、帳簿をお見せしなければあなたに説明することは非常にむずかしいでしょう。銀行券の過剰な発行のせいで利子率が低ければ、私どもは多額の預金をもつことになります。もし利子率が高ければ、それは私どもに直接に利益をもたらします」。——〔第四七九四号〕「手ごろな利子率で貨幣が手にはいるなら、貨幣にたいする需要はもっと多くなります。私どもはもっと多く貸し出します。それは」〔われわれ銀行家たちには〕「そのように作用します。利子率が高くなれば、私どもはそれにたいして安いときよりも〔原文は「適切な割合よりも」〕多く手に入れます。私どもは、当然手に入れてよいものよりも多く手に入れます」。

すでに見たように、イングランド銀行券の信用は、すべての専門家によってゆるぎないものとみなされている。それにもかかわらず、銀行法は、銀行券の兌換可能性のために、九〇〇万ないし一〇〇〇万の金を絶対的に固定させるのである。これによって、* 蓄蔵貨幣の神聖と不可侵が、昔の貨幣蓄蔵者の場合とはまったく別の仕方で貫徹される。W・ブラウン（リヴァプール）は、〔上院〕『商業の窮境』、一八四八／五七年、第二三一一号で、次のように供述する――「この貨幣」〔発券部の金属準備〕「がその当時もたらした効用から言えば〔なんの役にも立たなかったのだから〕、それを海に投げ捨てるのと変わらなかったでしょう。議会の法律に違反することなしには、そのほんのわずかなものでさえ使用できませんでした」。

＊〔この一文は、ブラウンの証言の抜粋のあいだに書かれたマルクスの論評。出所は草稿（六）の部分〕

建設請負業者のE・キャップスは、すでに以前に引き合いに出されており、また彼の供述から現代のロンドンの建築制度の描写を引用した（第二部第一二章〔本訳書、第二巻、三七六―三七七ページ〕）のであるが、彼は一八四四年の銀行法についての自分の見解を次のように要約している（『銀行法』、一八五七年）――（第五五〇八号）「それでは、おおよそのところ〔……〕あなたは、現行の制度」〔銀行立法の〕「は、産業の利潤を周期的に高利貸しの財布に入れるためのたいへん巧妙な仕組みだとお考えなのですね？――それが私の考えです。この制度は、建築業ではそういう作用をした、と承知しています」。

すでに述べたように、スコットランドの諸銀行は、一八四五年の銀行法によって、イングランドの制度に近い制度を押しつけられた。これらの銀行には、それぞれの銀行ごとに定められた金額を超えて銀行券を発行するためには、それだけの金準備を保有する義務が課された。そのことが、どんな結果をもたらしたかについては、ここに上院『商業の窮境』、一八四八／五七年*での二、三の証言をあげよう。

＊〔初版では、『銀行委員会』、一八五七年となっているが、以下の証言はいずれも上院『商業の窮境』、一八四八／五七年、のものである〕

(578)

スコットランドの一銀行の重役ケネディーは言う――（第三三七五号）「一八四五年の法律が施行されるまえに、スコットランドには、金の流通と呼べるようなものが、なにかあったでしょうか？――そんなものはなにもありませんでした」。――（第三三七六号）「それ以後、金流通が追加されたでしょうか？――少しも追加されませんでした。人々は金をもちたがりません（〝人々は、金をきらっています〟*）」。――（第三四五〇号）一八四五年以後スコットランドの諸銀行が保有しなければならない約九〇万ポンドの金は、彼の意見では、ただ有害でしかなく、「スコットランドの資本のうち同額を無益に吸い上げています」。

＊〔本訳書、第三巻、九四一ページの最初の訳注＊参照〕

さらに、ユニオン・バンク・オブ・スコットランドの重役アンダースンは言う――（第三五八八号*）「スコットランドの諸銀行の側からイングランド銀行にたいして行なわれた唯一の大量の金需要は、外国為替相場のせいで生じたのですか？——そのとおりです。そしてこの需要は、私どもがエディンバラに金を保有していることによって減ることはないのです」。——〔第三五九〇号〕「私どもが同額の有価証券をイングランド銀行に」〔またはイングランドの諸個人銀行に〕「預けている限り、私どもは、イングランド銀行に金流出を生じさせる、従来と同様の力をもっています」。

＊〔初版では「第三五五八号」となっていた〕

最後になお『エコノミスト』の一論説（ウィルスン）——「スコットランドの諸銀行は、運用されていない現金額をロンドンの代理店に預ける。これらの代理店は、それをイングランド銀行に預ける。このことはスコットランドの諸銀行に、この額の限度内でイングランド銀行の金属準備を自由にする力を与える。そして、この金属準備は、ここ〔イングランド銀行〕で、対外支払いをしなければならないときにそれが必要とされるその場所に、いつでも用意されているのである」〔『エコノミスト』一八四七年五月八日号、五二四ページ〕。この制度は、一八四五年の法律によって撹乱された——「スコットランドにたいする一八四五年の法律の結果、＊最近、イングランド銀行からの金鋳貨〔原文は「鋳貨」〕の大量の流出が生じたが、これは、スコットランドにおける、単に起こるかもしれないというだけで、おそらく決して起こらないであろう需要に応じるためのものであった。……そのとき以来かなり大きな金額が、変わらずにスコットランドに固定されており、また別のかなりの金額が、つねにロンドンとスコットランドとのあいだを往復している。もしスコットランドのある銀行家〔原文は「銀行」〕が、自行の銀行券にたいする需要の増加を予想するような時期がくると、金の箱がロンドンから送ってよ

(579)

こされる。この時期が過ぎれば、同じ箱が、たいてい開かれもせずに、ロンドンに送り返される」（『エコノミスト』一八四七年一〇月二三日号〔、一二二五ページ〕）。

＊〔「スコットランドにたいする一八四五年の法律の結果」の句は、『エコノミスト』にはない〕

〔そして、この銀行法の父、銀行家サミュエル・ジョウンズ・ロイド、別名オウヴァストン卿は、これらすべてについてなんと言っているか？

彼は、すでに一八四八年に『商業の窮境』にかんする上院委員会で、次のことを繰り返し述べた。すなわち、「十分な資本の欠如によって引き起こされる貨幣逼迫〔原文は「逼迫」〕と高い利子率とは、銀行券の発行増加〔原文は「特別発行」〕によっては緩和することはできません」（第一五一四号）。一八四七年一〇月二五日の政府書簡による銀行券発行の増加の許可だけで、恐慌の矛先をくじくのに十分であったにもかかわらず、そう言うのである。

彼は、「高い利子率と製造工業の不況とは、商工業の目的に用いられうる物的資本〔原文および草稿では「国民的資本」〕の減少の必然的な結果でした」（第一六〇四号）という考えに固執している。ところが、数ヵ月来の製造工業の不況状態が表わしていたのは、物的商品資本が倉庫に満ちあふれてまったく売れないでいること、またそれだからこそ物的生産資本が、売れない商品資本をこれ以上生産しないように、全部または半分、遊休していることであった。

また一八五七年の銀行委員会で、彼は次のように言う――「一八四四年の法律の諸原理の厳密かつ迅速な遵守によって、万事が規則正しくかつ平穏に運んでおり、貨幣制度は安定してゆるぎなく、国の繁栄は争う余地なく、一八四四年の法律〔の賢明さ〕にたいする公衆の信頼は日々強まっています。もし本委員会が、この法律の基礎をなす諸原理の健全さと〔原文は「または」〕この法律が保証した有益な諸結果について、さらにより以上の実際上の例証を望まれるならば、〔本委員会にたいする〕真実かつ十分な答えは、こうです。あなたの周囲をご覧なさい。わが国の事業の現状をご覧なさい。〔……〕国民の満足をご覧なさい。社会のすべての階級の〔原文は「に広まっている」〕富と繁栄をご覧なさい。そうしたあとなら、委員会は、このような成果をもたらした法律の存続をさまたげようとするのかどうかを決定することができるでしょう〔原文は「決定することを公正に求められるでしょう」と〕（『銀行委員会』、一八五七年、第四一八九号）。[*]

＊〔『経済学批判』に同文の引用がある。邦訳『全集』第一三巻、一六〇―一六一ページ参照〕

オウヴァストンが、七月一四日の委員会でうたい上げたこのディオニュソス賛歌[*1]にたいして、同年の一一月一二日のもどり舞い歌[*2]〔アンティストロペ〕、すなわちイングランド銀行理事会あての書簡が答えたが、そのなかで政府は、まだ救えるものを救うために、奇跡を起こす一八四四年の法律を停止したのである。――Ｆ・エンゲルス〕

＊1〔ギリシア神話に登場する酒神〕

＊2〔古代ギリシアの合唱叙情詩は、ストロペ、アンティストロペ、エポドスの三部で構成された。一定のリズム形式をもつストロペに正しく対応し、ストロペが合唱隊が上手から下手に移動しながら歌われたのにたいし、アンティストロペは合唱隊が下手から上手に回り込みながら歌われた〕

（580）

第三五章　貴金属と為替相場＊

＊〔エンゲルスは、草稿（六）の後半部分を中心に第三五章を編集した。ここには『資本論』の草稿として執筆したとみられる一まとまりの叙述があり、これに議会報告書からの抜粋などを多少織り込んで、第一節「金準備の運動」は編集された。第二節「為替相場」は、草稿のそのあとの部分にあるマルクスの論考や報告書その他の抜粋を、ほぼ草稿の順序で整理するという方法がとられている。この章で、多少ともまとまった形で述べられている論評は、おおむねマルクスのものである。章表題および各節の区分および表題はエンゲルスによる〕

第一節　金準備の運動

逼迫期における銀行券の蓄蔵については、もっとも原始的な社会状態のもとで不安定な時期に生じるような、貴金属での蓄蔵貨幣形成がここで繰り返されることが注目される。一八四四年の法律がその作用の点で興味を引くが、それは、この法律が国内にあるすべての貴金属を流通手段に転化させようとするからである。この法律は、金〔草稿は「地金」〕の流出を通流手段[*1]の収縮と同一視しようとし、金〔地金〕の流入を通流手段[*2]の膨脹と同一視しようとする。この法律を通して、やがて実験的に逆のことが証明された。すぐ次に言及するただ一つの例外をのぞき、一八四四年以来、イングランド銀行券の流通総量は、この銀行が発行を許された最高限度に達したことは一度もなかった。しかも他方で、一八五七年の恐慌は、一定の諸事情のもとではこの最高限度でも十分ではないことを証明したのである。一八五七年一一月一三日から三〇日まで、この最高限度を毎日平均四八万八八三〇ポンド上回る額が流通した（『銀行法』、一八五八年、xiページ）。法定最高限度は、その当時、一四四七万五〇〇〇ポンド、プラス、銀行地下室にある金属準備額であった。

　＊1・2〔草稿では「通貨」となっている〕

貴金属の流出入にかんして注意すべきことは、次のことである——

第一に、一方での金銀を産出しない地域内での金属の行き来と、他方での金銀産源地からさまざまな他の国々への金銀の流れおよびそれら諸国間でのこの追加分の配分とを、区別しなければならない。ロシア、カリフォルニア、およびオーストラリアの金鉱の影響が現われる以前には、今世紀のはじめ以来、〔金銀の〕供給は、摩滅鋳貨の補填、奢侈《しゃし》品材料としての通常の使用、そしてアジアへの銀の輸出に足りるだけのものであった。

(581) けれども、このとき以来、第一に、アメリカおよびヨーロッパの対アジア貿易〔の増大〕とともに、アジアへの銀の輸出が非常に増大した。ヨーロッパから輸出された銀の大部分は、追加の金によって補填された。さらに、新たに供給された金の一部分は、ヨーロッパ内の貨幣流通によって吸収された。一八五七年までに、約三〇〇〇万の金が追加的にイギリスの国内流通にはいり込んだと推定される。[一四]次に、一八四四年以来、ヨーロッパおよび北アメリカのすべての中央銀行における金属準備の平均高が増加した。同時に、国内貨幣流通が増大すると、必然的に銀行準備金は、パニックのあと、それに続く沈静期に、多量の金貨が国内流通から押し出されて流通がとどこおる結果として、それだけでもいっそう急速に増大することになった。最後に、新しい金鉱の発見以来、[*1]富の増大の結果として、奢侈品用の貴金属消費が増加した。[*2]

（四）このことが貨幣市場にどう影響したかは、W・ニューマーチの次の供述が示している――〔『銀行法』、一八五七年〕（第一五〇九号）「一八五三年の末ごろに、公衆のあいだにかなりの懸念が生じました。〔同年〕九月に、イングランド銀行は同行の割引率を三回続けて引き上げました。……一〇月初旬には……〔原文にはここに省略はない〕公衆のあいだにかなりの程度の心配と警戒が現われました。こうした懸念と不安〔原文は「警戒」〕は一一月末以前に大部分なくなり、オーストラリアから〔約〕五〇〇万〔ポンド〕の貴金属が到着したことによってほぼ完全に取りのぞかれました。〔……〕一八五四年の秋、一〇月と一一月におおよそ六〇〇万〔ポンド〕の貴金属が到着したときにも、同じことが繰り返されました。周知のように興奮と不安〔原文は「警戒」〕の時期であった一八五五年の秋にも、九月、一〇月、一一月のあいだに約八〇〇万〔ポンド〕の貴金属が到着したことにより、同じことが〔また〕繰り返されました。〔その後、昨〕一八五六年の末にも〔まったく〕同じことが起きています。要するに〔原文は「実のところ」〕、私どもは、どのような金融逼迫にも、金を積んだ船の到着をもって当然の完全な解決策であるとみることにもう慣れてしまっているのではないかと、私は、本委員会のほとんどすべての委員の方々の経験〔原文は「意見」〕に訴えかけることができるのではないかと思います」。

＊1〔草稿には「新しい金鉱の発見以来」はなく、文末に丸括弧でくくって「新しい時期のあいだに」と書か

れている〕

＊2〔草稿では「奢侈品としての金と銀」となっている〕

第二に。金銀を産出しない国々のあいだでは、貴金属〔地金〕は絶えず流出したり流入したりしている。同じ国がそれを絶えず輸入し、また同様に絶えず輸出する。最終的に流出が起こるのかそれとも流入が起こるのかを決定するのは、どちらの側への運動が優勢かということだけである。というのは、単に振動するだけでしばしば並行する二つの運動は大部分〔互いに〕中和されるからである。しかし、そのせいで、この結果を考慮するあまり、二つの運動の恒常性と、この二つの運動の全体として並行して進む経過とが見過ごされてしまうことになる。貴金属の輸入超過および輸出超過は、いつも、ただ諸商品の輸入と輸出との関係の結果であり表現であるかのようにしか解されないが、それは同時に、商品貿易とはかかわりのない貴金属そのものの輸入と輸出との関係の表現でもある。

(582)

第三に。〔貴金属の〕輸入と輸出とのどちらが優勢であるかは、全体として言えば、中央諸銀行の金属準備の増減で測定される。この測度器がどの程度まで多少とも正確であるかは、もちろん、まずもって、銀行制度が一般にどの程度まで集中されているかにかかっている。というのは、いわゆる国家的銀行に蓄蔵されている貴金属が一般にどの程度まで国家的金属準備を代表するかは、この集中の程度にかかっているからである。しかし、そうであると前提しても、この測度器は正確ではない。なぜなら、〔貴金属の〕追加輸入は、一定の諸事情のもとでは、国内流通と金銀の奢侈品への使用の増大とによって吸収されるからである。さらにまた、〔貴金属の〕追加輸入なしに国内流通のための金貨の引き出しが行なわれ、こうして、〔貴金属の〕輸出が同時に増加しなくても金属準備が減少することがありうるからである。

第四に。金属の輸出が流出という形をとるのは、減少運動が比較的長期間続き、その結果、減少が運動の傾向として現われて、イングランド銀行の金属準備をその中位の高さよりもいちじるしく低く、ほぼこの準備金の中位の最低限度にまで、押し下げる場合である。この中位の最低限度は、銀行券の兌換保証などにかんする立法によって個々それぞれの場合にさまざまに規定されているので、その限りでは多かれ少なかれ自由裁量で定められている。イギリスでこのような流出が達しうる量的限界について、ニューマーチは『銀行法』、一八五七年、証言第一四九四号で次のように述べている――「経験から判断しますと、対外取引におけるなんらかの変動の結果生じる金属流出が、三〇〇万または四〇〇万ポンドを超えるということは、とうていありそうにありません」。一八四七年には、イングランド銀行の金準備は一〇月二三日に最低水準に達するが、それは、一八四六年一二月二六日に比べて五一九万八一五六ポンドのマイナスを示し、また一八四六年の最高水準（八月二九日）に比べて六四五万三七四八ポンドのマイナスを示している。

第五に。いわゆる国家的銀行の金属準備《メタルレゼルヴエ》の用途[*1]――といっても、この用途だけが金属準備《メタルシヤツツ》の大きさを規制するのでは決してない、というのは、この金属準備《メタルシヤツツ》は国内および対外取引が麻痺するだけでも増大しうるからである――は、三重である。（一）国際的諸支払いのための準備金、ひとことで言えば、世界貨幣の準備金。（二）交互に膨脹したり収縮したりする国内金属流通のための準備金[*2]。（三）

（583）銀行の機能[*3]と結びついていて、単なる貨幣としての貨幣の諸機能とは関係ないもの、すなわち預金支払いのための、および銀行券の兌換可能性のための準備金。だから、金属準備《メタルシャッツ》は、これらの三つの機能の各個に関係する諸事情によっても影響されうる。すなわち、国際的準備金としては、支払差額によって影響されるのであり、その支払差額がどんな原因によって決定されるか、また支払差額と貿易差額との関係がどうであるかは、問われない。国内金属[*4]流通の準備金としては、この流通の膨張または収縮によって影響を受ける。第三の、保証準備金としての機能は、確かに金属準備《メタルレゼルヴェ》の自立的運動を規定するものではないが、しかし、それは二重に作用する。国内流通において金属貨幣（したがってまた銀を価値尺度とする国々では銀貨）の代わりをする銀行券が発行されるならば、（二）にあげた準備金の機能はなくなる。そして、（二）の機能に用いられてきた貴金属の部分は、継続的に外国へ出て行くであろう。この場合には、国内流通のための金属鋳貨の引き出しは生じないし、またそれと同時に、流通している金属鋳貨の一部がとどこおることによる金属準備《メタルレゼルヴェ》の一時的増大もなくなる。さらに、もし預金の支払いと銀行券の兌換可能性のための金属準備《メタルシャッツ》[*5]の最低限度が、どのような事情のもとでも確保されなければならないとすれば、このことは、独自な仕方で、金の流出または流入の諸作用に影響する。このことは、金属準備《シャッツ》のうち、銀行がどのような事情のもとでも保有する義務のある部分、または、銀行が他日不用なものとして手放そうとつとめる部分に影響する。純粋に金属流通で銀行制度が集中されているならば、銀行は、自己の金属準備《メタルシャッツ》を、同じく自己の預金支払いの保証とみなさなければならないであろう。そして、金属が流出すれば、一八五七年のハンブルクにおけると同様のパニックが起こりうるであろう。

＊1〔草稿では「いわゆる」以下は「銀行の地金準備《ブリオンレゼルヴェ》の準備金の用途」となっている〕
＊2・4〔草稿では「金属」は「鋳貨」となっている〕
＊3〔草稿では「銀行の機能」は「銀行業」となっている〕
＊5〔「金属準備の」はエンゲルスによる〕

第六に。おそらく一八三七年は例外として、現実の恐慌はいつも、為替相場が反転したのちにはじめて、すなわち、貴金属の輸入がふたたび輸出より優勢になってすぐに勃発した。一八二五年には、現実の崩落は金の流出がやんだのちに起こった。一八三九年には、金の流出は起こったが崩落にはいたらなかった。一八四七年には、金の流出は四月にやみ、そして崩落は一〇月にやってきた。一八五七年には、外国への金の流出は一一月のはじめ以来やんでいて、一一月もなかばすぎてやっと崩落がやってきた。

このことがとくにはっきり現われているのは一八四七年の恐慌である。このときには金の流出は、比較的軽い前駆的恐慌を引き起こしたあと、四月にはもうやんでしまい、それから本来の事業恐慌がようやく一〇月になって勃発したのである。

[*1]次の諸供述は、〝一八四八年の商業の窮境にかんする上院秘密委員会〟でなされたものである。諸証言は一八五七年にようやく印刷された[*2]（『商業の窮境』、一八四八／五七年、としても引用する）。

＊1〔ここからあとトゥック、モリス、パーマーの供述は、草稿の別の場所からとられたもので、エンゲルス

によってここに挿入された〕

＊2〔これがエンゲルスの思い違いであることは、本訳書、第三巻、一九ページの訳注＊2を参照〕

（584）

トゥックの供述――一八四七年四月に逼迫が生じた。これは厳密に言えば、パニックに等しいものであったが、比較的に期間も短く、たいした商業的破産をともなうものではなかった。一〇月には、逼迫は四月中のどの時期よりもはるかに激しく、ほとんど前代未聞の数の商業的破産が起こった（第二九九六号）＊。――四月には、為替相場とくに対アメリカ為替相場によって、異常に大きな輸入代金を支払うために多額の金を輸出せざるをえなかった。イングランド銀行はたいへんな努力をしてやっと金の流出をせきとめ、為替相場を押し上げた（第二九九七号）＊。――一〇月には、為替相場はイギリスにとって順であった（第二九九八号）＊。――為替相場の反転は、四月の第三週には始まっていた（第三〇〇〇号）。――為替相場は七月と八月に変動した。八月のはじめ以来、為替相場はずっとイギリスにとって順であった（第三〇〇一号）。――八月の金流出は国内流通のための需要から生じた〔第三〇〇三号〕。

＊〔初版では「第二一九六号」、「第二一九七号」、「第二一九八号」になっていた〕

イングランド銀行総裁Ｊ・モリス――一八四七年八月以来、為替相場はイギリスにとって順となり、そのために金の輸入が生じていたが、それにもかかわらずイングランド銀行の金属準備は減少した。「二二〇万ポンドの金〔原文はソヴリン金貨〕が、国内需要の結果、国内に出て行きました」（第一三七号）。――このことは、一方では、鉄道建設における労働者たちの就業の増加から説明され、他方では、「恐慌時に自分の金準備をもっていたいという銀行家たちの願望」から説明されている〔第一四七号〕。

イングランド銀行の元総裁で一八一一年以来の理事パーマー――〔第六八四号〕「一八四七年四月なかばから、一八四四年の銀行法〔のなかの制限条項〕が停止された日までの全期間にわたって、為替相場はイギリスにとって順でした」。

したがって、金属〔地金〕流出は、一八四七年四月に独立の貨幣パニックを引き起こしているが、それは、このときにもやはり恐慌の前ぶれにすぎず、この恐慌が勃発するまえにすでに反転していた〔流出から流入に〕。一八三九年には、大きな事業不況のもとで、非常に激しい金属〔地金〕流出が――穀物代金などの支払いのため――生じたが、恐慌も貨幣パニックも起こらなかった。

第七に。一般的恐慌が燃え尽きてしまうと、金銀〔草稿では「地金」〕はふたたび――産出諸国からの新たな貴金属の流入を別として――それがさまざまな国の個別の準備金として諸国に均衡した状態で存在していたときと同じ割合で、配分される。他の事情に変わりがなければ、各国における金銀の相対的な大きさは、その国が世界市場で果たす役割によって規定されるであろう。金銀は、通常の持ち分以上のものをもった国から流れ出て、ほかの国に流れ込む。これらの流出および流入の運動は、（585）それぞれ異なる国家的準備金のあいだへの、金銀の元の配分を回復するにすぎない。けれども、このもどし配分は、さまざまな事情の作用によって媒介されているのであり、それらの事情については為替相場を論じるさいに言及することにする。通常の配分が回復されてしまえば――この時点を過ぎると――まず増大が起こり、そのあとふたたび流出が起こる。〔言うまでもなく、この最後の一文は、世界貨幣市場の中心点としてのイギリスにのみあてはまる。――F・エンゲルス〕

第八に。金属〔地金〕流出は、たいていは外国貿易の状態の変化の徴候であり、そしてこの変化はまた、諸関係がふたたび恐慌へ向かって成熟しつつあることの前兆である。[一五]

（一五）ニューマーチによれば、外国への金流出は次の三通りの原因から生じうる。詳しく言えば、（一）純粋に取り引き上の原因から。すなわち、一八三六年と一八四四年とのあいだに、またふたたび一八四七年に、主として穀物輸入が大きかったためにそうであったように、輸入が輸出よりも大きかった場合である。（二）一八五七年のインドの鉄道建設の場合がそうであるように、イギリス資本を外国に投資するための資金を調達するため。（三）一八五三年と一八五四年の東方での戦争目的の支出がそうであるように＊、外国での最終的支出のため〔『銀行法』、一八五七年、第一七〇二号〕。

＊〔クリミア戦争のこと。なお、報告書では、年代は一八五四年と一八五五年となっている〕

第九に。支払差額はアジアに順で、ヨーロッパおよびアメリカに逆でありうる。[一六]

（一六）（第一九一八号）ニューマーチ。「もしあなたがインドと中国をひとまとめにされるならば、もしあなたがインドとオーストラリアとのあいだの諸取り引き、および、中国と合衆国とのあいだのいっそう重要な諸取り引きを考慮されるならば、これらの場合には取り引きは三角貿易であり、その決済はわが国を介して行なわれます。……その場合は、貿易差額はわが国にとって逆であっただけでなく、フランスにとっても合衆国にとっても逆であったというのが正しいのです」（『銀行法』、一八五七年）。

貴金属の輸入は、主として二つの時期に生じる。一方では、恐慌に続き、生産の制限〔草稿は「縮小」〕の表現である、利子率の低い第一の局面においてである。そして次には、利子率は上がるが、まだその中位の高さには達していない第二の局面においてである。この局面では、還流は容易に行なわれ、商業信用は大きく、したがってまた、貸付資本にたいする需要は、生産の拡張に比例しては増大しない。貸付資本が比較的豊富なこの二つの局面では、金銀の形態で、すなわちさしあたり貸付資本としてしか機能できない形態で存在している資本の過剰な流入は、利子率に、したがって事業全体の状況にも、大きく影響せざるをえない。

(586) 他方では——入金がもはや円滑でなく、諸市場が供給過剰で、見せかけの繁栄が信用によってのみようやく維持されるようになれば、したがって、すでに貸付資本にたいする非常に強い需要が存在し、したがってまた利子率が少なくともすでにその中位の高さに達してしまえば、貴金属の流出、その連続的な激しい輸出が起こる。まさに貴金属の流出に反映するこうした諸事情のもとでは、直接に貸付可能な貨幣資本*として存在する形態にある資本の連続的引きあげの影響は、いちじるしく強くなる。それは直接に利子率に影響せざるをえない。しかし、利子率の上昇は、信用取引を縮小させるのではなく、それを拡大し、信用取引のあらゆる補助手段を過度の緊張に導く。だから、この時期は崩落に先行するのである。

＊〔草稿には「貸付可能な」はない〕

ニューマーチは質問を受ける（『銀行法』、一八五七年）――（第一五二〇号）「それでは、流通する手形の額は、利子率〔原文は「割引率」〕につれて増加するのではありませんか？――そのように思われます」。――（第一五二二号）「静穏な通常の時期には、元帳が実際の交換用具です。ところがいろいろな困難が生じますと、たとえば、先に申し述べたような諸事情のもとでイングランド銀行の割引率が引き上げられますと……そのときには取り引きは、まったく自然に為替手形の振り出しに解消されます。これらの為替手形は、締結された取り引きの法律的証明として用いるのにいっそう適当なばかりでなく、さらに仕入れをするためにもいっそう都合がよく、また資本を調達するための信用手段としてとりわけ役に立ちます」。――そのうえさらに、いくらか切迫した事情のもとでイングランド銀行が同行の割引率を引き上げると――同時に、イングランド銀行は同行が割り引くべき手形の流通期間に制限を加えるであろうという公算が生じる――、割引率の引き上げが〝しだいに強く〟進むであろうという一般的危惧が生じる。したがってだれもが、そして真っ先に信用投機師が、先物《さきもの》を割り引かせて、与えられた時点でできるだけ多くの信用手段を自由に使用できるようにしようとつとめる。＊したがって上述の諸理由は、次のようなことに帰着する。すなわち、輸入されたものであれ輸出されたものであれ、貴金属の単なる量は、そのものとして作用するのではなく、第一には、貨幣形態にある資本としての貴金属の独自な性格を通して作用するということであり、第二には、天秤の対向皿に加えられたその重みで、ゆらゆらしている天秤を最終的に一方へ傾かせるのに十分な羽毛のよう

(587)

に作用する——そのように作用するのは、どちらか一方に少しでも超過があればそれで傾きが生じるという状況で、右の量がはいり込むからである——ということである。こうした諸理由がなければ、たとえば五〇〇万—八〇〇万ポンドの金流出——これがこれまでの経験の限界である——が、どうしてなんらかの重大な影響をおよぼすことができるのかは、まったく不可解であろう。資本のこのわずかな増減——これは、イギリスで平均的に流通している七〇〇〇万ポンドの金に比べてさえたいしたものではないように見える——は、イギリスのような生産規模のなかでは実際には微々たる大きさである。[一七] しかし、まさに信用制度・銀行制度の発達こそは、一方では、すべての貨幣資本をむりやり生産に奉仕させる（あるいは同じことに帰着するが、すべての貨幣所得を資本に転化させる）ように駆り立てて、また他方では、循環のある局面において金属準備を、それがその当然の諸機能をもはや果たしえなくなるような最小限度に縮小させる。——この発達した信用制度・銀行制度こそ、有機体全体のこの過敏症を生み出すのである。生産の発展のより低度な段階では、準備金がその平均水準に比べて増加するか減少するかは、比較的どうでもよいことがらである。同様に、他方では、非常にいちじるしい金流出でさえも、それが産業循環の危急期に起こるのでなければ、影響は比較的ない。

（一七）　たとえばウェゲリンのこっけいな答弁を見よ。その答弁で彼は、五〇〇万の金の流出はそれだけの資本の減少であると言い、そのことによって、現実の産業資本が無限に大きく価格騰貴または価値減少し、無限に大きく膨脹および収縮したとしても生じないような諸現象を説明しようとする。他方、これらの現象を直接に実物資本の総量（その素材的諸要素から見ての）の膨脹または収縮の徴候として説明しようとする試みも、これに劣らずこっけいである。

＊〔このパラグラフの冒頭からここまでは、草稿では、前のパラグラフの「過度の緊張に導く」のところに付された脚注となっている〕

以上の説明では、不作などの結果として金属流出が生じる場合は度外視されている。その場合には、生産の均衡の大きなそして突然の撹乱――それが流出という形で現われる――は、この流出の影響のこれ以上の説明を必要としない。この影響は、全力で生産が行なわれている時期にこのような撹乱が起これば、それだけ大きいものとなる。

さらにわれわれは、銀行券の兌換性の保証としての、および信用制度全体のかなめとしての、金属準備の機能も度外視してきた。中央銀行は信用制度のかなめである。そして金属準備はまたこの銀行のかなめである。[一八] 私がすでに第一部、第三章、〔第三節b〕支払手段〔本訳書、第一巻、二四〇―二四一ページ〕のところで述べたように、信用主義から重金主義への転化は必然的である。危急の瞬間に金属
(588) 製の基礎を維持するために、現実の富の最大の犠牲が必要であるということは、トゥックによってもロイド・オウヴァストンによっても承認されている。争点は、ただ、プラスかマイナスか、また不可避なことの合理的取り扱いが多いか少ないか、ということだけである。[一九] 総生産と比べれば問題にならないある分量の金属が、制度のかなめとして認められている。そこから――恐慌時における、かなめとしての金属のこうした性格の恐ろしい例証は別として――実にみごとな理論的二元論が生じるのである。啓蒙経済学は、「資本」を〝専門に〟取り扱う限りでは、金銀を、実際上もっともどうでもよ

く、またもっとも役に立たない資本の形態として、最大の軽蔑をもって見くだしている。〔ところが〕この経済学が銀行制度を取り扱うとなると、いっさいがひっくり返って、金銀は〝真の意味の〟資本となり、それを維持するために資本と労働との他の形態はいずれも犠牲にされなければならなくなる。だが、金銀はなにによって富の他の諸姿態から区別されるのか？　価値の大きさによってではない。というのは、価値の大きさは、金銀に対象化された労働の量によって規定されるからである。そうではなく、富の社会的性格の自立した化身、表現として区別されるのである。〔社会の富は、その私的所有者である個々人の富としてのみ存在する。個々人の富が社会的なものとして実証されるのは、これらの個々人が、自分たちの欲求を満たすために、質的に異なる諸使用価値を互いに交換し合うことによってのみである。資本主義的生産においては、彼らは貨幣を媒介としてのみこの交換を行なうことができる。このように、貨幣を媒介としてのみ、個々人の富は社会的富として実現される。貨幣のうちに、この物のうちに、この富の社会的本性が体現されているのである。――F・エンゲルス〕したがって、富のこうした社会的定在〔貨幣〕は、社会的富の現実の諸要素とならんで、またそれらの外部に、彼岸のものとして、物、物件、商品として、現われる。生産が円滑に流れている限り、このことは忘れられる。信用は、同様に富の社会的形態として、貨幣を駆逐してその地位を奪う。生産の社会的性格にたいする信頼こそは、諸生産物の貨幣形態を、なにか単に刹那的で観念的なものとして、単なる観念として、現われさせるのである。しかし、信用がゆらぐやいなや――そしてこの局面は近
(589)
代産業の循環においてつねに必然的にやってくる――、こんどはすべての現実の富が実際にかつ突然

に貨幣すなわち金銀に転化されなければならない。それはばかげた要求であるが、しかし制度そのものから必然的に生じてくるものである。しかも、この莫大な要求を満たすべき金銀のすべては、イングランド銀行の地下室にある二、三百万にすぎない。[二〇] したがって、金流出の影響のなかには、生産が現実には社会的生産として社会的管理のもとにおかれていないという事情が、富の社会的形態は一つの物として富の外部に存在するという形態で、はっきりと現われる。このことは、実際に、資本主義制度[*1]と、それ以前の生産諸制度とに——これらの生産諸制度が商品取引と私的交換とにもとづいている限りでは——共通している。しかし、それは、資本主義制度[*1]においてはじめて、もっとも明確に、かつ不合理な矛盾と背理とのもっともグロテスクな形態で現われる。なぜなら、（一）資本主義制度[*1]では、直接的使用価値のための生産、生産者たちの自家使用のための生産は、もっとも完全に廃除されており、したがって、富は、生産と流通とのからみ合いとして現われる社会的過程としてのみ存在するからである。（二）なぜなら、信用制度の発展につれて、資本主義的生産[*2]は、富とその運動とのこうした金属的制限、物的であると同時に空想的でもある制限をつねに取りのぞこうとつとめるが、繰り返しこの制限に頭をぶつけるからである。

（一八）　ニューマーチ（『銀行法』、一八五七年）——（第一三六四号）「イングランド銀行の金属〔地金〕準備は、実は……この国の全取引がそれを基礎に営まれる中央準備金または中央金属蓄蔵です。それは、この国の全取引がそれをめぐって行なわれなければならないいわばかなめです。国内のほかのすべての銀行は、イングランド銀行を、自分たちの硬貨準備を引き出すべき中央蓄蔵貨幣または貯水池とみなしています。そして外国為替相場の影響は、いつも、まさにこの蓄蔵貨幣およびこの貯水池にのしかかってくるのです」[*3]

（一九）「したがって、実際には、トゥックとロイドの両氏とも、利子率の引き上げと資本前貸しの縮小とにより信用を早めに制限することを通じて、金にたいする過大な〔原文は「追加」〕需要に対処するであろう。〔……〕ロイド氏はその幻想〔原文は「信念」〕によって、やっかいなそして危険でさえある」｛法律上の｝「諸制限と諸規制とを引き起こすだけである」[*4]（『エコノミスト』一八四七年〔一二月一一日号〕、一四一七〔正しくは一四一八〕ページ）。

（二〇）「金〔地金〕にたいする需要を緩和するには、利子率の引き上げよりほかに方法がないということにまったく賛成されるわけですね？」――チャップマン｛大手のビル・ブローカー商会オウヴァレンド＝ガーニー社の〝共同出資者〟｝「私の意見はそうです。〔……〕わが国の金が一定の点まで減少するときには、ただちに警鐘を鳴らし、次のように言うしかありません。すなわち、われわれは没落しかけている、外国に金〔原文は「貨幣」〕を送る人は自分で危険を覚悟のうえでそれをやらなければならない、と」。――『銀行法』、一八五七年、証言、第五〇五七号。

*1〔草稿では、「資本主義制度」は「ブルジョア的制度」となっている〕

*2〔草稿では、「資本主義的生産」は「ブルジョア的制度」となっている〕

*3〔この引用は、より省略された形で、本訳書、第三巻、八九一ページに既出。訳文の相違はドイツ語訳の相違による〕

*4〔この引用は、「ロンドン・ノート」（一八五〇―一八五三年）第六冊（新メガ、第Ⅳ部、第七巻）に要約的に抜粋したものから行なわれている〕

恐慌時には、[*]すべての手形、有価証券、商品は一挙同時に銀行貨幣に交換可能なものであるべきであり、またさらにこの銀行貨幣のすべてが金と交換可能なものであるべきであるという要求が現われる。

＊〔「恐慌時には」はエンゲルスによる〕

第二節　為替相場

〔貨幣金属の国際的運動のバロメーターは、周知のように為替相場である。ドイツがイギリスに支払うよりもイギリスがドイツに多く支払わなければならないとすれば、ロンドンでは、スターリング〔英国ポンドのこと〕で表示されたマルクの価格が騰貴し、ハンブルクおよびベルリンでは、マルクで表示されたスターリングの価格が低下する。ドイツにたいするイギリスの支払債務のこうした超過が、たとえばドイツのイギリスでの購入超過によって、ふたたび相殺されるのでなければ、ドイツあてのマルク建て為替のスターリング価格は、次のような点まで、すなわち、為替の代わりに金属――金貨または地金――をイギリスからドイツに送って支払いをするほうが引き合うような点まで、騰貴せざるをえない。これが典型的な経過である。

(590)

貴金属のこうした輸出がもっと大規模に、もっと長期になれば、イギリスの銀行準備はそこなわれ、イギリスの貨幣市場は、イングランド銀行を先頭として防衛策を講じなければならない。これはすでに見たように、主として利子率の引き上げである。金流出がいちじるしいときには、貨幣市場は決まって逼迫している。すなわち、貨幣形態にある貸付資本にたいする需要が供給をいちじるしく上回り、そのため高金利がまったくひとりでに生じてくる。イングランド銀行が決定する割引率は、この事態に対応するものであり、それが市場に行きわたる。しかし、金属流出が日常の商取引関係以外のことから（たとえば諸外国の借款、外国での資本投下などによって）生じ、ロンドン貨幣市場がそれ自身としては有効な利子率の引き上げを決して是認しない場合もある。このような場合には、イングランド銀行は「公開市場」での大量の借り入れを通じて、まず、文字どおり「貨幣を払底させ」、こうして利子引き上げを是認または必要とするような状態を人為的につくりださなければならない。これは、イングランド銀行にとって年々むずかしくなっている手口である。――F・エンゲルス〕

次に、利子率の引き上げが為替相場にどのように影響するかは、一八五七年の銀行立法にかんする下院委員会での次のような供述（『銀行法』、または『銀行委員会』、一八五七年、として引用）がこれを示している。*

*〔本訳書、第三巻、一〇六二―一〇六三ページの『エコノミスト』からの引用をも参照〕

ジョン・スチュアト・ミル――（第二一七六号）「取り引きがむずかしくなると……有価証券の価格はかなり低下し……外国人が〔送金してよこして〕イギリスで鉄道株を購入させたり、外国鉄道株のイギリス人所有者がそれを外国で売却したりして……それだけ金の移転が防止されます」。――（第二一八二号）「銀行家たちと有価証券取引業者たちの一大富裕階級――異なる国々のあいだでの利子率の均等化および商業上の気圧計の示度（〝圧力〟）の均等化は……普通彼らを通じて行なわれますが

（591）

――は、値上がりしそうな有価証券を買い入れようとつねに見張っています。……彼らが〔証券を〕買うのにうってつけの場所は、金〔地金〕を外国に送り出している国でしょう」。――（第二一八四号）＊「一八四七年には、こうした資本投下が大規模に行なわれ、金の流出を減少させることができました」。

＊〔初版では「第二一八三号」となっていた〕

イングランド銀行の元総裁〔在任一八五三―一八五五年〕で一八三八年以来同行の理事であるＪ・Ｇ・ハッバード――（第二五四五号）「ヨーロッパの有価証券で……さまざまな貨幣市場のすべてにおいて一種のヨーロッパ的流通〔力〕をもつものが大量にあり、これらの証券は、その価値が〔……〕ある市場で一％ないし二％下がると、ただちに買い集められて、その価値がまだ維持されている諸市場に送られます」。――（第二五六五号）「諸外国はイギリスの商人たちに多額の債務を負っているのではありませんか？――……非常に多額です」。――（第二五六六号）「では、これらの債務の回収〔原文は「現金化」〕は、それだけで、イギリスの非常に大きな資本蓄積を説明するのに十分と言えるでしょうか？――一八四七年には、わが国の状態の回復は、結局のところ、アメリカとロシアとがそれ以前にイギリスに負っていた何百万かの債務をわれわれが切り捨てることによって、達成されました」。〔同時にイギリスは、まさに右の国々にたいして「何百万か」の穀物代金の負債があったが、イギリス人債務者たちの破産によってその大部分をまちがいなく「切り捨て」たのである。先に第三〇章、三一ページ〔本訳書、第三巻、八七五ページ〕にあげた一八五七年の銀行法にかんする報告書を見よ

〔――F・エンゲルス〕｝。――（第二五七二号）「一八四七年には、イギリスと〔サンクト〕ペテルブルクとのあいだの為替相場は非常に高いものでした。一四〇〇万〔ポンド〕の法定限度に拘束されることなく」｛金準備を超えて｝「銀行券を発行する権限をイングランド銀行に与える政府書簡が出されたとき、その条件は、割引率は八％に維持されなければならないということでした。その時点では、また当時の割引率では、ペテルブルクからロンドンに向けて金を船積みさせ、それが到着しだい、売られた金〔原文は「金の購入と船積み」〕を引き当てに振り出された三ヵ月払手形が満期になるまで、その金を八％で貸し出すのが、儲かる取り引きでした」。――（第二五七三号）「すべての金取引において、いろいろな点が考慮されなければなりませんが、重要なのは、為替相場と」｛金を引き当てに振り出された｝「手形が満期になるまでのあいだ貨幣を投資しておくことができる〔原文は「投資に適用できる」〕利子率とです」。

対アジア為替相場*

*〔第二節の二つの項目見出しはマルクスによる〕

以下の諸点は、次のような理由から重要である。すなわち、それらの点は、一方では、イギリスの対アジア為替相場が逆であるとき、イギリスは、アジアからの輸入代金をイギリスを介して支払う他の国々に、どのようにその埋め合わせをしてもらわなければならないか、を示すからである。しかし、第二には、ウィルスン氏がここでもまた、貴金属の輸出が為替相場におよぼす影響を、資本一般の輸

（592）

出が為替相場におよぼす影響と同一視するという愚かな試みを行なっているからである——どちらの場合にも、問題になっているのは支払手段または購買手段としての輸出ではなく、資本投下を目的とする輸出であるのに。まずなによりも自明なことは、インドで鉄道に投資するために、何百万ポンドかが同地に、貴金属で送られようとレールで送られようと、両者は、同一の資本額を一国から他国へ移転するうえでの形態の相違にすぎない、ということである。しかも、この移転は、通常の商業取引の勘定にははいり込まず、輸出国は、この移転の見返りに、この鉄道の収益からのその後の年々の収入以外には、他のどんな還流も期待しないのである。この輸出が貴金属の形態で行なわれるならば、この輸出は、それが貴金属であり、そして貴金属として直接に貸付可能な貨幣資本であり*、全貨幣制度の土台であるから、必ずしもあらゆる事情のもとでではないが、しかし前述の事情のもとでは、この貴金属を輸出する国の貨幣市場に、したがってまたその国の利子率に、直接に影響をおよぼすであろう。それはまた同様に、為替相場にも直接に影響をおよぼす。すなわち、貴金属が現送されるのは、ロンドンの貨幣市場で供給されるたとえばインドあての手形だけでは、この特別送金をするには十分でないからにすぎず、またその限りでのことにすぎないのである。だから、インドあて手形にたいする、供給を上回る需要が生じ、こうして為替相場は一時的にイギリスにとって逆となるが、それは、イギリスがインドに債務を負っているからではなく、イギリスがなみはずれて大きな金額をインドに送らなければならないからである。インドへのこのような貴金属送付は、長いあいだには、イギリス商品にたいするインドの需要を増加させるように作用するに違いない。なぜなら、この貴金属送付は、間接的にヨーロッパ諸商品にたいするインドの消費能力を高めるからである。これにたいして、資本がレールなどの形態で送られるならば、インドはその返済をする必要がないので、それが為替相場に影響をおよぼすことはまったくありえない。だからこそ、それは貨幣市場に影響をおよぼすはずもないのである。ウィルスンは、このような特別投資は貨幣融通にたいする特別な需要を生み出し、こうして利子率に作用するであろうということから、右のような影響を引き出そうとする。そうした場合もありうる。しかし、そうしたことがどのような事情のもとでも起こるに違いないと主張するのは、まったくまちがいである。レールがどこに送られて敷設されようと――イギリスの土地にであれインドの土地にであれ――、それは、一定の部面におけるイギリスの生産の一定の拡張ということ以外にはなにも表わさない。生産の拡張は、非常に広大な限界の内部でであっても、利子率を押し上げることなしに行なわれることはありえない、と主張するのは、愚かなことである。貨幣融通、すなわち、信用諸操作がはいり込んでくる諸取り引きの額は、増大するかもしれない。しかし、これらの操作は、与えられた利子率に変わりがない場合でも増加しうる。四〇年代におけるイギリスの鉄道熱の時期には、実際にそうであった。利子率は上がらなかった。また、現実資本〔草稿は「実物資本」〕すなわちここでは諸商品が問題になる限りでは、これらの商品が外国向けであろうと国内消費用であろうと、貨幣市場への影響はまったく同じであるということは明白である。そこに区別が生じうるのは、ただ、
(593)イギリスの対外投資がその商業輸出――支払いを受けるに違いない、したがって〔貨幣の〕還流をもたらす輸出――を減少させる作用をする場合か、または、これらの投資が一般に、すでに信用の過度

緊張とぺてん的操作の開始との徴候である限りにおいてだけであろう。

＊〔草稿には「貸付可能な」はない〕

以下においては、ウィルスンが質問し、ニューマーチが答える〔『銀行法』、一八五七年〕。

（第一七八六号）「東アジア向けの銀の需要にかんして、あなたが前に言われたところでは、多額の金属準備〔原文は「地金」〕が引き続き東アジアに送られているにもかかわらず、対インド為替相場はイギリスに順であるとのお考えですが、そうお考えになる理由がおありですか？――もちろんです。……私の知るところでは、連合王国のインドへの輸出の現実価額は、一八五一年に七四二万ポンドでした。これに、インディア・ハウス[*1]の手形の金額、すなわち、東インド会社が自社の経費を支弁するためにインドから引き出す資金を加えなければなりません。この為替手形の額は、同年には三二〇万ポンドに達しました。したがって、連合王国のインドへの輸出総額は、一〇六二万ポンドにのぼりました。一八五五年には……商品輸出の現実価額[*2]は、一〇三五万ポンドに増加しました。インディア・ハウスの為替手形は三七〇万ポンドでした。ですから、輸出総額は一四〇五万ポンドでした。一八五一年については、インドからイギリスへの商品輸入の現実価額を確認する手だてはないように思います。しかし、一八五四年と一八五五年については確認できます。一八五五年には、インドからイギリスへの商品輸入の現実価額の総額は、一二六七万ポンドでした。この総額を前述の一四〇五万ポンドと比較すれば、両国間の直接貿易では、貿易差額は、イギリスにとって一三八万ポンドの黒字となります」。

＊1〔「インディア・ハウス」は、ロンドンにある東インド会社の事務所（本社）。インディア・ハウスの手形については、本訳書、第三巻、一〇四八ページの訳注＊参照〕

＊2〔報告書では「申告価額《デイクレアド・ヴァリュ》」となっている〕

これにたいして、ウィルスンは、為替相場は間接貿易によっても影響を受ける、と述べる。たとえば、インドからオーストラリアおよび北アメリカへの輸出は、ロンドンあての為替手形によって支払われるのであり、したがって、この輸出は、まるで諸商品が直接にインドからイギリスに送られたかのように為替相場に作用する。さらに、インドと中国を一緒にすると、貿易差額はイギリスにとっての赤字である。というのは、中国は引き続きインドにアヘン代金として多額の支払いをしなければならず、またイギリスは中国に諸支払いをしなければならないのであり、これらの金額はこうした回り道を経てインドへいくからである（第一七八七号、第一七八八号〔、第一七八九号〕）。

次に、第一七九一号でウィルスンは質問する――資本が「レールおよび機関車の形態で出ていこうと、金属貨幣〔原文は「鋳貨」〕の形態で出ていこうと」、為替相場におよぼす影響は同じになるのではないか、と。これにニューマーチが次のように答えているのは、まったく正しい――最近数年間に鉄道建設のためにインドに送られた一二〇〇万ポンドは、〔そういってよければ〕インドがきまった期限ごとにイギリスに支払わなければならない年賦金の買い取りに用いられた、と。「〔しかし〕貴金属市場への直接の作用が問題になる限りでは、一二〇〇万ポンドの投資がそのような作用をおよぼしうるのは、貨幣での実際の投下のために金属が送り出されなければならなかった限りでのことです」〔第一七

（594）

九二号）。

〔第一七九七号〕〔ウェゲリンが質問する――〕「この鉄」〔レール〕「にたいして〔貨幣の〕還流がないとすれば、それが為替相場に影響するとどうして言えるのですか？――私は、支出のうち諸商品の形態で送り出される部分が為替相場の状態〔原文は「算定」〕に影響をおよぼすとは思いません。……二国間の為替相場の状態〔算定〕は、一方の国で提供される債券または手形の数量を、それにたいして他方の国で提供される数量と比較したものによってもっぱら影響を受けると言ってよいでしょう。これが、為替相場の合理的な理論〔原文は「基本的原理」〕です。〔……〕一二〇〇万〔ポンド〕の送金にかんしては、この一二〇〇万〔ポンド。原文は「この貨幣」〕は第一にイギリスで応募された〔原文は「応募される」〕ものです。〔……〕ところで、もしこの取り引き〔の性質〕が、この一二〇〇万〔ポンド〕全部がカルカッタ、ボンベイ、およびマドラスで硬貨〔貴金属〕で寝かされる〔必要がある〕ようなものであるならば……この突然の需要は銀の価格および為替相場に激烈な影響をおよぼすでしょう。それは、ちょうど、東インド会社が明日にでも、同社の為替手形を三〇〇万〔ポンド〕から一二〇〇万〔ポンド〕に増額すると通告するようなものです。しかし、この一二〇〇万〔ポンド〕の半分は……イギリスで諸商品の購入に……レール、木材、その他の材料の購入に支出されます。……それは、インドに送られるある種の商品のためのイギリス資本の、イギリス自体での支出であり、そして、それだけのことです」。――〔第一七九八号〕〔ウェゲリン〕「しかし、鉄や木材という鉄道に必要なこれらの商品の生産は、外国商品のさかんな消費を生み、それが為替相場に影響することもあるでしょう？

――もちろんです」。

こんどはウィルスンが、鉄はその大部分が労働を表わし、この労働に支払われた賃銀は大部分が輸入諸商品を表わす（第一七九九号）、という意見を述べてから、さらに質問する――

（第一八〇一号）「しかし、ごく一般的に申し上げれば、これらの輸入商品の消費によって生産された諸商品が、生産物の形であれ、それ以外の形であれ、どんな代価も受け取らないような仕方で送り出されるとすれば、これは、為替相場をわが国にとって逆にするという影響をおよぼすのではないでしょうか？――その原理は、まさしく、大鉄道投資時代」〔一八四五年〕「にイギリスで起こったことです。三年、四年、または五年連続して、あなたがたは、鉄道に三〇〇〇万ポンドを支出しましたが、そのほとんど全部が労賃に支出されました。あなたがたは三年間、鉄道、機関車、車両、駅の建設で、工場地域の全部を合わせたよりも多くの人々を養ってきました。これらの人々は……自分たちの賃銀を紅茶、砂糖、酒類、その他の外国商品の購入に支出しました。これらの商品は輸入されなければなりませんでした。しかし、この大支出が行なわれたそのあいだに、イギリスとほかの国々とのあいだの為替相場がたいして撹乱されなかったことは確かです。貴金属〔原文は「地金」。以下の引用文中のも〕の流出が起こらなかったどころか、逆に、むしろ流入が起こったのです」。

（第一八〇二号）ウィルスンは、あくまでも次のように主張する。すなわち、イギリスとインドとのあいだの貿易差額が均衡し、その為替相場が平価である場合に、鉄や機関車を特別送付することは、「対インド為替相場に影響をおよぼすに違いない」と。レールが資本投下として送り出され、インド

(595)がどのような形態ででもその代金を支払わなくてよい限り、ニューマーチは、このことを理解することができない。ニューマーチは次のようにつけ加えて言う――「私は、どの国も、その国が取り引きを行なっている〔他の〕すべての国々との為替相場が長期にわたって逆であることはありえない、という原理に賛成です。ある国との逆な為替相場は、必然的にほかのある国との順な為替相場を生み出します」。これにかんしてウィルスンは、ニューマーチに陳腐な反論を加える――(第一八〇三号)「しかし、資本はどんな形態で送られようと、資本移転であることは変わらないのではないでしょうか?――債務が問題になる限りでは、そのとおりです」。――(第一八〇四号)「したがって、あなたが貴金属を送り出そうと諸商品〔原文は「諸材料」〕を送り出そうと、インドでの鉄道建設がイギリスの資本市場におよぼす影響は同じであり、全部が貴金属で送り出されたとした場合とまったく同じように資本の価値を高めるであろうということですね?」

鉄の価格が騰貴しなかったとすれば、それは、いずれにしても、レールに潜んでいる「資本」の「価値」が増加しなかったということの証拠であった。問題は、貨幣資本の価値、利子率である。ウィルスンは、貨幣資本と資本一般とを同一視したいのである。まず第一に、事実は、単に、イギリス国内でインドの鉄道のために一二〇〇万〔ポンド〕が応募されたということである。このことは、為替相場とは直接にはなんの関係もないことがらであり、また、この一二〇〇万〔ポンド〕の用途も、貨幣市場にとってはやはりどうでもよいことである。貨幣市場が順調な状態にあれば、このことは一般になんの影響ももたらすことはないのであり、一八四四年および一八四五年のイギリスの鉄道株応

（596）

募がやはり貨幣市場に影響をおよぼさなかったのと同様である。貨幣市場がすでにいくらか逼迫していれば、利子率はもちろんそれによって影響されることがありうるであろうが、しかし影響されるとしても、ただ上がる方向にだけであり、このことは、実にウィルスンの理論によれば、イギリスの為替相場に有利に作用するはずであろう。すなわち、インドへでなく、どこかほかのところへであっても、貴金属輸出の傾向を阻止するはずであろう。ウィルスン氏の話は、あれからこれへと飛躍する。質問第一八〇二号では、為替相場が影響を受けるはずであるとされ、第一八〇四号では、「資本の価値」が影響を受けるとされているが、この両者はまったく異なるものである。利子率は為替相場に影響するかもしれないし、また為替相場も利子率に影響するかもしれないが、しかし、為替相場が変動しても利子率は不変でありうるし、また利子率が変動しても為替相場は不変でありうる。資本が外国に送られる場合に、それが送られるさいの単なる形態が、そのような影響の違いを生み出すということ、すなわち、資本の形態上の相違が、しかもなによりも資本の貨幣形態がこうした重要性をもつということ――これは、経済学的解明とはまったく相いれないことであるが――これらのことが、ウィルスンにはどうしてもよくわからないのである。ウィルスンがこのように突然に、しかも理由もなく為替相場から利子率に飛び移ったことを、ニューマーチがぜんぜん彼に注意してやらないという点では、ウィルスンへのニューマーチの返答は一面的である。ニューマーチは、先の質問第一八〇四号にたいして、確信がもてずに動揺しながら次のように答える――「一二〇〇万〔ポンド〕が調達されなければならないとすれば、この一二〇〇万〔ポンド〕が貴金属〔原文は「地金」〕で送り出されるべきか、それとも諸材料で送り出されるべきかということは、一般的利子率にかんする限り、些細なことであることは疑いありません。とはいえ」〔正反対のことを言うためには、この「とはいえ」というのは、うまいつなぎ言葉である〕「私は、それがまったく些細なことではないと思っております」〔それは些細なことであるが、とはいえ些細なことではない〕、「なぜなら、一方の場合には、六〇〇万ポンドがすぐに還流するでしょうし、他方の場合には、それほど早くは還流しないでしょうから。ですから、六〇〇万〔ポンド〕がわが国で支出されるか、それともそれが全部送り出されるかでは、いくらかの」〔なんという明確さ！〕「違いは生じるでしょう」。六〇〇万がすぐに還流するであろう、とは、どういうことか？　六〇〇万ポンドがイギリスで支出される限りでは、それはレール、機関車などの形で存在し、これらはインドに送られてそこからはもどってこない。そしてこれらの価値は、償却によってはじめて、したがってきわめてゆっくりもどるのである。これにたいして、六〇〇万の貴金属のほうはおそらく非常に急速に〝現物で〟もどってくるであろう。六〇〇万が労賃に支出されている限りでは、それは使い果たされている。しかし、六〇〇万を前貸しするのに用いられた貨幣は、相変わらず国内で流通するか、または準備金を形成する。同じことは、レール製造者たちの利潤についても、また、六〇〇万のうち彼らの不変資本を補填する部分についても言える。したがって、〔資本の〕還流についてのあいまいな文句は、ニューマーチによって、次のことを直接に言わないために用いられているにすぎない。すなわち、貨幣は国内にとどまっているのであり、それが貸付可能な貨幣資本*として機能する限りでは、貨幣市場にとっての区別は（流通がより多くの硬貨をのみ込むことができたであろうということは別として）、貨幣がBの勘定で支出される代わりにAの勘定で支出されるというだけの区別でしかない、ということである。資本が貴金属の形ではなく諸商品の形で諸外国に移転されるこの種の投資は、ただ、それらの輸出諸商品の生産がほかの外国諸商品の特別輸入を必要とする限りでのみ、為替相場（ただし、投資される国との為替相場ではない）に影響をおよぼすことがありうる。その場合、この生産は、この特別輸入を決済するためのものではない。しかし、同じことは、資本投下としてであるか普通の商業目的のためであるかを問わず、信用によるどのような輸出の場合にも起こるのである。そのうえこの特別輸入はまた、反作用的に、たとえば植民地または合衆国の側に、イギリス商品にたいする特別需要を呼び起こすことがありうる。

＊〔草稿には「貸付可能な」はない〕

（597）

以前にニューマーチは、東インド会社の為替手形があるので、イギリスのインド向け輸出は輸入よりも大きい、と述べた〔本訳書、第三巻、一〇四〇ページ〕。サー・チャールズ・ウッドは、この点について彼に反対質問を行なっている。インドからの輸入に比べてのイギリスのインド向け輸出のこのような超過は、実は、イギリスがなんの等価物も支払わないインドからの輸入によって達成される。結局、東インド会社（こんにちでは東インド政庁）の為替手形は、インドから取り立てられる貢納なのである。＊たとえば一八五五年には、インドからイギリスへの輸入は一二六七万ポンドであり、イギリスのインド向け輸出は一〇三五万ポンドであった。収支は、二二五万〔供述原文どおり〕ポンドのインドの黒字であった。「もし事情がこれに尽きるとすれば、この二二五万ポンドはなんらかの形でインドに送金されなければならないでしょう。しかしそこに、インディア・ハウスからの公示が出ます。インディア・ハウスは、インドの諸管区あての為替手形を三二五万ポンドの額まで発行することができる、と公示します。」〔この金額が取り立てられるのは、東インド会社のロンドンでの経費と株主に支払われる配当とのためであった。〕「そしてこれが、単に貿易上で生じた二二五万ポンドの差額を決済するだけでなく、さらに一〇〇万〔ポンド〕の剰余をも生み出すのです」（第一九一七号）。

＊〔イギリス本国で配当その他の必要経費を支出する必要のあるインディア・ハウスは、インドの三管区（ボンベイ、マドラス、カルカッタ）の行政当局あての為替手形（銀ルピー建）をロンドンで発行し、これを売ってポンド貨を調達する。一方、振り出された手形は、イギリスでの手形買取人（インドへの送金を必要とするインドからの輸入業者など）からインドでの手形受取人に渡り、手形の受取人は、手形の支払い人として名あてされたインド諸管区の行政当局から記載金額のルピー貨の支払いを受ける。東インド会社は、結局、インドから徴収した税金で手形の支払いをすることになる〕

（第一九二二号）〔ウッド〕「それでは、インディア・ハウスのこれらの為替手形の作用は、インド向け輸出を増加させることではなく、〝それだけ〟減少させることなのですか？」〔その額だけ、インドからの輸入をインドへの輸出によって埋め合わせる必要を減らすこと、というべきである。〕このことをニューマーチ氏は、この三七〇万ポンドと引き換えにイギリス人がインドへ「善政」を輸入しているのだ[*1]、ということによって説明する（第一九二五号）。インド相[*2]として、イギリス人によって輸入されたたぐいの「善政」を非常によく知っていたウッドは、第一九二六号で正しく、かつ皮肉に、次のように言う――「そうすると、あなたの供述では、インディア・ハウスの為替手形によってもたらされる輸出は、善政の輸出であって、諸商品〔原文は「物産《プロデュース》」〕の輸出ではないのですね」。イギリスは、「このような仕方」で「善政」のために、および諸外国への資本投下のために多額の輸出をするから――したがって、通常の取引経路とはまったく無関係な輸入品を、すなわち、一部は輸出した「善政」にたいする貢納、一部は植民地その他に投下された資本の収入としての貢納を、すなわち、なんら等価物を支払う必要のない貢納を受け取るから――、イギリスがそれに見合う輸出なしにこれらの貢納を簡単に使い果たしても、為替相場が影響を受けないことは明らかである。したがってイギリスが、これらの貢納を自国でではなく、外国で生産的または不生産的にふたたび投下しても、たとえばそれだけの弾薬をクリミアに送っても、為替相場が影響を受けないことも、明らかである。さらに、外国からの輸入がイギリスの収入にはいり込む限りで――もちろん、この輸入は、なんの等価物も必要としない貢納としてか、またはこの不払いの貢納との交換によってか、または普通の商業経路のなかでか、いずれかのやり方で支払われていなければならない――、イギリスは、それを消費
(598) することができるし、そうでなければ、資本としてふたたび新たに投下することもできる。どちらにしても〔消費も投下も〕為替相場にはかかわりがないのであって、賢明なウィルスンはこのことを見逃している。収入の一部分をなすのが自国生産物であろうと、外国生産物であろうと――後者の場合は

外国生産物にたいする自国生産物の交換だけを前提とする——、この収入の生産的または不生産的な消費は、生産の規模には変化をおよぼすとしても、為替相場をなにも変化させない。以下のことは、これにもとづいて判断されなければならない。

＊1〔報告書では、「インドはわれわれから一〇三五万ポンドを商品で、三七〇万ポンドを『善政』で輸入した」となっている〕

＊2〔チャールズ・ウッドは、一八四六年に蔵相、一八五二—一八五五年はインド監督委員会議長、その後、海相を経て、一八五九—一八六六年にインド相であり、この質問のなされた一八五七年（銀行委員会）当時は、インド相ではない。ただし、インド監督委員会議長への任命は、インド問題についての造詣によるものであったとされる〕

（第一九三四号）ウッドは、クリミアへの戦争用備蓄の輸送が対トルコ為替相場にどのように影響するか、とニューマーチに質問する。ニューマーチは次のように答える——「私には単なる戦争用備蓄の輸送がどうやって必然的に為替相場に影響することになるかわかりませんが、しかし、貴金属の輸送なら確かに為替相場に影響するでしょう」と。つまり、ここでは彼は、貨幣形態にある資本＊を他の資本とは区別している。しかし、そこでウィルスンが質問する——

＊〔草稿では「貨幣形態にある資本」は「貨幣資本《マニィド・キャピタル》」となっている〕

（第一九三五号）「もしあなたが、なにかある品物の大規模な輸出をなさって、しかもそれに見合う輸入が行なわれないとすれば、」〔ウィルスン氏が忘れているのは、イギリスにかんしては、「善政」

(599)
という形態での、または以前に輸出された投下資本という形態で以外には対応する輸出が決して行なわれたことのない、実に多額の輸入が行なわれているということである。いずれにしても、それは通常の貿易運動にはいり込む輸入ではない。しかし、この輸入品は、たとえばアメリカの生産物とふたたび交換されるのであり、そしてこのアメリカの生産物が対応する輸入なしに〔イギリスから〕輸出されるということは、この輸入品の価値が外国への等価の流出なしに消費されうるという事態をなにも変えない。この輸入品は、それに見合う輸出なしに受け取られており、したがってまた、貿易差額にはいり込むことなく消費されうる〕「あなたは、ご自分の輸入によってあなたが契約された対外債務を支払わないことになります」。〔しかし、あなたが、すでに以前に、たとえば外国で与えられた信用によって、この輸入の支払いをしていたとすれば、それによって債務は契約されていないのであり、問題は国際的な収支とはまったく関係がない。問題は、生産的支出であるかまたは不生産的支出であるかに帰着して、そうやって消費される生産物が国内生産物であるか外国生産物であるかにはかかわりない。〕「ですから、あなたは、この取り引きによって為替相場に影響をおよぼさざるをえません。というのは、あなたの輸出はそれに見合う輸入をもたないために、対外債務が支払われないからです。

——それは、諸国一般について正しいことです」。

ウィルスンの講義は結局のところ、輸出品の生産には、外国産の、したがって輸入された諸商品がはいり込むのだから、対応する輸入をともなわない輸出は、いずれも同時に、対応する輸出をともなわない輸入である、ということになる。その前提は、こうした輸出はいずれも、不払いの輸入にもとづいているか、またはそうした輸入、つまり対外債務を生み出す、ということである。これは、次の二つの事情を別としてさえ、誤りである。すなわち、イギリスは、（一）どのような等価も支払わない無償輸入品をもっている。たとえばインドからの輸入品の一部がそうである。イギリスはそれをアメリカからの輸入品と交換することができ、また、このアメリカからの輸入品を見返りの輸入なしに輸出することができる。いずれにしても、価値にかんしては、イギリスはなにも費用のかからなかったものを輸出しただけである。また（二）イギリスは輸入品——たとえば追加資本を形成するアメリカからの輸入品——の支払いをすませてしまっているかもしれない。イギリスがこれを不生産的に、たとえば弾薬として消費するとしても、これは、アメリカにたいする債務を形成することはないし、対アメリカ為替相場には影響しない。ニューマーチは、第一九三四号と第一九三五号とで自己矛盾をきたし、そのことをウッドから第一九三八号で注意されている——「還流なしに私どもが輸出する諸物品の製造」〔戦費支出〕「に使用される諸商品のどの部分も、これらの物品が送られる相手国からやってこないとしたら、それがその国との為替相場にどのように影響するのですか？　トルコとの貿易が通常の均衡状態にあると仮定しますと、イギリスとトルコとの為替相場がクリミアへの戦争用備蓄の輸出によってどのように影響されるのですか？」——ここでニューマーチは平静さを失う。彼は、自分が第一九三四号でこの同じ簡単な質問にすでに正しく答えていたことを忘れて、次のように言う——「私どもは、実際的問題を論じ尽くし、いまや形而上学的な討議というたいへん高尚な領域にたどりついているように思われます」。

〔ウィルスンはさらに、自分の主張を別の形で述べている。すなわち、為替相場は、貴金属の形態で行なわれるか諸商品の形態で行なわれるかにかかわりなく、一国から他国へのあらゆる資本移転によって影響される、と。もちろん、ウィルスンは、為替相場が利子率によって、とくに、その相互の為替相場が問題となっている両国で適用されている両利子率の関係によって、影響されるということは知っている。もし、いま彼が、資本一般の過剰、したがって、なによりも貴金属を含むあらゆる種類の商品の過剰が、利子率にたいして共同規定的な影響をおよぼすことを証明できれば、彼はすでに自分の目標に一歩近づくことになる。その場合に、この資本のかなりの部分が〔一国から〕他国へ移転することは、両国で利子率を、しかも相反する方向へ変えるに違いないし、したがって第二には、両国間の為替相場をも変えるに違いない。――F・エンゲルス〕

(600) さて、ウィルスンは、当時彼が編集していた『エコノミスト』一八四七年〔五月二二日号〕、五七四ページ[*1]で次のように言う――

「貴金属〔原文は「地金」〕を含むあらゆる種類の〔商品の〕大量の在庫によって示されるこのような資本過剰は、必然的に、商品一般の価格の低下をもたらすだけでなく、資本の使用にたいする利子率のいっそうの低下をもたらさざるをえないということは明らかである」（一）。「もしわれわれが、向こう二年間のあいだこの国に役立てるのに十分な商品在庫をもちあわせているとすれば、これらの商品にたいする支配権は、一定期間のあいだは、在庫がほとんど二ヵ月ともたない場合に比べて、はるかに低い率で得られるであろう」(二)。「貨幣の貸し付けは、どのような形態で行なわれようとも、すべて一方から他方への、諸商品にたいする支配権の移転にすぎない。それゆえ、諸商品が過剰に現存する場合には貨幣利子は低くなければならないし、諸商品が不足な場合には貨幣利子は高くなければならない」(三)。「諸商品がより豊富に流れ込めば、売り手の数は買い手の数に比べてふえるであろうし、また、〔商品の〕数量が直接的消費の需要を上回るのに応じて、ますます大きくなる部分が将来の使用分として保管されなければならない。こうした事情のもとでは、商品所有者が、自分の全在庫は数週間で確実に売れるであろうと思っている場合よりも悪い条件で、あと払いまたは信用で売ることになるであろう*2」(四)。

*1〔ウィルスンのこの論説は彼の著書『資本、通貨、および銀行業』、ロンドン、一八四七年、に収められている。同書、二六五ページ〕

*2〔原文では、「悪い条件で」以下が「彼があと払いまたは信用で売りたくなる条件は悪くなる」となっている〕

(一)の命題については、次のことが注意されなければならない。すなわち、貴金属のいちじるしい流入は生産の縮小と同時に起こりうるのであって、恐慌後の時期にはいつでもそうである、ということである。それに続く局面では、貴金属が、主として貴金属を産出する国々から流入するかもしれない。それ以外の諸商品の輸入は、この時期には通常は輸出によって相殺される。この二つの局面において、利子率は低く、緩慢にしか上がらない。その理由は、すでに見たとおりである。この低い利子率は、「あらゆる種類の大量の在庫」なるもののなんらかの影響を持ち出さなくても、どんな場合でも説明がつく。そして、このような影響はいったいどのようにして生じるものなのか？　たとえば、綿花の低い価格は紡績業者の高い利潤を可能にする、など。では、なぜ利子率が低いのか？　確かに、借り入れた資本であげることのできる利潤が高いからではない。そうではなく、現存の諸事情のもとでは、もっぱら、貸付資本にたいする需要がこの利潤に比例しては増大しないからである。つまり、貸付資本は産業資本[*1]とは別の運動をするのである。〔ところが〕『エコノミスト』が証明しようとするのは、まさにそれとは逆のこと、すなわち、貸付資本の運動は産業資本[*2]の運動と同じである、ということである。

＊1・2〔草稿では「産業資本」は「実物資本」となっている〕

（二）の命題は、まえもって二年間分の在庫をもっているというばかげた前提を、それが意味をもちうる程度まで引き下げるならば、商品市場の供給過剰を想定している。この供給過剰は物価の低落を引き起こすであろう。一俵の綿花にたいする支払いは、以前よりも少なくてすむであろう。だからといって、一俵の綿花を買うための貨幣がより安く借りられるだろう、ということには決してなら(601)い。これは貨幣市場の状況に依存する。貨幣がより安く借りられるとすれば、それは、商業信用が銀行信用[*1]を要求する程度が、いつもより少なくてもよいような状態にあるからにすぎない。市場を供給過剰にする諸商品[*2]は、生活諸手段かまたは生産諸手段[*3]である。両者の低い価格は産業資本家の利潤を高くする。なぜこの低い価格が、豊富な産業資本〔草稿では「実物資本」〕と貨幣融通を求める需要との対立――その一致ではなく――によらないで、利子を低下させるというのか？　商人や産業家は互いにより容易に信用を与え合うことができる状態にある。[*4] 商業信用のこうした容易さのために、産業家も商人も[*5]銀行信用[*6]を以前ほど必要としない。だから、利子率は低いものでありうるのである。この低い利子率は、貴金属の流入とはなんの関係もない――といっても、両者は並存しうるし、また、輸入物品の低い価格を生じさせるのと同じ諸原因が貴金属供給の過剰を生じさせるかもしれないのであるが。輸入市場が現実に供給過剰であるとすれば、そのことは、輸入商品にたいする需要の減少を証明するものであり、この需要減少は、物価が低い場合には、自国の産業生産の縮小の結果としてよりほかには説明がつかないであろう。しかし、この生産の縮小も、低い価格で膨大な輸入が行なわれる場合には、これまた説明がつかないであろう。物価の低下＝利子の低下ということを証明するための、かずかずのまったくのでたらめ。両者は、同時に並存するかもしれない。ただしその場合、産業資本の運動と貸付可能な貨幣資本の運動とが行なわれる方向の対立[*7]を表現するものとしてであって、その一致を表現するものとしてではない。

＊1・6〔草稿では「貨幣信用」となっている〕

＊2〔草稿では「市場を供給過剰にする諸商品」は「供給過剰な輸入品」となっている〕

＊3〔草稿では「生産諸手段」は「原料および補助材料」となっている〕

＊4〔草稿では、この一文は「このような事情では、商業家は以前よりも容易に産業家に貸すであろう」とな

っている〕

＊5〔草稿では「産業家も商人も」は「産業家は」となっている〕

＊7〔草稿では、「産業資本の運動と貸付可能な貨幣資本の運動とが行なわれる方向の対立」は「生産的資本と貨幣資本《マニイド・キャピタル》との対立」となっている〕

（602）（三）については、諸商品が過剰に現存すれば、なぜ貨幣利子が低くなければならないのかは、ここでの論議のいっそうの展開のあとでもわからない。諸商品が安ければ、私は、ある一定分量を購入するのに、以前のように二〇〇〇ポンドではなく、たとえば一〇〇〇ポンドを必要とする。しかしおそらく私は、こんども二〇〇〇ポンドを投じ、それと引き換えに以前に比べて二倍の商品を購入し、そして、私がおそらく借りなければならない同じ資本を前貸しすることによって、私の事業を拡張する。私は、こんども前と同じく二〇〇〇ポンドだけ購入する。したがって、商品市場における私の需要が諸商品価格の低落につれて増大するとしても、貨幣市場における私の需要は同じままである。しかし、商品市場における私の需要が減少するとすれば、すなわち、諸商品価格の低落につれて生産が拡大されないとすれば――これは『エコノミスト』の全法則と矛盾するであろうが――、利潤は増加するとしても、貸付可能な＊1貨幣資本にたいする需要は減少するであろう。しかし、この利潤の増大は、貸付資本にたいする需要をつくりだすであろう。ところで、諸商品価格の低さは、三つの原因から生じうる。第一には、需要の不足から。この場合には、利子率が低いのは生産が麻痺しているからであって、諸商品が安いからではない。というのは、この安さは右の麻痺の単なる表現にすぎないからである。または〔第二に〕、供給が需要に比べて大きすぎるからである。これは、恐慌に導くような諸市場の供給過剰などの結果そうであるかもしれないし、また、恐慌そのもののなかで、高い利子率と一緒に現われるかもしれない。または〔第三に〕、諸商品の価値が低下したので、したがって同じ需要がより低い価格で満たされることができるから、そうであるのかもしれない。この最後の場合には、利子率はなぜ低下するというのか？　利潤が増大するからか？　それは、同じ生産的資本または商品資本[*2]を手に入れるのに必要とされる貨幣資本が、以前よりも少ないからだ、というのであれば、そのことは、利潤と利子とは互いに反比例するということを証明するだけであろう。いずれにしても、『エコノミスト』の一般的命題は誤りである。諸商品の貨幣価格の低さと利子率の低さとは必ずしも一体をなすものではない。そうでないとすれば、諸生産物の貨幣価格がもっとも低い最貧国では、利子率ももっとも低いはずであり、また、農産物の貨幣価格がもっとも高い最富裕国では、利子率ももっとも高いはずであろう。一般的には、『エコノミスト』は、貨幣の価値が低下しても、それは利子率にはなんら影響をおよぼさない、ということを認めている。一〇〇ポンドは相変わらず一〇五ポンドをもたらす。一〇〇の価値がより少ないとすれば、利子五もそうである。この比率は、最初の金額の価値増加または価値減少によっては影響されない。価値として見れば、一定の商品分量はある貨幣額に等しい。その商品分量の価値が上がれば、その価値はより大きな貨幣額に等しい。逆に、その商品分量の価値が下がれば、その価値はより小さな貨幣額に等しい。商品分量の価値が二〇〇〇ならば、五％は一〇〇である。一〇〇〇ならば、五％は五〇である。しかし、このことは利子率をなにも変えない。この件で理屈が通っているのは、同じ分量の商品を買う[*3]ために二〇〇〇ポンドが必要な場合には、一〇〇〇ポンドしか必要でない場合よりも、多くの貨幣融通を必要とするということだけである。しかしこれは、この場合には、利潤と利子との反比例を示すにすぎない。というのは、利潤は不変資本および可変資本の諸要素が安くなるのにつれて増大し、利子は下がるからである。しかし、逆の場合もありうるし、またそうした場合がしばしばある。たとえば綿花は、糸や織物にたいする需要がないから安いということがありうる。また、綿工業における大きな利潤が綿花にたいする大きな需要を生み出すので綿花が相対的に高価だということもありうる。他方、綿花の価格が低いからこそ産業家たちの利潤が高いということもありうる。ハッバードの表〔本訳書、第三巻、九八九ページ〕が証明するように、利子率と商品諸価格とは互いにまったく独立した運動を行なうが、他方、利子率の運動は金属準備と為替相場との運動に正確に順応する。

＊1〔草稿には「貸付可能な」はない〕
＊2〔草稿では「生産資本または商品資本」は「実物資本」となっている〕
＊3〔初版は「売る」となっているが、草稿にもとづいて訂正〕

(603)
「それゆえ、諸商品が過剰に現存する場合には貨幣利子は低くなければならない」と『エコノミスト』は言う〔本訳書、第三巻、一〇五三ページ〕。まさにこれとは逆のことが恐慌時には起こる。諸商品は過剰で、貨幣に換えることができず、したがって利子率は高い。循環の他の一局面では、諸商品にたいする需要は大きく、したがって〔資本の〕還流は容易であるが、しかし同時に、諸商品価格は騰貴し、また、〔資本の〕還流が容易なので利子率は低い。「それら」〔諸商品〕「が不足な場合には貨幣利子は高くなければならない」〔同前〕。恐慌のあとの弛緩期には、ふたたび逆のことが起こる。諸商品は、需要との関係においてではなく、絶対的に言って不足している。そして利子率は低い。

（四）については、市場が供給過剰な場合には、商品所有者は、現存の在庫がすぐになくなると予想される場合よりも安く売り払うであろう――そもそも彼が売ることができるとすれば――ということはほぼ明らかである。しかし、そのためになぜ利子率が低下することになるのかは、それほど明らかではない。

市場が輸入商品で供給過剰であれば、諸商品を市場に投げ出さなくてもよいようにするために所有者側からの貸付資本需要が増加する結果、利子率は上がるかもしれない。〔あるいはまた〕商業信用の円滑さが銀行信用*にたいする需要をなお相対的に低く抑えているから、利子率は下がるかもしれない。

＊〔草稿では「貨幣信用」となっている〕

『エコノミスト』は、利子率の引き上げや、貨幣市場にたいするその他の圧迫の結果として一八四七年に生じた為替相場への急激な影響に言及している。しかし、忘れてならないのは、為替相場の反転にもかかわらず、金は四月末まで流出し続けたということである。転換は、この場合、ようやく五月はじめに開始される。

一八四七年一月一日には、イングランド銀行の金属準備は一五〇六万六六九一ポンド、利子率〔割引率〕は三$\frac{1}{2}$％、三ヵ月払為替相場は、パリあて二五・七五、ハンブルクあて一三・一〇、アムステルダムあて一二・三$\frac{1}{4}$であった。三月五日には、金属準備は一一五九万五五三五ポンドに減少し、割引率は四％に上がった。為替相場は、パリあて二五・六七$\frac{1}{2}$、ハンブルクあて一三・九$\frac{1}{4}$*、アムステルダムあて一二・二$\frac{1}{2}$に下がった。金の流出は続いている。次の表〔次ページ〕を見よ――〔『エコノミスト』一八四七年八月二一日号、九五四ページ〕

*〔ハンブルクあて一三・九$\frac{1}{4}$というのは一三マルク・バンコ九$\frac{1}{4}$シリングの省略形であり、一月一日の一三マルク・バンコ一〇シリングから下落している。マルク・バンコは自由都市ハンブルクで為替取引に用いられた計算貨幣で、一マルク・バンコ＝一六シリングであった（スペイン語シグロXXI版の訳注参照）。なお、パリ、ハンブルク、アムステルダムあて各為替相場の正式の貨幣名については、本訳書、第三巻、一〇六六ページを参照〕

（604）

一八四七年に、イギリスからの貴金属の輸出総額は、八六〇万二五九七ポンドに達した。

その仕向け先は、次のとおり――

合衆国向け……………三二二万六四一一ポンド

フランス向け…………二四七万九八九二ポンド

ハンザ諸都市向け………九五万八七八一ポンド

オランダ向け…………二四万七七四三ポンド

1847年 月　日	イングランド銀行の貴金属準備（ポンド）	貨　幣　市　場	三ヵ月払為替相場の最高		
			パ　リ	ハ　ン ブルク	ア　ム　ス テルダム
3月20日	11,231,630	銀行割引率　4％	25.67½	13.09¾	12.2½
4月 3日	10,246,410	〃　　5％	25.80	13.10	12.3½
〃 10日	9,867,053	貨　幣　払　底	25.90	13.10⅓	12.4½
〃 17日	9,329,941	銀行割引率 5½％	26.02½	13.10¾	12.5½
〃 24日	9,213,890	逼　　迫	26.05	13.12*	12.6
5月 1日	9,337,716	逼　迫　増　大	26.15	13.12¾	12.6½
〃 8日	9,588,759	逼　迫　最　大	26.27½	13.15½	12.7¾

*〔初版では「13.13」となっていた。原表により訂正〕

〔以上、『連合王国統計摘要』第九号、ロンドン、一八六二年、四六ページ〕

三月末の為替相場の反転にもかかわらず、金の流出はなおまる一ヵ月続いている——おそらく合衆国に向けて。

「われわれはこうして」(『エコノミスト』、一八四七年〔八月二一日号〕、九五四ページは言う)「利子率の上昇とそれに続く貨幣逼迫〔原文は「逼迫」〕との影響が、為替相場の逆調を修正し、金〔原文は「地金」〕の流れをふたたびイギリスに向きを変えさせるうえで、いかに急速で顕著であったかを知る。この影響は、支払差額〔原文は「貿易差額」〕とはまったく無関係に生じた。利子率の上昇は、イギリスならびに外国の有価証券の価格を低下させ、外国勘定〔外国人投資家による勘定〕での有価証券の大量購入を生じさせた。このことは、イギリスから振り出される手形の額を増加させたが、他方では、利子率が高くて貨幣を入手することの困難は非常に大きかったので、これらの手形の額は増加したが、それらにたいする需要は減少した。〔……〕これと同じ原因〔貨幣を入手することの困難〕から、外国商品〔原文は「輸入品」〕にたいする注文が取り消され、外国有価証券へのイギリスの資本投下〔原文は「外国におけるイギリス・ファンドの投資」〕が換金され、その貨幣が投資のためにイギリスに送られるということが起こった。たとえば、五月一〇日付の『リオ・デ・ジャネイロ・プライス・カレント〔相場表〕』には次のように書かれている――『為替相場〔対イギリス〕『は新たな下落を経験したが、それは主として、イギリス勘定で行なわれた』〔ブラジル〕『国債証券の大量の売却金を送金するための市場の逼迫によるものであった』と。イギリスで利子率が非常に低かったときに、外国でさまざまな有価証券に投下されたイギリス資本は、こうして利子率が上昇したときに本国に引きもどされたのである」。

イギリスの貿易差額

インドだけでも、「善政」にたいして約五〇〇万〔ポンド〕の貢納、すなわち、イギリス資本の利子および配当などを支払わなければならないが、これには次のような金額はまったく計算されていない。それは、一部は官吏たちによって彼らの俸給からの貯蓄として、一部はイギリス商人たちによって彼らの利潤のうちイギリスで投資されるための部分として、毎年本国へ送られる金額である。イギリスのどの植民地からも、同じ理由で継続的に多額の送金が行なわれなければならない。オーストラリア、西インド、カナダのたいていの銀行は、イギリス資本で創設されており、その配当の支払いはイギリスでなされなければならない。同様に、イギリスは、外国の国債証券――ヨーロッパ、北アメリカ、

（605）

およびアメリカの国債証券――をたくさん所有しており、その利子を受け取ることができる。そのうえさらに、外国の鉄道、運河、鉱山などへのイギリスの資本参加があり、それに応じた配当がある。それらすべての項目について送金は、ほとんどもっぱら生産物でなされ、イギリスの輸出額を超えている。他方で、イギリスから外国へ、イギリス有価証券の所有者あてに、および在外イギリス人の消費用に出ていくものは、これに比べれば微々たるものである。

問題は、貿易差額と為替相場にかんする限りでは、「与えられたどの時点においても時間の問題である。〔……〕通例〔原文は「実際には」〕……イギリスは自国の輸出には長期信用を与えるが、輸入は現金で支払われる。ある時点では、この商慣習の相違が為替相場にいちじるしい影響をおよぼす。わが国の輸出が一八五〇年のように実にいちじるしく増加している時期には、イギリス資本の投下の引き続く拡大が進行しているに違いない。……たとえば、一八五〇年の〔外国からの〕為替送金は、一八四九年に輸出された諸商品にたいして行なわれることもありうる。しかし、一八五〇年の輸出が一八四九年の輸出を六〇〇万〔以上も〕超過するならば、その実際的な作用は、同年〔一八五〇年〕に還流した額よりもその額〔六〇〇万〕だけ多くの貨幣〔原文は「資本」〕が国外へ送られている、ということにならざるをえない。このようにして、為替相場と利子率とに影響がおよぶ。これにたいして、わが国の事業が恐慌時に〔原文は「商業恐慌ののちに」〕不振におちいり、わが国の輸出が非常に縮小されると、過去数年間のより大きかった輸出について満期を迎える為替送金は、わが国の輸入〔原文は「輸出」〕の価値をはるかに超過する。それに応じて、為替相場はわが国に順になり、資本は国内で急激に蓄積され、利子率は低下する」（『エコノミスト』一八五一年一月一一日号〔、一三〇ページ〕）。

外国為替相場が変化しうるのは、

（一）そのときの支払差額によってである。これがどのような原因によって規定されるか、すなわち、純粋に商業上の原因によってか、外国への資本投下によってか、それとも、戦争などの場合の、外国で現金支払いがなされる限りでの国家支出によってか、を問わない。

（二）金属貨幣であれ紙幣であれ、*一国における貨幣の価値減少によってである。これは純粋に名目的である。もし一ポンドがもはや以前の半分の貨幣しか表わさないとすれば、自明のことであるが、それは二五フランにではなく、一二½フランに換算されるであろう。

＊〔草稿では「鋳貨であれ銀行貨幣であれ」となっている〕

（三）一方の国は銀を、他方の国は金を「貨幣」として使用する二国間の為替相場が問題である場合には、為替相場はこの二つの金属の相対的な価値変動に依存する。というのは、この変動は明らかに二つの金属の比価を変化させるからである。後者〔相対的価値変動による比価の変化〕の一例は、一八五〇年の為替相場であった。イギリスの輸出は法外に増加したのに、為替相場はイギリスに逆であった。しかし、それにもかかわらず、金の流出は起こらなかった。それは、金価値にたいする銀価値の一時的な騰貴の結果であった（『エコノミスト』一八五〇年一一月三〇日号〔、一三一九―一三二〇ページ〕を見よ）。

＊〔初版では「一八五七年」となっていた〕

（606）

為替相場の平価は、一ポンドにたいして、パリあて二五フラン二〇サンチーム、ハンブルクあて一三マルク・バンコ一〇½シリング、アムステルダムあて一一フロリン九七セントである。パリあて為替相場が二五・二〇を超えて高騰するのに比例して、為替相場はイギリスの対フランス債務者またはフランス商品の買い手にとって有利となる。どちらの場合にも、イギリス人がその目的を達成するのに必要なポンドが前よりも少なくなる。――貴金属が容易に手にいれられない遠隔の国々では、為替手形が少なくてイギリスに為替送金をするのに不十分であれば、その当然の結果として、普通イギリスに向けて船積みされる諸生産物の価格が騰貴する。というのは、これらの生産物を為替手形の代わりにイギリスに送るために、いまやそれらの生産物にたいする需要が増大するからである。こうしたことがインドではしばしば起こる。

イギリスで貨幣がはなはだしく過剰で、利子率が低く、有価証券の価格が高い場合には、為替相場の逆調が、また金の流出さえも、起こりうる。

一八四八年中にイギリスはインドから大量の銀を受け取ったが、それは、一八四七年の恐慌と対インド取引における大きな信用喪失との結果、優良な手形が乏しく、また並の手形は喜んで引き受けてもらえなかったからである。この銀は全部、到着するかしないかのうちに、革命がいたるところで貨幣退蔵を引き起こした〔ヨーロッパ〕大陸にすぐさま流れていった。この同じ銀は一八五〇年に大部分がインドにもどっていった。というのは、為替相場の状態がいまではそれを有利なものにしたからである。

重金主義は本質的にカトリック的であり、信用主義は本質的にプロテスタント的である。「〝スコットランド人は金をきらう〟」。[1] 紙券としては、諸商品の貨幣定在は一つの単に社会的な定在をもっている。救いを与えるのは信仰である。[2] 諸商品の内在的聖霊としての貨幣価値にたいする信仰、生産様式とその予定秩序とにたいする信仰、自己増殖する資本の単なる人格化としての個々の生産当事者にたいする信仰。しかし、プロテスタントがカトリックの基礎から解放されていないように、信用主義も重金主義の基盤からは解放されていない。[3]

＊1　〔本訳書、第三巻、九四〇ページ参照〕

＊2　〔新約聖書、マルコ福音書、一六・一六「信じてバプテスマ（洗礼）を受ける者は救われる」の言い換え〕

＊3　〔草稿ではこのあと新しいページ（三九二ページ）にはいるが、そこには「銀行券とその兌換性」というタイトルが記され、あとは空白となっている〕

（607）

第三六章　資本主義以前*〔の状態〕

*〔草稿では、この章は、「5）信用。架空資本」に続くものとして、「6）前ブルジョア的なもの」となっていた〕

利子生み資本、またはその古風な形態にあるものを高利資本と特徴づけることができるのであるが、それは、双子の兄弟である商人資本とともに、資本の大洪水以前的諸形態*に属しており、資本のこれらの形態は、資本主義的生産様式にはるかに先行し、きわめてさまざまな経済的社会構成体のなかに見いだされるものである。

*〔旧約聖書、創世記、第六―八章のノアの洪水伝説にちなみ、いわゆる「前期的資本」をさす。本訳書、第一巻、二八五ページの訳注＊参照〕

高利資本の存在にとって必要なのは、諸生産物の少なくとも一部分が商品に転化しており、同時にまた、商品取引とともに貨幣がそのさまざまな機能において発生しているということ、だけである。高利資本の発展は、商人資本の発展、またことに貨幣取引資本の発展と結びついている。古代ローマでは、手工業が古典古代の平均的発展よりもはるかに低い水準にあった共和制後期以来、商人資本、貨幣取引資本、および高利資本は――古典古代的形態の範囲内で――その最高点に達していた。

すでに見たように、貨幣とともに必然的に貨幣蓄蔵が現われる。*とはいえ、職業的な貨幣蓄蔵者は、彼が高利貸しに転化するとき、はじめて重要となる。

＊〔本訳書、第一巻、二三六ページ以下参照〕

商人が貨幣を借りるのは、その貨幣を使って利潤をつくるためであり、貨幣を資本として使用するため、すなわち資本として支出するためである。したがって、初期の諸形態においても商人には貨幣貸付業者が相対するのであり、それはちょうど近代的資本家に貨幣貸付業者が相対しているのと同様である。この独自の関係は、カトリックの諸大学も感づいていた。「アルカラ〔スペイン〕、サラマンカ〔スペイン〕、インゴルシュタット、フライブルク・イム・ブライスガウ、マインツ、ケルン、およびトリーアの諸大学は、あいついで、商業的貸し付けにたいする利子の合法性を承認した。これらの承認の最初の五つは、リヨン市の執政府の公文書に記録されており、また『高利および利子論』（ブリュイゼ-ポンチュス著、リヨン〔一七七六年〕）付録中に印刷されている」（M・オジエ『公信用〔と、
(608) 古代から今日までのその歴史〕について』、パリ、一八四二年、二〇六ページ）。奴隷経済（家父長的なそれではなく、のちの時期のギリシアおよびローマ時代におけるような）が致富の手段として存立しており、したがって貨幣が奴隷や土地などの購入を通じて他人の労働を取得するための手段であるような、そうしたすべての〔社会〕形態のもとでは、貨幣は、まさにそのように投下されうるからこそ、資本として利用できるもの、利子を生むものとなる。

とはいえ、高利資本が資本主義的生産様式以前の諸時代に存在する場合の特徴的な諸形態は、二通りある。私は特徴的な諸形態と言う。それらと同じ諸形態は、資本主義的生産＊1の基盤の上でも再現す

るが、しかし単に副次的な諸形態としてである。それらは、ここでは、もはや、利子生み資本の性格を規定する諸形態ではない。[*2] それらの二つの形態というのは、——第一に、おもには土地所有者たちである浪費家の貴族たちへの貨幣貸し付けによる高利である。第二に、自分自身の労働諸条件を所有している小生産者たちへの貨幣貸し付けによる高利であり、このなかには手工業者が含まれているが、しかしまったく特有のものとして農民が含まれている。というのは、一般に、資本主義以前の諸状態においては、それらの状態が小さな自立的な個別生産者たちの存在を許容する限りでは、農民階級がその大多数をなすに違いない[*3]からである。

＊1〔草稿では「資本主義的生産様式」となっている〕
＊2〔草稿では、「単に副次的な形態として」以下は「その特徴を規定することなしに再現する。これはここでは、利子生み資本の『特徴的な』形態ではない」となっている〕
＊3〔草稿では、「一般に」以下は「一般に、このような〔小生産者の〕生産様式が支配的である諸状態においては、農民階級が、かの小さな〝自給的な生産者たち〟の大多数をなすに違いない」となっている〕

　高利による富裕な土地所有者たちの破滅も、〔高利による〕小生産者たちの収奪も、両方とも大きな貨幣資本の形成と集積とをもたらす。しかし、この過程がどの程度まで古い生産様式を廃除するか——近代ヨーロッパでそうであったように——、また、この過程が古い生産様式の代わりに資本主義的生産様式をもたらすかどうかは、まったく歴史的な発展段階と、それによって与えられる諸事情とにかかっている。

利子生み資本の特徴的な形態としての高利資本は、小生産、すなわちみずから労働する農民たちおよび小さな手工業親方たちの優勢に照応している。発展した資本主義的生産様式のもとでのように、労働諸条件と労働生産物とが資本として労働者に相対する場合には、労働者は、生産者として貨幣を借りる必要はない。彼が貨幣を借りる場合には、それは、たとえば質屋で個人的必要のために行なわれる。これにたいして、労働者が現実的であれ名目的であれ、自分の労働諸条件と自分の生産物との所有者である場合には、彼は、高利資本として彼に相対する貨幣貸付業者の資本に＊、生産者として関係する。ニューマンが、銀行家は尊敬されるのに、高利貸しが憎まれ軽蔑されるのは、前者が金持ちに貸し付け、後者が貧乏人に貸し付けるからである、と述べているのは、事態の陳腐な表現である（F・W・ニューマン『経済学講義』、ロンドン、一八五一年、四四ページ）。ニューマンは、ここには二つの社会的生産様式のあいだの違い、ならびにそれらに照応する社会的秩序のあいだの違いが介(609)在しており、事態は貧富の対立でかたづけられるものでないことを見逃している。貧乏な小生産者の血を吸い取る高利は、むしろ、富裕な大土地所有者の血を吸い取る高利と手をたずさえて進む。ローマの貴族の高利が、ローマの平民、すなわち小農民を完全に破滅させたとき、この搾取形態は終わりを告げ、小農民経済に代わって純粋な奴隷経済が登場した。

＊〔草稿では「貨幣貸付業者の資本」は「利子生み資本（金貸し《マネーレンダー》）」となっている〕

この場合には、利子という形態で、生産者たちの必要最小限の生活維持手段（のちの労賃の額）を超えるすべての剰余（のちに利潤および地代として現われるもの）が高利貸しによってのみ込まれることもありうる。だから、利子が国家に帰属する分をのぞいてすべての剰余価値をわがものにする場合のこの利子の高さを、利子が、少なくとも正常な利子がこの剰余価値の一部分をなすにすぎない近代的な利子率の高さと比較することは、まったくばかげたことである。こうした比較においては、賃労働者が自分を使用する資本家のために利潤、利子、および地代、要するに、全剰余価値を生産し、引き渡すのだということが忘れられている。ケアリは、こうしたばかげた比較を行ない、それによって、資本の発展とそれにともなう利子率の下落が労働者にとっていかに有利であるかを示そうとする。さらに高利貸しは、その犠牲者の剰余労働をしぼり取るだけでは満足せず、しだいにこの犠牲者の労働諸条件そのもの——土地、家屋等々——にたいする所有権原を獲得して、こうして彼の犠牲者を収奪することにつねに力をそそぐが、それにたいしてふたたび忘れられているのは、労働者からの彼の労働諸条件のこのような完全な収奪は、資本主義的生産様式が達成しようとする結果ではなくて、この生産様式がそこから出発する、すでに達成された前提である、ということである。賃銀奴隷は、真の奴隷と同様に、その立場によって——少なくとも生産者としてのその資格において——債務奴隷になることからは排除されている。彼が債務奴隷になりうるのは、せいぜい消費者としての資格においてだけである。高利資本は、この形態では、実際に直接的生産者たちのすべての剰余労働を、生産様式を変化させることなしに取得するのであり、またこの形態では、労働諸条件にたいする生産者たちの所有または占有——およびこれに照応する個々ばらばらな小規模生産——が本質的な前提[*1]となっており、したがってそこでは資本は労働を直接に自己に従属させず[*2]、したがって労働にたいして産業資本として相対することはない。そういう形態において、この高利資本は、この生産様式を貧困化し、生産諸力を発展させずに麻痺させ、また同時にこの悲惨な状態を永久化するのであり、この状態では、資本主義的生産[*3]の場合とは違って、労働の社会的生産性が労働[*4]そのものの犠牲のうえに発展させられることはないのである。

*1 〔草稿では「本質的な前提」は「内在的な規定」となっている〕
*2 〔草稿では「自己に従属させず」は「包摂せず」となっている〕
*3 〔草稿では「資本主義的生産様式」となっている〕
*4 〔草稿では「労働」は「労働者」となっている〕

（610）こうして高利は、一方では、古典古代的および封建的富にたいし、また古典古代的および封建的所有にたいし転覆的かつ破壊的に作用する。[*1]他方ではそれは、小農民的および小市民的生産、要するに、生産者がまだ自分の生産諸手段の所有者として現われるようなすべての形態を転覆し破滅させる。発達した資本主義的生産様式のもとでは、労働者は生産諸条件、すなわち、彼が耕作する耕地、彼が加工する原料などの所有者ではない。しかし、この生産様式のもとでは、生産者からの生産諸条件のこうした疎外には、生産様式そのものにおける現実の変革が照応している。個々ばらばらの労働者たちが、大作業場のなかで、分割され組み合わされた仕事のために結びつけられる。道具は機械になる。[*2]生産様式そのものがもはや、小所有と結びついた生産諸用具のこのような分散、および労働者たち自身の孤立化を許さない。資本主義的生産のもとでは、高利はもはや、生産諸条件を生産者から分離することはできない。なぜなら、それらはすでに分離されているからである。

＊1〔草稿では、この一文は「高利は一方では、封建的（および古典古代的）富と所有の破壊者として〔作用する〕」となっている〕

＊2〔草稿では「個々ばらばらの」以下が「道具は機械になる。労働者は共同作業員《アトリエ》として労働する、など」となっている〕

高利は、生産諸手段が分散しているところで貨幣財産を集中する。高利は生産様式を変化させず、寄生虫としてこれに吸いつき、これを悲惨なものにする。高利は生産様式の血を吸い取り、衰弱させ、ますますみじめになっていく諸条件のもとで再生産を進行させる。それだからこそ、高利にたいする民衆の憎悪は、古典古代世界[*1]においてもっとも激しかったのである――古典古代世界では、生産者による自分の生産諸条件の所有が、同時に政治的諸関係の基礎、公民[*2]〔都市国家の〕の自立の基礎であったからである。

＊1〔草稿では「古典古代的諸関係」となっている〕

＊2〔草稿では「市民《シトワイヤン》」となっている〕

奴隷制が支配している限り、または、剰余生産物が封建領主とその従士団[*1]によって食い尽くされ、そして奴隷所有者または封建領主が高利貸しの手におちいっている限り、生産様式もまたもとのままであり、ただそれが労働者たちにとっていっそう苛酷になるだけである。債務を負った奴隷所有者もしくは封建領主がより多く血を吸い取るのは、彼自身がより多く血を吸い取られるからである。または、結局彼は高利貸しに席を譲り、高利貸し自身が、古代ローマの騎士[*2]のように、土地所有者または奴隷所有者となる。古い搾取者の搾取は多かれ少なかれ家父長的であったが——なぜなら、その搾取はほとんど政治的な権力手段であったから——[*3]、この古い搾取者に代わって、冷酷な、金《かね》に飢えた成り上がり者が登場する。しかし、生産様式そのものは変わらない。

＊1〔領主の臣従者、封臣。古い従士から、家士、家人等に変化した〕
＊2〔戦時に自前の馬と武具で騎兵隊として仕える、古来の氏族貴族に属さない第二納税身分〕
＊3〔草稿では、「家父長的」以下が「政治的な権力手段であったが」となっている〕

（611）

資本主義以前のすべての生産様式のもとで高利が革命的に作用するのは、高利が、所有諸形態を破壊し分解することによってのみであって、政治的編制は、こうした所有諸形態の堅固な土台と、同じ形態のままでのその恒常的な再生産との上に立脚しているのである。アジア的諸形態の場合には、高利は、経済的衰微と政治的腐敗とのほかにはなにも生み出さないまま、長期にわたって存続しうる。資本主義的生産様式のその他の諸条件が現存しているところで、また現存している時にはじめて、高利は、一方では封建領主と小生産との破滅により、他方では労働諸条件の資本への集中によって、新しい生産様式の形成手段の一つとして現われる。

中世においては、どこの国にも、一般的利子率というものはなかった。教会は最初からいっさいの利子つき取り引きを禁止した。法律と法廷は、貸し付けにはほんのわずかしか保護を与えなかった。個々の場合の利子率はそれだけいっそう高かった。貨幣通流が少なく、たいていの支払いを現金でする必要があったことは、貨幣の借り入れを余儀なくさせ、手形取引が未発達であればあるほどますますそうであった。利子率も、高利の概念も、〔時と所により〕大きく違っていた。カール大帝〔フランク王国の王、在位七六八―八一四年、八〇〇年から兼西ローマ帝国皇帝〕の時代には、一〇〇％をとれば高利とみなされた。ボーデン湖〔スイス・オーストリア・ドイツの国境の湖のドイツ語名。仏・英語ではコンスタンス湖〕畔のリンダウでは、一三四八年〔出典によれば一三四四年〕に地元市民たちが二一六$\frac{2}{3}$％をとった。チューリッヒでは、市参事会が四三$\frac{1}{3}$％を法定利子と定めた。イタリアでは、ときおり四〇％も支払われなければならなかった――一二―一四世紀の通常の利子率は二〇％を超えなかったにもかかわらず。ヴェローナ〔イタリア北部の都市〕は、一二$\frac{1}{2}$％を法定利子と定めた。皇帝フリードリヒ二世〔在位一二二〇―一二五〇年〕は一〇％と決定したが、これはユダヤ人にたいしてだけであった。キリスト教徒については彼は語ろうとしなかった。ドイツのライン地方では、すでに一三世紀に一〇％が普通の利子率であった（ヒュルマン『都市制度の歴史』〔正しくは『中世の都市制度』〕第二巻、〔一八二七年、〕五五―五七ページ）。

高利資本は、資本の生産様式をもつことなしに資本の搾取様式をもっている。この関係は、ブルジョア経済の内部においても、とり残された産業諸部門、または近代的生産様式への移行に抵抗する産業諸部門で繰り返される。もし、たとえばイギリスの利子率をインドの利子率と比較したいのであれば、イングランド銀行の利子率を取り上げるのではなく、たとえば、家内工業の小生産者たちに小さな機械を貸す人の利子率を取り上げなければならない。

高利は、消費されるだけの富と比べて、それ自身が資本の一つの成立過程である点で歴史的に重要である。高利資本と商人財産とは、土地所有から独立した貨幣財産の形成を媒介する。商品としての生産物の性格が発展していなければいないほど、交換価値が生産を、そのあらゆる広がりと深さとにおいて、支配していなければいないほど、それだけますます貨幣は、使用価値としての富の局限された表現様式に対立して、本来的な富そのもの、一般的富[*1]として現われる。蓄蔵貨幣の形成はこのことにもとづいている。世界貨幣および蓄蔵貨幣としての貨幣を別とすれば、貨幣が商品の絶対的形態として登場するのは、とりわけ支払手段の形態においてである。そしてとりわけこの支払手段としての(612)貨幣の機能こそが、利子を、したがってまた貨幣資本《ゲルトカピタル》を発展させる。浪費的で腐敗をもたらす富が欲するものは、貨幣としての貨幣、すべてのものを買う手段としての貨幣である。(同じくまた債務支払いの手段としての貨幣である。)小生産者がとくに貨幣を必要とするのは、支払いのためである。(領主および国家にたいする労役提供および現物納付の、貨幣地代および貨幣税への転化は、この場合、大きな役割を演じる。[*2])どちらの場合にも、貨幣としての貨幣が必要とされる。他方では、蓄蔵貨幣の形成は高利においてはじめて現実的なものとなり、その夢を実現する。蓄蔵貨幣の所有者が求めるものは、資本ではなく、貨幣としての貨幣である。しかし彼は、利子を通して、この蓄蔵貨幣を自分のために資本に転化する――すなわち、剰余労働の全部または一部を自分のものにするための、同じくまた生産諸条件そのものの一部分を、たとえそれが名目的にはなお他人の所有として彼に対立しているとしても、自分のものにするための手段に転化する。高利は、エピクロス〔古代ギリシアの哲学者〕によれば神々が世界の空隙に住んでいるように、生産の気孔中に住んでいるようである。[*3] 商品形態が生産物の一般的形態であることが少なければ少ないほど、それだけますます貨幣は入手することが困難である。だから高利貸しは、貨幣を必要とする人々の債務履行能力または抵抗能力以外には、まったくどんな制限も知らない。[*4] 小農民的生産および小市民的生産において、貨幣が購買手段として使用されるのは、主として、生産諸条件が災難もしくは異常な混乱によって労働者（労働者はこれらの生産様式のもとでは、まだおおむね生産諸条件の所有者である）の手から失われるか、または、生産諸条件が少なくとも再生産の通常の進行では補填されない場合である。生活諸手段と原料とがこれらの生産諸条件の主要部分を形成する。それらが騰貴すれば、生産物の売上金からそれらを補填することが不可能となりうるのは、単なる不作によって農民がその種子を〝現物で〟補填することができなくなりうるのと同様である。ローマの貴族たちが平民たちを破滅させたその同じ戦争が、平民たちに軍務を強制し、その軍務は、平民たちがその労働諸条件を再生産することをさまたげ、こうして彼らを貧困化した（そしてこの場合、貧困化、すなわち再生産諸条件の縮小または喪失がその支配的な形態である）のであるが、この同じ戦争が、貴族の倉庫や地下室を略奪した銅――当時の貨幣――でいっぱいにした。貴族たちは平民たちにたいして、必要品である穀物や馬や有角家畜を直接与える代わりに、自分自身にとっては用のないこの銅を貸し付け、この状態を利用して法外な高利をしぼり取り、こうして平民たちを自分たちの債務奴隷にした。カール大帝の治下では、フランクの農民たち[*5]がやはり戦争によって破滅させられ、その結果、彼らは債務者から農奴となるほかなかった。ルーマニ

（613）
ア諸国などでは[*6]、周知のようにしばしば、飢饉のために自由民が子供や[*7]自分自身を奴隷として富裕な人たちに売ることになった。一般的転換点については以上である。個々の場合を考察すれば、生産諸条件の維持または喪失は、小生産者たちにとって無数の偶然にかかっており、そしてこのような偶然または喪失はいずれも貧困化を意味し、また高利寄生虫が吸着できる点となる。小農民にとっては、一頭の雌牛が死ぬだけで、従来の規模で自己の再生産を再開することができなくなる。そこで彼は高利の手中におちいり、いったん手中におちいると、二度とふたたび自由にはなれない[*8]。

＊1〔草稿では、「一般的富」は「抽象的富」となっており、その前の「そのもの」はない〕
＊2〔草稿では、「領主」以下が「諸税もまたこの場合、役割を演じる」となっている〕
＊3〔本訳書、第一巻、一四二ページおよび同一四三ページの訳注＊4参照〕
＊4〔草稿では「限度」となっている〕
＊5〔草稿では「ドイツ」となっている〕
＊6〔初版では「ローマ帝国」となっていた。草稿にもとづき訂正〕
＊7〔草稿には「自由民が子供や」はない〕
＊8〔草稿では、「そこで彼は」以下が「ここに高利が介入する」となっている〕

とはいえ、支払手段としての貨幣の機能こそは、高利の本来の大きな、かつ特有な活動の場である。一定期日に納めるべきあらゆる貨幣給付――土地賃料、貢納、租税など――は貨幣支払いの必要をともなう。だから、高利は、一般に、古代ローマ時代から近代にいたるまで、徴税請負人、フェルミエ・ジェネロ、ルスヴール・ジェネロ[*1]につきものである。その後、商業と商品生産の一般化と[*2]につれて、購買と支払いとの時間的分離が発展する。貨幣は一定期日に引き渡されなければならない。このことが、こんにちでもなお貨幣資本家と高利貸しとが互いに区別がつかないような事態に導きうることは、近代の貨幣恐慌が証明している。*3 しかし、この同じ高利が、支払手段としての貨幣の必要をいっそう発展させる主要な手段となる。というのは、高利は生産者をますます債務の深みにおとしいれ、また、利子負担によって生産者の規則正しい再生産すら不可能にすることによって、彼の日常の支払手段を皆無にするからである。ここで高利は、支払手段としての貨幣から急成長して、そして貨幣のこの機能、すなわちそのもっとも固有な活動の場を拡大するのである。

*1〔フェルミエ・ジェネロは、一定の金額を納付して徴税を請け負う者。ルスヴール・ジェネロは納税区で税金とくに人頭税を集める税吏。いずれもフランスの旧制度下の制度〕
*2〔草稿では「と商品生産の一般化と」は「など」となっている〕
*3〔草稿では、「このことが」以下が「このこと自体はいまでは貨幣恐慌に示される」となっている〕

信用制度の発展は、高利にたいする反作用としてなしとげられる。しかしこのことを誤解してはならないし、また決して、古典古代の著述家たち、教父たち、ルター、または初期の*社会主義者たちが述べた意味に解してはならない。それは、利子生み資本は資本主義的生産様式の諸条件および諸要求に従属する、という意味以上ではなく、またそれ以下でもない。

*〔「初期の」はエンゲルスによる〕

全体として見れば、利子生み資本は、近代的信用制度*1のもとでは、資本主義的生産様式の諸条件に適合させられる。高利そのものは、単に存在し続けるだけでなく、発展した資本主義的生産*2を有する(614)諸国民のもとでは、すべての古い立法によって課されていた諸制限から解放される。利子生み資本は、資本主義的生産様式〔に特有〕の意味で借り入れが行なわれず、また行なわれることができないような諸個人および諸階級にたいしては、またはそういう諸関係のもとでは、高利資本の形態を保持する。――すなわち、たとえば質屋で個人的必要から借り入れが行なわれる場合、享楽的富のために浪費用に借り入れが行なわれる場合、または、生産者が資本家でない生産者、小農民、手工業者などであり、したがってなおも直接的生産者として自分自身の生産諸条件の所有者である場合、最後に、資本家的生産者自身が、非常に小さな規模で仕事をしていて、彼自身が右のようなみずから労働する生産者に近い場合、がそれである。

*1〔草稿では、この「信用制度」はCreditwesenとなっている。エンゲルスはこれをKreditsystemに書き換えている〕

*2〔草稿では「発達した資本主義的生産様式」となっている〕

資本主義的生産様式の本質的な一要素をなす限りでの利子生み資本を高利資本から区別するものは、決してこの資本の本性そのものまたは性格そのものではない。それは、利子生み資本が機能するさいの諸条件が変化し、したがってまた、貨幣の貸し手に相対する借り手の姿態がすっかり変化したということだけである。財産のない男が産業家または商人として信用を受ける場合でさえも、それは、彼が資本家として機能し、借受資本をもって不払労働を取得するであろうと信頼して行なわれることである。彼に信用が与えられるのは、潜勢的な資本家としてである。そして、財産はないが精力、堅実さ、能力、および事業知識をそなえた男が、このような仕方で資本家に転化することができる——一般に資本主義的生産様式のもとでは各人の商業的価値が多かれ少なかれ正確に評価されるものであるが——という、経済学的弁護論者たちによってきわめて絶賛されているこうした事情は、それがどれほどすでに目の前にいる個々の資本家にたいして、望ましからぬ一連の新しい山師たちを絶えず戦場に引っぱり出すにしても、資本そのものの支配を強固にし、この支配の基盤を拡大し、この支配が社会の下層からのつねに新しい兵力によって補充されることを可能にするのである。それは、中世のカトリック教会が身分、素性、財産にかかわりなく、人民のなかの最良の頭脳をもってその教階制度〔聖職者の位階制度〕を構成したという事情が、聖職者支配と俗人の抑圧とを強固にする主要手段であったのとまったく同様である。支配階級に、被支配階級のもっとも優秀な人物を仲間に加える能力があればあるほど、その支配はますます堅固でまた危険なものとなる。

それゆえ、利子生み資本一般にたいする破門ではなく、逆にその公然とした承認こそが、近代的信用制度の創始者たちの出発点である。

ここでは、貧民を高利から守ろうとした、高利にたいする反作用、たとえば〝公設質屋〟[*1]（一三五〇年にフランシュ－コンテ〔ブルゴーニュ伯領〕のサルラン[*2]に、のちには一四〇〇年と一四七九年にイタリアのペルージャとサヴォーナに設けられた）には言及しない。これらが注目に値するのは、信心深い欲求[*3]はそれが実現されるときには正反対物に転化するという歴史の皮肉を示しているからだけで

(615)ある。イギリスの労働者階級は、控え目に見積もってもこの〝公設質屋〟の後身である質屋に一〇〇%を支払っている。(二二) われわれはまた、たとえば一七世紀の九〇年代に、土地所有を基礎とする紙幣を発行する土地銀行によってイギリス貴族を高利から解放しようとしたヒュー・チェインバリン医師またはジョン・ブリスコウのような人物の信用幻想にも、言及しない。(二三)

(二二)「質屋の利子がこれほど過度なものとなるのは、同じ月のうちにひんぱんに質の出し入れが行なわれる結果であり、ある品物を受け出すために他の品物を質に入れ、そのさい差額のわずかな貨幣を受け取ることによるものである。ロンドンには〔約〕二四〇、地方には一四五〇近くの免許質屋がある。〔……〕使用される資本はおよそ一〇〇万〔ポンド余り〕と見積もられる。この資本は年に少なくとも三回転し、そのつど平均〔約〕三三1/2%の利子をもたらす。したがって、質流れとなる品物による損失を別として、イギリスの下層階級は、一時的な前貸し一〇〇万にたいして年に一〇〇%を支払う」（J・D・タケット『勤労人口の過去および現在の状態の歴史』、ロンドン、一八四六年、第一巻、一一四ページ）。

(二三) 彼らは、その著作の表題にさえ、主要目的として次のように記している――「土地所有者の一般的福利、土地所有の価値の大きな増大、貴族やジェントリー[*4]などにたいする租税の免除、彼らの年収入の拡大、など」。〔これによれば〕損をするのは高利貸しだけ――すなわち、貴族とヨーマンリー[*5]にたいして、フランスからの侵入軍も加えることができなかったような大損害を与える、国民のこの最悪の敵だけ[*6]――であろう。

*1〔質物を担保に貧民に金融し高利貸しから守るとする慈善施設。信心の山《モン・ド・ピエテ》と呼ばれた。一時的なものはバイエルンのフライジングに見られ（一一世紀末）、一五―一七世紀に修道士などによってイタリア、フランスに多く設けられたが、のちにはそれ自身が高利貸しを営んだ〕

＊2〔サランの誤りであろう。現在のフランス東部ジュラ県サラン-ル-ベーン〕
＊3〔ベルギーのイエズス会士ヘルマン・フーホーの著作（アントウェルペ、一六七二年）の表題。「悔い改める魂の欲求」の意〕
＊4〔ヒュー・チェインバリン『土地所有者の一般的福利、土地の価値の大増加、トレイドと商業のこれに劣らぬ利益をもたらすための、土地をもとにする確実な当座信用のための銀行設立案。エシックス・ストリートのドクター・ヒュー・チェインバリンによる』、ロンドン、一六九五年。ジョン・ブリスコウ『最近の一〇〇万〔ポンド〕法、富くじ法、およびイングランド銀行のファンドにかんする一論。このファンドが貴族やジェントリーなどに損害を与え、わが国民のトレイドを破滅させるものであることを明らかにする。国家的土地銀行によって、低利で貨幣を国王に用立て、貴族とジェントリーらに税金をまぬがれさせ、彼らの年々の土地収入を増大させ、王国の全臣民を富ませるための提案を付す』、第三版、ロンドン、一六九六年。なお、一〇〇万法はトンチン年金公債法と言われるもので、九九年払いの一〇〇万ポンド公債を発行し、その引受人に最初の七年間に年一〇万ポンドを、残余期間に年七万ポンドを無税で支払うこと、富くじ法とは、一〇〇万ポンド公債の引受人にたいし一六年間に年一四万ポンドを無税で抽選によって配分することを規定した法律。杉山忠平『イギリス信用思想史研究』、未来社、一九六三年、一七〇ページ参照〕
＊5〔貴族の次に位するジェントルマン階級。貴族ではないが、紋章をつけることができ、ナイトの下、ヨーマンの上の身分の者（地主）。郷紳とも訳される〕
＊6〔ジェントルマンの下に位する自営農民層。本訳書、第一巻、一二五七ページの訳注＊1参照〕

一二世紀および一四世紀にヴェネツィアとジェノヴァで設立された信用組合は、古風な高利の支配と貨幣取引の独占とからみずからを解放するという、海上貿易およびこれにもとづく卸売業の必要から生じた。これらの都市共和国で設立された本来の諸銀行は、同時にまた、公信用のための施設として現われ、そして国家が将来の税収を担保にしてそれから前貸しを受けたのであるが、忘れてならないのは、右の信用組合を結成した商人たちは、彼ら自身がそれらの国の第一級の人物であり、自分自
(616) 身と同じくその政府をも高利から解放すること、(二三) そして同時に、それによって国家をますますかついっそう確実に自己の支配下におくことに関心をもっていたことである。だからこそ、イングランド銀行が設立されることになったとき、トーリー党も反対した――「銀行というものは共和制的な施設である。繁栄した銀行は、ヴェネツィア、ジェノヴァ、アムステルダム、およびハンブルクにあった。しかし、フランス銀行とかスペイン銀行とかいう話をだれか聞いたことがあるであろうか？[*1]」と。

(二三)「たとえば、イギリスのチャールズ二世〔在位一六六〇―一六八五年〕は、『金匠たち』〔原文は括弧がなく、単数。次出も同じ〕」〔銀行家の先駆〕「にたいしてまだ法外な高利と打歩〔割引金〕、すなわち二〇ないし三〇％を支払わなければならなかった。このように儲かる取り引きに誘発されて『金匠たち』は、国王にたいしてますます多くの前貸しを行ない、租税の全収入を先取りし、議会の金銭支出の承認がなされるとすべて担保にとり、また、互いに競って〝手形〟や〝支払指図書〟や〝割符[*2]〟を購入したり担保にとったりするようになり、その結果、実際には、いっさいの国家収入が彼らの手を通ることになった[*3]」（ジョン・フラーンシス『イングランド銀行の歴史』、ロンドン、一八四八年、第一巻〔第三版〕、三一ページ）。「銀行の設立は既にそれ以前に数回提案されていた。それはついに必要となった」（同前、三八〔、三九〕ページ）。「この銀行〔イングランド銀行〕は、高利貸しによって搾取されている政府にとってだけでも、まずまずの利子率で、議会の承認の保証のもとに貨幣を入手するために必要であった[*4]」（同前、五九、六〇ページ）。

＊1〔トマス・マコーリー『イギリス史』第四巻、ロンドン、一八五五年、四九九ページ〕

＊2〔もともと受け取りのしるしとしてつくられ、一二世紀から使われた二〇センチほどのエニシダの棒切れ。二つに割り、債権者と債務者の証拠にした。王領地の地代、関税、貢納、罰金などの収入を扱う徴税吏や徴税請負人が国庫に金を払い込んだときに受け取った。のちには、王に前貸しした人に与えられ、これと引き換えに税収を差し押さえて貸し金の返済を受けることができた。また税収の先取りにも使われるようになる。チャールズ二世は一六六七年にそれを大量に出し、これが国債の原型となった。のち国庫証券に取って代わられる〕

＊3〔「国王にたいして」以下ここまでは、一六七六年の匿名パンフレット『新式金匠または銀行家の業務』からフラーンシスが引用したもの。邦訳には、渡辺佐平編著『インフレーション理論の基礎』、日本評論社、一九七〇年、所収（田中生夫訳）ほかがある〕

＊4〔フラーンシスからの引用は、「ロンドン・ノート」（一八五〇―一八五三年）第六冊（新メガ、第Ⅳ部、第七巻）からのもので、マルクスによる要約と言うべき部分を含む、かなり自由な引用である〕

一六〇九年のアムステルダム銀行は、ハンブルク銀行（一六一九年）と同様に、近代的信用制度の発展において一時期を画するものではない。それは純粋な預金銀行であった。この銀行の発行する手形は、実際には、預託された鋳造および未鋳造の貴金属の受領証にすぎず、その受取人の裏書きがあってはじめて流通した。しかしオランダでは、商業および製造業とともに商業信用および貨幣取引業が発展していたのであり、利子生み資本は、発展の経過そのものを通じて、産業資本および商業資本に従属させられていた。このことはすでに利子率の低さからも明らかであった。ところで、オランダは、一七世紀には、こんにちのイギリスのように、経済的発展の模範国とみなされた。貧困に基礎をおいた古風な高利の独占は、オランダではおのずから崩壊していたのである。

一八世紀[*1]全体を通じて、オランダを引き合いにして、利子生み資本を商業資本および産業資本に従属させる――この逆ではなく――ために、利子率の強制的な引き下げを求める叫びが高まった――そして立法はこの趣旨で行動した。その主唱者は、イギリスの通常の個人銀行業者の父、サー・ジョウサイア・チャイルド[*2]である。彼は、大量既製服縫製業者のモウジズ・アンド・サン商会が「個人縫製業者たち」の独占にたいする排撃者として絶叫するのとまったく同じように、高利貸しの独占に反対して熱弁をふるう。このジョウサイア・チャイルドは、同時にイギリスの証券取引業の父でもある。そこで、東インド会社の独裁者である彼は、商業の自由の名において、この会社の独占を弁護する。(617) トマス・マンリー（『誤解された貨幣利子』）に反対して、チャイルドは言う――「臆病でおののいている高利貸団の闘士として、彼〔マンリー〕は、私がもっとも弱いところだと認めた点に、彼の主砲を据える。……彼は、低い利子率は富の原因だということを真っ向から否定し、低い利子率は富の結果にすぎないと断言する」（『交易などにかんする論考、一六六九年[*3]』、〔フランス語〕訳、アムステルダムおよびベルリン、一七五四年〔一二〇ページ〕〔英語原文からの訳、杉山忠平訳『新交易論』、東京大学出版会、一九六七年、八一ページ〕）。「一国を富裕にするものが交易であるとすれば、また、利子の引き下げが交易を増進させるとすれば、利子を引き下げ、または高利を制限することは、疑いもなく、一国民の富に有益な結果をもたらす主要原因である。同じことが同時に、ある事情のもとでは原因であり、別の事情のもとでは結果でありうる、と言っても決してばかげたことではない」〔同前、一五五ページ（同前訳、一〇一ページ）〕。「卵は鶏の原因であり、鶏は卵の原因である。利子引き下げは富の増加をもたらすことができ、富の増加はさらにいっそう利子引き下げをもたらすことができる」〔同前、一五六ページ（同前訳、一〇二ページ）〕。「私は勤労の弁護者であり、私の論敵は怠惰と無為を弁護する」〔同前、一七九ページ（同前訳、一一六ページ）〕。

＊1〔チャイルド、マンリーにかんする以下の記述から見て、「一七世紀」の誤りと思われる〕

＊2〔ジョウサイア・チャイルド（一六三〇―一六九九）は、『交易についての一論』（のち『新交易論』）の著者。「イギリスの通常の個人銀行業者の父」という呼び方は、フラーンシス・チャイルド（一六四二―一七一三年）に妥当するもので、フラーンシスとジョウサイアとを混同しているのではないかと思われる。本訳書、第三巻、六八六ページの訳注＊1参照〕

＊3〔マルクスはこの版本のフランス語訳を使用しているが、しかし一六六九年という刊年の英語版はない。フランス語版刊行者の序文中の「一六六九年」という誤った記載を記したのであろう。本訳書、第三巻、六八六ページの訳注＊2参照〕

この強力な高利排撃、すなわち利子生み資本を産業資本に従属させようとするこの要求は、[＊1]資本主義的生産のこれらの条件を近代的銀行制度においてつくりだす有機的創造物の前ぶれにすぎないのであり、この制度は、一方では、死蔵されているあらゆる貨幣準備を集中してこれを貨幣市場に投じることによって、高利資本からその独占を奪い、他方では、信用貨幣の創造によって貴金属そのものの独占を制限する。[＊2]

＊1〔草稿では、「この要求は」以下は、「この要求は、資本主義的生産様式のこれらの条件をつくりだす有機的創造物の、〔すなわち〕近代的銀行制度の前ぶれ」となっている〕

＊2〔草稿では、このあと改行して長文の記述があるが、エンゲルスは、これを章末（本訳書、第三巻、一一〇一ページ以下）に置いた〕

チャイルドのこの著作においてと同様に、一七世紀の最後の三分の一期と一八世紀初頭とのイギリスにおける銀行制度にかんするすべての著作のなかに、高利にたいする反対、すなわち、高利から商業と産業、および国家を解放しようとする要求が見いだされるであろう。それと同時に、信用や貴金属の独占廃止による奇跡的作用、紙券による貴金属の代位、などにかんする途方もない幻想も見いだされるであろう。イングランド銀行およびスコットランド銀行の創立者であるスコットランド人ウィリアム・パタースンは、どの点でもロー一世＊である。

＊〔スコットランド出身の銀行家・財政家ジョン・ロー（一六七一―一七二九）。無保証の銀行券発行により国富を増加できるとして一七一六年パリに個人銀行を設立、二年後これを王立銀行とすることに成功。しかし無制限な紙幣乱発により兌換停止となり、一七二〇年に破産して逃亡、ヴェネツィアで死去した。本訳書、第三巻、七八〇ページの訳注＊3をも参照。「ロー一世」は、ローの先駆者の意〕

イングランド銀行にたいしては「すべての金匠と質屋が憤怒の叫びをあげた」（マコーリー『イギリス史』第四巻〔ロンドン、一八五五年〕、四九九ページ）。「最初の一〇年間、イングランド銀行は大きな諸困難とたたかわなければならなかった。外部からの激しい敵意。同行の銀行券はその名目価値を大幅に下回ってしか受け取られなかった。……金匠たち〔彼らの手中で、貴金属の取り引きが原初的な銀行業務の基礎として役立った〕は、イングランド銀行にたいしてさかんに陰謀をめぐらした〔原文は「彼らの巨大な競争者に警戒心をいだいていた」〕。なぜなら、イングランド銀行のせいで彼らの取り引きは減少し、彼らの割引料は引き下げられ、政府との彼らの取り引きがこの敵の手に渡ったからである」（J・フラーンシス『イングランド銀行の歴史』、ロンドン、一八四八年、第一巻、七三ページ）。

(618) すでにイングランド銀行の創設に先立って、一六八三年、国家的信用銀行《ナショナル・バンク・オブ・クレディット》の計画があったが、その目的は、とりわけ――「事業家たちが相当の量の商品を所有している場合に、損をして売ることなく、よい市場がみつかるまで、この銀行の援助によって彼らの商品を預託し、滞貨を担保に信用を受け〔ることによって〕、彼らの使用人を就業させ、彼らの事業を拡張させることができるようにする」[*1]〔同前、四〇ページ〕ことであった。たいへんな苦労の末、この〝信用銀行〟がビショップスゲイト街〔ロンドンのシティ内東北部の街路〕のデヴォンシャー・ハウスに設立された。この銀行は、産業家と商人たちにたいし、保管諸商品を担保として、それらの商品の価値の $\frac{3}{4}$ を手形で貸し付けた。この手形に流通力を与えるために、各事業部門ごとに若干数の人々が組合を結成し、この組合からこうした手形の所有者はだれでも、まるで現金払いを申し出た場合と同じ容易さで、その手形と引き換えに諸商品を受け取れることになっていた。この銀行の事業は繁盛しなかった。機構が複雑にすぎ、諸商品の減価による危険が大きすぎたのである。[*2]

＊1〔この一節はフラーンシス自身の文章ではなく、彼が匿名のパンフレット『銀行信用』、ロンドン、一六

八三年、から引用した部分である〕

＊2〔この一節は、フラーンシス、前出、四〇―四一ページの要約である〕

イギリスにおける近代的信用制度の形成に理論的に随伴し、それを促進している右の諸著作の実際的内容に即して見れば、そこにあるのは、利子生み資本、一般に貸付可能な生産諸手段を、資本主義的生産様式の諸条件の一つとしてこの生産様式に従属させようとする要求以外のなにものでもないであろう。もし言葉づかいだけに即して見れば、サン－シモン派の人たちの銀行＝信用幻想と、表現にいたるまで一致していることに、しばしばおどろかされるであろう。

重農主義者たちの場合には、〝耕作者〟が、現実に土地を耕作する者を意味しないで、大借地農場経営者を意味するのとまったく同様に、サン－シモンの場合には、そしてまた彼の信奉者たちの場合にはいまなお一貫してそうであるが、〝勤労者〟が労働者を意味しないで、産業資本家および商業資本家を意味する。「勤労者は、助手、補助者、肉体労働者〔ウヴリエ〕を必要とする。彼は、知性をそなえた、熟練した、献身的な者たちを求める。彼はこれらの者たちを働かせる。そして彼らの仕事は生産的である」（〔アンファンタン〕『サン－シモン派の宗教。経済学と政治学』、パリ、一八三一年、一〇四ページ）〔全文フランス語で引用されている〕。およそ忘れてならないのは、サン－シモンがその最後の著作『新キリスト教』〔パリ、一八二五年。森博訳『産業者の教理問答 他一篇』、岩波文庫、二〇〇一年、所収〕のなかでようやく、直接に労働者階級の代弁者として登場し、この階級の解放を彼の努力の最終目的であると宣言している、ということである。彼のそれ以前の諸著作はみな、実際上、封建社会に

（619）

比べての近代ブルジョア社会の賛美、または、ナポレオン時代の将帥たちと法律製造屋たちに比べての産業家たちと銀行家たちとの賛美にすぎない。オウエンの同時代の諸著作と比べてなんという違いであろう！（二四）　先の引用文がすでに示しているように、サン－シモンの後継者たちの場合にも、産業資本家は相変わらず〝とりわけ優れた勤労者〟である。彼らの著作を批判的に読めば、彼らの信用＝銀行の夢を実現したものが、元サン－シモン派のエミル・ペレールによって創設されたクレディ・モビリエ[*1]であったことにはおどろかないであろう。ついでに言えばこれは、信用制度も大工業も近代的な水準にまで発展していなかったフランスのような国においてのみ有力なものとなりえた形態である。イギリスとアメリカでは、このようなものは不可能であった。――『サン－シモンの学説。解義。第一年、一八二八―一八二九年』、第三版、パリ、一八三一年[*2]〔野地洋行訳、バザールほか『サン－シモン主義宣言――「サン－シモンの学説・解義」第一年度、一八二八―一八二九』、木鐸社、一九八二年〕、の次の個所のなかに、すでにクレディ・モビリエへの萌芽が潜んでいる。もちろん、銀行家は、資本家と個人高利貸しよりも安く前貸しすることができる。したがってこれらの銀行家には、「とかく借り手の選択を誤りがちな地主たちと資本家たちがなしうるよりも、はるかに安く、すなわちもっと低い利子で、産業家たちのために諸手段を調達することが可能」（二〇二ページ〔同前訳、一一六ページ〕）である。ところが、著者たちは、みずから注のなかにこうつけ加える――「無為の者たち[*3]と〝勤労者たち〟とのあいだの銀行家の媒介から生じるはずの利益は、われわれの無秩序な社会が、詐欺とぺてんのさまざまな形態のもとに顕著になる利己主義にたいして提供する機会によって、しばしば相殺され、失われさえする。銀行家たちは、しばしば〝勤労者たち〟と無為の者たちとのあいだに割り込んできて、社会〔全体〕の犠牲において両者を搾取する」〔同前訳、一二六ページ〕と。ここでは、〝勤労者〟は〝産業資本家〟を表わす。ともかく、近代的銀行制度が自由に使える資金を単に無為の者たちの資金であると(620)みなすのは、誤りである。第一に、その資金は、資本のうち、産業家たちと商人たちが貨幣準備またはこれから投下しようとする資本として、一時的に貨幣形態で遊休させている部分である。したがって無為の資本ではあるが、しかし無為の者たちの資本ではない。第二に、それは、すべての人々の収入および貯蓄のうち、恒久的または一時的に蓄積に向けられることになっている部分である。そして両者とも、銀行制度の性格にとって本質的なものである。

（二四）マルクスが、もし草稿に手を加えたとすれば、きっとこの個所をいちじるしく修正したことであろう。この個所は、フランスにおける第二帝政下の元サン－シモン派の人たちの役割[*4]に示唆を受けたものであり、マルクスが右の個所を書いていたちょうどそのとき、同派の救世的な信用幻想が、歴史の皮肉によって、前代未聞の規模のいかさまという形で実現したのである。のちには、マルクスはもっぱら感嘆を込めて、サン－シモンの天才と百科全書的頭脳について語った。サン－シモンが彼の初期の諸著作において、ブルジョアジーとフランスでやっと生まれかかっていたプロレタリアートとの対立を無視したとしても、また彼が、ブルジョアジーのうち生産にたずさわる部分を〝勤労者〟に数えたとしても、それは、資本と労働とを融和させようとしたフーリエの見解に照応するものであり、当時のフランスの経済的および政治的状態から説明がつくのである。この点では、オウエンのほうがさらに先を見ていたのであるが、それは彼が別な環境に、すなわち産業革命とすでに激しく尖鋭化していた階級対立との真っただ中に生活していたからである。――F・エンゲルス

＊１〔フランスの銀行家エミル・ペレールと弟のイザアク・ペレールが一八五二年に創設した株式銀行で、同行は自行の株式発行によって調達した資金で他企業の株式を買い入れて、二倍の架空資本をつくりあげ、ヨーロッパの鉄道建設ほか多くの事業を営み、ナポレオン三世の支持を受けた。しかし、その目的は投機による利益にあり、その際限のない投機と株式取引によって危機におちいり、一八六七年に破産した。マルクスは、とくに『ニューヨーク・デイリー・トリビューン』への諸論説においてクレディ・モビリエのぺてんを暴露した（邦訳『全集』第一二巻、二〇―二六、一九〇―一九七、二二四―二二五、二七四―二七七、四一二ページ）。なおマルクスは、イザアク・ペレールについて、本訳書、第三巻、七八〇ページで言及している〕

＊２〔本書は、サン－シモンの死後、一八二八年一二月から一八二九年八月にかけて行なわれた、バザール、ロドリーグ、アンファンタンらサン－シモン派による一七回の集会講演にもとづくもので、次出の引用は、本書中の、第七回集会でのバザールの講演「所有の構成――銀行の組織」からとられている〕

＊３〔アンファンタン『流通について』、一八二六年、などの分類（生産者と非生産者、勤労者と無為の者、借り手と貸し手）から見て、貴族や地主等の不生産階級をさすと思われる〕

＊４〔ナポレオン三世治下のサン－シモン派の存在（プルードンやペレール兄弟）については、邦訳『全集』第一二巻、二六ページ参照〕

しかし、決して忘れてならないのは、第一に、依然として貨幣――貴金属の形態での――が基礎であり、信用制度はことの本性上この基礎から決して離脱することができないということである。第二に、信用制度は[＊1]、私人たちの手中における社会的生産諸手段の（資本および土地所有の形態での）独占を前提とするということ、またそれ自体が、一方では、資本主義的生産様式の内在的形態であり、他方では、この生産様式をその可能な最高かつ最終[2]の形態にまで発展させる推進力[3]であるということ、である。

＊1〔草稿では「信用制度」は Creditwesen となっている。エンゲルスはこれを Kreditsystem に書き換えている〕
＊2〔草稿には「最高かつ」はない〕
＊3〔草稿では「到達手段」となっている〕

銀行制度は、形式的な組織と集中という点から見れば、すでに一六九七年に『イギリスの利子にかんする若干の見解』のなかで語られているように、およそ資本主義的生産様式が生み出すもっとも人為的でもっとも発達した産物である。それだからこそ、イングランド銀行のような施設の、商業および産業にたいする途方もない影響力が生まれてくるのである――といっても、商業および産業の現実の運動はまったくその領域外にあり、またその運動にたいして同行は受動的に振る舞うのであるが。確かに、この銀行制度とともに、社会的規模での生産諸手段の一般的な記帳および配分の形態が、ただしその形態だけが、与えられている。すでに見たように、個々の資本家の、または各特殊資本の平均利潤は、この資本がじかに取得する剰余労働によって規定されているのではなく、総資本が取得する総剰余労働の分量によって規定されているのであって、そのなかから各特殊資本は総資本の比例的部分としてのみその配当を手に入れる。資本のこのような社会的性格は、信用制度・銀行制度の完全[1]な発展によってはじめて媒介され、十分に実現[2]される。他方では、この制度はさらに先に進む。それは、社会のすべての利用可能な資本、また潜勢的でまだ積極的に使用されていない資本までも、産業資本家および商業資本家の自由な使用にゆだねるのであり、だから、この資本の貸し手も利用者も、その所有者でもなければ生産者でもない。このようにして信用制度・銀行制度は、資本の私的性格を止揚するのであり、こうしてそれ自体としては、しかしまたそれ自体としてのみ、資本そのものの止揚を含むのである。銀行制度によって、資本の配分は、一つの特殊的業務として、社会的機能として、個人資本家および高利貸したちの手から取り上げられている。しかし銀行および信用は、このことに(621)よって同時に、資本主義的生産を駆り立てて、それ自身の諸制限を踏み越えさせるもっとも強力な手段となり、また、恐慌とぺてんとのもっとも有効な手段の一つとなる。

*1 〔「完全な」はエンゲルスによる〕

*2 〔「十分に」はエンゲルスによる〕

さらに、銀行制度は、さまざまな形態の流通信用による貨幣の代位によって、貨幣が実際上、労働およびその生産物の社会的性格の特殊的表現以外のなにものでもないこと、しかしこの社会的性格は、私的生産の基盤と対立するものとして、究極的にはつねに一つの物として、他の諸商品とならぶ特殊な商品として、現われざるをえないことを示す。

最後に、資本主義的生産様式から結合した《アソツィイールテ》労働の生産様式[*1]への移行の時期に、信用制度が有力な槓《て》杆《こ》として役立つであろうことは、なんの疑いもない。とはいえ、それはただ、生産様式自体の他の大きな有機的諸変革と連関する一要素〔草稿は「一契機」〕としてでしかない。それにたいして、社会主義的意味での、信用制度・銀行制度の奇跡的な力についての諸幻想は、資本主義的生産様式とその諸形態の一つである信用制度とにかんする完全な無知から生じる。生産諸手段が資本に転化することをやめれば（このことのうちには私的土地所有の止揚も含まれている）、信用そのものはもはやなんの意味ももたないのであって、ちなみにこのことは、サン－シモン主義者たちでさえ見抜いていたのである。他方、資本主義的生産様式が存続する限り、その諸形態の一つである利子生み資本も存続し、そして実際上、その信用制度の基盤を形成する。商品生産は存続させておいて貨幣を廃棄しようと欲した同じ人気とりの著述家プルードン（二五）だけが、“無償信用”*2という化物を、すなわちこの小ブルジョア的立場の信心深い欲求の実現と称するものを、夢想することができたのである。

（二五）　カール・マルクス『哲学の貧困』、ブリュッセルおよびパリ、一八四七年〔邦訳『全集』第四巻、五九一―一九〇ページ〕。――カール・マルクス『経済学批判』、六四ページ〔邦訳『全集』第一三巻、六九ページ〕。

*1〔「結合した労働の生産様式」は、草稿では何度かの書き直しを経て、「全般的かつ直接に結合した労働の生産様式」と書かれ、さらに「全般的かつ直接に」が取り消されている〕

*2〔無償信用にかんするプルードンの見解は、『信用の無償性。F・バスティア氏とプルードン氏との論争』、パリ、一八五〇年、に述べられている。なお、本訳書、第三巻、五九〇―五九四ページ参照〕

『サン－シモン派の宗教。経済学と政治学』〔アンファンタン著、パリ、一八三一年〕の四五ページではこう言われている――「信用の目的とするところは、一方の人々は産業の諸用具を所有しながらそれらを使用する能力または意志がなく、他方の勤勉な人々はなにも労働諸道具を所有しないような一社

(622)

会において、これらの道具をできる限りたやすい方法で、前者すなわちその所有者の手から、その使用法を心得ている他方の人々の手に移転させることである。この定義によれば、信用とは、それによって所有が構成されている仕方の一結果であるということに注目されたい」と。したがって、信用はこの所有の構成とともに消滅することになる。さらに九八ページで次のように言う――こんにちの諸銀行は、「自分の外部で行なわれる諸取り引きが動かしてきた運動には従うが、しかしこれらの取り引きそのものには刺激を与えない[*1]ようにすることを、自分のなすべきことと考えている。言い換えれば、諸銀行は、銀行が資本を前貸しする〝勤労者たち〟にたいして資本家の役割を果たす」と。諸銀行はみずから指揮をとるべきであり、「〔銀行が〕融資した企業および起こした事業の数と有益性とで」（一〇一ページ）頭角を現わすべきであるという考えのうちには、クレディ・モビリエが潜んでいる。同様にコンスタンタン[*2]・ペクールも、諸銀行（サン－シモン派の人たちが〝一般的銀行制度〟と名づけるもの）が「生産を支配する」ことを要求する。そもそもペクールは、はるかに急進的であるとはいえ、本質的にはサン－シモン派である。彼は、「信用施設が……国民的生産の全運動を統治する」ことを欲する。――「試みに、一つの国家的信用施設、すなわち、才能と業績のある無産者たちに資金を前貸しするが、しかし、これらの借り手たちを生産および消費における緊密な連帯責任を通じて強制的に互いに結びつけるのではなく、反対に、彼らみずからにその交換やその生産を決定させるような国家的信用施設を創設してみよ。こうしたやり方によって諸君が達成するであろうものは、こんにちすでに諸個人銀行が達成しているもの、すなわち、無政府状態であり、生産と消費との不均衡であり、一方の人たちの突然の破滅と他方の人たちの突然の致富だけである。したがって、諸君の施設は、一方の人たちの背負いこむ不幸〔原文は「破滅」〕と同じだけの幸福〔原文は「繁栄」〕を他方の人たちのために生み出す以上には出ないのであり……ただ、諸君からの前貸しで援助される賃労働者たちにたいして、こんにち彼らの資本家的雇い主たちが行なっているのと同じ競争を互いに行なうための資金を諸君が与えた、ということにすぎないであろう」（C[*3]・ペクール『社会的政治的経済学の新理論』、パリ、一八四二年、〔四三三、〕四三四ページ）。

*1〔原文では、「しかし」以下は「諸銀行自身は運動に〔刺激を〕与えない」となっている〕
*2〔初版では、誤って「シャルル」となっていた。ヴェルケ版で訂正〕
*3〔初版では、シャルルの略号 Chとなっていた。ヴェルケ版で訂正〕

(623)
すでに見たように、商人資本と利子生み資本とは、資本のもっとも古い形態である。しかし、通俗的観念では、利子生み資本が〝真の意味の〟資本の形態として現われるということは、当然である。商人資本においては、ある媒介的活動が行なわれる——たとえそれがいかさまと解されようと、労働と解されようと、その他なんと解されようと。これに反して、利子生み資本においては、資本の自己再生産的性格、自己増殖する価値、剰余価値の生産が、摩訶不思議な質として純粋に現われる。それだからこそ、経済学者の一部さえもが、ことに産業資本がまだ完全に発展していない諸国、たとえばフランスでは、利子生み資本を資本の基本形態であるとして固執し、またたとえば地代を、この場合にも貸し付けの形態が優勢であるという理由で、それの別の形態としてしか解しないことになる。これによって、資本主義的生産様式の内的編制はすっかり誤認され、また、土地は、資本とまったく同じように、資本家たちにのみ貸し付けられるということがまったく見落とされる。もちろん、貨幣の代わりに、機械、事業用建物などのような〝現物での〟生産諸手段が貸し付けられることがありうる。しかし、その場合には、これらの生産手段はある一定の貨幣額を表わしているのであり、そして利子のほかに摩滅部分も支払われるということは、これらの資本要素の使用価値から、これらの要素の独特な現物形態から生じてくる。決定的なことは、ここでもまた、これらの要素が直接的生産者たちに貸し付けられる――その場合は少なくともこの貸し付けが行なわれる部面では、資本主義的生産様式が存在しないことが前提となる――のか、それとも、産業資本家たちに貸し付けられる――この場合は、まさに資本主義的生産様式を基盤にしていることが前提となる――のか、ということである。個人的消費用の家屋などの貸し付けをここにもち込むのは、いっそう不適当で無意味である。労働者階級がこの形態においても、天に向かって叫ぶほどだまされる[*1]ということは、明らかである。しかし、こうしたことは、労働者階級に生活諸手段を供給する小売商人によっても、行なわれる。それは、生産過程そのものにおいて直接に行なわれる本源的搾取と並行して進む二次的搾取である。この場合、〔プルードンが行なっている〕[*2]販売と貸し付けとの区別は、まったくどうでもよい形式的なものであり、それは、すでに示したように、現実的関連を全然知らない者にとってのみ、本質的なものとして現われる。

＊1〔旧約聖書、創世記、四・一〇、一八・二〇、出エジプト記、三・七、三・九、二二・二三ほか。「極悪非道に」の意〕

*2〔本訳書、第三巻、五九〇―六〇〇ページ参照〕

---

*〔この区分線よりあと本章末までの、中世における高利の歴史をあつかったこの部分は、草稿のページ付けでは四〇〇ページと四〇一ページに書かれている。それは、本訳書では、第三巻、一〇八八ページ「独占を制限する」で終わる段落と次の段落のあいだになる。なお、この部分を、本訳書、第三巻、一〇八〇ページ七行目「……拡大するのである」で終わる段落と次の段落のあいだに位置させる研究もある〕

高利は、商業と同じく、ある与えられた生産様式を利用するのであって、それをつくりだすのではなく、外部からそれに関係する。高利は、この生産様式をいつでも繰り返し利用できるようにそれを直接に維持しようとするのであり、保守的であり、この生産様式をいっそう悲惨なものにするだけである。生産諸要素が商品として生産過程にはいり込むことが少なければ少ないほど、またそれらが商品として生産過程から出てくることが少なければ少ないほど、貨幣から生産諸要素をつくりだすことはますます特殊な行為として現われる。流通が社会的再生産のなかで果たす役割がささいなものであればあるほど、それだけ高利*が栄える。

*〔草稿では「高利資本」となっている〕

貨幣財産が特殊な財産として発展することは、高利資本にかんしては、高利資本がそのすべての請求権を貨幣請求権の形態で所有する、ということを意味する。ある国で、生産の大部分が現物給付な

（624）どに、すなわち使用価値に限られていればいるほど、高利資本がその国内でますます発展する。

高利が二重の結果を引き起こす限りにおいて――すなわち、第一に、一般に商人身分とならんで自立的な貨幣財産をつくりだし、第二に、労働諸条件を取得する、すなわち旧来の労働諸条件の所有者たちを破滅にいたらせる限りにおいて、それは、産業資本のための諸前提をつくりだす強力な槓杆である。

中世における利子

「中世においては住民は純粋に農業的であった。そしてそこでは、封建的支配のもとでのように、交易はほんのわずかしかありえず、したがってまた、利潤もほんのわずかでしかありえない。だから、中世においては高利に反対する諸法律が正当とされていた。そのうえ農業国においては、貧困と困窮におちいった場合のほかは、だれもめったに貨幣を借りようとはしなかった。……ヘンリー八世〔在位一五〇九―一五四七年〕は利子を一〇％に、ジェイムズ一世〔在位一六〇三―一六二五年〕は八％に、チャールズ二世〔在位一六六〇―一六八五年〕は六％に、アン女王〔在位一七〇二―一七一四年〕は五％に制限した。……その当時には、貨幣貸付業者たちは法律上のではないにしても、事実上の独占者であったのであり、したがって彼らをほかの独占者たちと同じように制限下におくことが必要であった。……こんにちでは、利潤率が利子率を規制する。その当時は、利子率が利潤率を規制した。貨幣貸付業者が商人に高い利子率を課した場合には、商人は自分の諸商品により高い利潤率を加算しなければならなかった。したがって、多額の貨幣が購買者たちのポケットから取り上げられて、貨幣貸付業者たちのポケットに入れられたのである」（ギルバート『銀行業の歴史と諸原理』、〔一八三四年、一六三〕一六四、一六五ページ）。*

＊〔ギルバートからのこの引用は、とくに最初の部分はかなり要約ないし抜粋になっている。それは、マルクスが『一八六一―一八六三年草稿』ノート第一五冊（『資本論草稿集』8、大月書店、一九八四年、二六―二七ページ）に抜き書きしたものを書き写したためである〕

「聞[*1]くところによれば、こんにちでは年々、ライプツィヒの市《いち》が開かれるたびごとに一〇グルデン、[*2]すなわち一〇〇につき三〇を取り立てるという。[*3]若干の人は、これにノイエンブルクの市を加えて、一〇〇につき四〇になるという。これ以上であるかどうか、[*4]私は知らない。なんと恥知らずな。いったい最後にはどうなるのであろう？……いまライプツィヒで一〇〇フロリンもっている人は、年々四〇フロリン取り立てるのであり、これは、一年間に一人の農民か市民を食いつぶしたことになる。もし彼が一〇〇〇フロリンもっていれば、年々四〇〇フロリン取り立てるのであり、これは、一年間に一人の騎士か富裕な貴族を食いつぶしたことになる。もし彼が一万フロリンもっていれば、年々四〇〇〇フロリン取り立てるのであり、これは、一年間に一人の富裕な伯爵を食いつぶしたことになる。もし彼が一〇万フロリンもっていれば――大商人ならもっているに違いないが――年々四万フロリン取り立てるのであり、これは、一年間に一人の立派な、そして富裕な侯爵を食いつぶしたことになる。もし彼が一〇〇万フロリンもっていれば、年々四〇万フロリン取り立てるのであり、これは、一年間に一人の立派な国王を食いつぶしたことになる。しかも、このために身体にも商品にもなんの危険もなく、無為徒食し、ストーヴの傍らにすわってリンゴを焼いている。[*5] したがって、椅子強盗[*6]は、家にすわっていて一〇年間で全世界を食いつぶすことができよう」〔出典は、『牧師諸氏に、[*7]高利に反対するように説く』、一五四〇年。『ルター著作集』、ヴィッテンベルク、一五八九年、第六部〔三一二ページ。ヴァイマール、一九一四年、第五一巻、三六四―三六五ページ〕〕。

＊1〔草稿では、この前に「ルター高利について」という表題が書かれている〕

＊2〔グルデンは、一四世紀以降に用いられた貨幣。フィレンツェのフロリン金貨を模した金貨で、ルターの時代には、もとの金貨とほぼ同じ価値をもった銀貨〕

＊3〔新年、復活祭、およびミカエル祭（九月二九日）に年三回開かれるライプツィヒの年市で、一〇グルデンずつ三回、計三〇グルデンの利子を受け取るという条件で、一〇〇グルデンを貸し付けること。債務者の利子は三〇％〕

＊4〔初版では「これだけかどうか」となっていた。ルター原文および草稿により訂正。カウツキー版、アドラツキー版でも訂正されている〕

＊5〔「くだらないことに従事する」の意〕

＊6〔ルターは、事務室の椅子にすわったまま強盗行為をしている者という意味で、高利貸しにこの語を用いている〕

＊7〔初版および草稿では、「『商取引と高利についての諸書』、一五二四年から。『ルター著作集』、ヴィッテンベルク、一五八九年、第六部」となっていた。カウツキー版で訂正〕

（625）「一五年前に私は高利反対論を書いた。[*1] というのは、当時すでに高利は非常にはびこっていて、私にはなんらの改善も望めないほどであったからである。それ以来高利は思い上がり、いまではもはや[*2]悪徳や罪悪や恥辱であることに甘んじないだけでなく、あたかも人々にたいして大いなる愛とキリスト教的奉仕とを施しているかのように、まったくの美徳であり、また名誉であると自慢するようになった。恥辱が名誉となり、悪徳が美徳となったからには、いったいなにに救いを求めたらよいのか」（『牧師諸氏に、高利に反対するように説く』、ヴィッテンベルク、一五四〇年〔同前、三〇六ページ。ヴァイマール、一九一四年、同前、三三一ページ〕）。

＊1〔一五二四年四月以後に執筆されたと思われる『商取引と高利について』をさす〕

＊2〔初版では「決して」となっている。ルター原文および草稿により訂正。カウツキー版、アドラツキー版でも訂正されている〕

「ユダヤ人たち、金貸《ロンバード》したち、高利貸したち、および吸血鬼たちが、わが国の最初の銀行家たちであり、わが国の最初の悪徳金融業者たちであったのであり、彼らの性格はほとんど破廉恥と呼ぶべきものであった。……それから、この連中にロンドンの金匠たちが加わった。全体として……わが国の最初の銀行家たちは……たいへんな悪党連中であって、彼らは貪欲な高利貸しであり、冷酷な吸血鬼であった」（D・ハードカースル『諸銀行と銀行家たち』、第二版、ロンドン、一八四三年、一九、二

○ページ）。

「こうしてヴェネツィアによって示された実例」（銀行設立の）「が急速に模倣された。すべての沿海都市が、また一般に、その独立と商業とによって名をなしていたすべての都市が、その最初の銀行を設立した。これらの都市の船が帰ってくるまでしばしば長いあいだ待たされたので、不可避的に信用賦与の慣習が生じた。アメリカの発見と対アメリカ貿易とは、その後この慣習をさらにいっそう強めた」（これが一つの主要点）。「船積み輸送は大きな前貸しの借り入れを必要としたが、これはすでに古典古代にアテネとギリシアで行なわれたことである。一三〇八年に、ハンザ都市ブルージュ*は保険組合をもっていた」（M・オジエ『公信用について』、パリ、一八四二年、二〇二、二〇三ページ）。

＊〔ドイツの自由都市を中心に貿易保護を目的として結成されたハンザ同盟（一三―一五世紀）の加盟都市。現在ベルギーのブルージュはその中心都市の一つ〕

土地所有者たちへの、したがってまた一般に享楽的富への貸し付けが、まだイギリスにおいてさえ、一七世紀の最後の三分の一期、すなわち近代的信用制度の発展以前にどんなに優勢であったかは、とりわけサー・ダッドリー・ノース、すなわち一流のイギリス商人の一人であったばかりでなく、当時のもっとも重要な理論経済学者の一人でもあった彼の著作を見ればわかる――「わが国民のなかで利子つきで貸し出される貨幣は、それをもって自分の取り引きを営もうとする事業家たちには、まだ一〇分の一も支出されておらず、その大部分は、奢侈品のために、また、大土地所有者であるにもかかわらず自分たちの土地所有が貨幣をもたらす以上に急速に貨幣を支出する人々の出費のために貸し出される。また彼らは、自分たちの土地を売却したがらないので、むしろそれを抵当に入れようとするのである」（『交易論』、ロンドン、一六九一年、六、七ページ〔久保芳和訳『バーボン／ノース交易論』、東京大学出版会、一九六六年、九〇ページ〕）。

一八世紀にはポーランドでは、次のようであった――「ワルシャワでは大きな手形取引〔原文は「大きな手形騒動」〕が生じたが、それは主として、同市の銀行家たちの高利を基礎とし、またそれを目的とするものであった。彼らは、浪費的な貴族たちに八％ないしそれ以上で貸し付けることのできる貨幣を手に入れるために、白地手形信用を外国に求め、それを手に入れた。すなわち、この白地手形信用は、まったくなんらの商品取引にももとづかなかったが、しかし、融通手形操作によってなされる送金が途絶えない限りは、外国の手形支払人はそれを黙って引き受けた。しかし、これらは、テッ(626)ペル*とか、その他の名望あるワルシャワの銀行家たちの破産によって、ひどい目にあった」（J・G・ビュッシュ『〔多様な取り引きにおける〕商業の理論的・実際的説明』、第三版、ハンブルク、一八〇八年、第二巻、二三二、二三三ページ〔正しくは二三三ページのみ〕）。

＊〔原文および草稿による。初版では「タッペル」となっていたが、アドラツキー版で訂正〕

教会にとっての利子禁止の効用

「利子をとることを教会は禁止していた。しかし、困窮から脱するために財産を売却することを禁じてはいなかった。それどころか、貨幣の貸し手にこの財産を一定の期間ないし[*1]返済のときまで譲渡し、それによって貨幣の貸し手が、この財産を担保とみなして、しかもその占有期間のあいだそれを用益することで、彼から借り出された[*2]貨幣の代償を受けられるようにすることを、禁じたことさえない。……教会自身が、または教会に所属する宗教諸団体および〝信心深い諸施設〟[*3]が、このことから大きな利益を引き出したのであり、ことに十字軍時代〔一一―一三世紀〕にはそうであった。このことは、国民的富の実に大きな部分をいわゆる『死手』[*4]の占有物にした。というのは、ことにユダヤ人は、これほどに固定的な担保〔不動産〕の占有を隠匿することができなかったので、この方法で暴利をむさぼることができなかったからである。……利子の禁止がなかったとすれば、教会と修道院とは決してこんなにたくさんの富を手に入れることはできなかったであろう」（同前、五五ページ）。

＊1〔初版では「また」となっていた。原文および草稿により訂正。アドラツキー版も同様の訂正をしている〕

＊2〔原文およびマルクス「ロンドン・ノート」第四冊（新メガ、第Ⅳ部、第七巻、二九九ページ）では「彼の手元にない」となっている〕

＊3〔敬虔な目的または慈善目的で設立されている施設。救貧施設、貧困児童教育施設、養老院、修道院など〕

＊4〔「死手譲渡」とも言われ、宗教団体や慈善団体などに不動産を譲渡した場合に、永久に他に再譲渡できないとする譲渡形式。これらの団体に譲渡された不動産は封建領主になんの利益ももたらさないので、「死んだ手」に渡ったものとされた。一三世紀には、教会への不動産移動が多く、教会と不動産保有者の通謀による封建的義務逃れの移転も行なわれた〕

マルクス　新版《しんぱん》 資本論《しほんろん》　第《だい》10分冊《ぶんさつ》

2021年3月20日　初　版
2022年6月10日　第2刷

監修者　日本共産党中央委員会社会科学研究所
発行者　角　田　真　己

郵便番号　151-0051　東京都渋谷区千駄ヶ谷4-25-6
発行所　株式会社　新日本出版社
電話　03（3423）8402（営業）
03（3423）9323（編集）
info@shinnihon-net.co.jp
www.shinnihon-net.co.jp
振替番号　00130-0-13681

印刷・製本　光陽メディア

落丁・乱丁がありましたらおとりかえいたします。

ISBN978-4-406-06384-5 C0033　Printed in Japan